Wolfgang Grundmann / Rudolf Rathner

Rechnungswesen, Controlling, Bankrechnen

D1724963

Wolfgang Grundmann
Rudolf Rathner

Prüfungstraining für Bankkaufleute

Rechnungswesen, Controlling, Bankrechnen

Basiswissen und Prüfungsaufgaben
mit Lösungen

4., aktualisierte
und erweiterte Auflage

GABLER

Bibliografische Information der Deutschen Nationalbibliothek
Die Deutsche Nationalbibliothek verzeichnet diese Publikation in der
Deutschen Nationalbibliografie; detaillierte bibliografische Daten sind im Internet über
<http://dnb.d-nb.de> abrufbar.

1. Auflage 2001
2., überarbeitete Auflage 2003
3., vollständig neubearbeitete und erweiterte Auflage 2007
4., aktualisierte und erweiterte Auflage 2010

Lektorat: Guido Notthoff

Gabler Verlag ist eine Marke von Springer Fachmedien.
Springer Fachmedien ist Teil der Fachverlagsgruppe Springer Science+Business Media.
www.gabler.de

Umschlaggestaltung: KünkelLopka Medienentwicklung, Heidelberg
Druck und buchbinderische Verarbeitung: Ten Brink, Meppel
Gedruckt auf säurefreiem und chlorfrei gebleichtem Papier
Printed in the Netherlands

ISBN 978-3-8349-2579-4

Vorwort

Mit dieser Aufgabensammlung wenden wir uns an Auszubildende des Kreditgewerbes, die in Kürze ihre schriftliche Abschlussprüfung im Fach Rechnungswesen und Steuerung absolvieren wollen. In § 8 (Abschlussprüfung) der „Verordnung über die Berufsausbildung zum Bankkaufmann/zur Bankkauffrau" werden Sie auf die Ablegung einer schriftlichen Abschlussprüfung im Prüfungsfach Rechnungswesen und Steuerung hingewiesen. In diesem Prüfungsfach soll der Prüfling in höchstens 90 Minuten praxisbezogene Aufgaben und Fälle analysieren und bearbeiten und damit zeigen, dass er Zusammenhänge zwischen Rechnungswesen und Steuerung versteht. Die Inhalte des Prüfungsfaches Rechnungswesen und Steuerung finden Sie in einer Grobstruktur in der Ausbildungsordnung. Die detaillierten prüfungsrelevanten Inhalte für dieses Fach können Sie dem Stoffkatalog für die IHK-Abschlussprüfung entnehmen. Grobstruktur und Stoffkatalog für das Prüfungsfach Rechnungswesen und Steuerung können Sie auf unserer Homepage www.bankazubi.info einsehen.

Diese Aufgabensammlung enthält über 220 prüfungsnahe Aufgaben mit kommentierten Lösungen, mit denen Sie sich optimal auf Ihre Abschlussprüfung im Fach Rechnungswesen und Steuerung vorbereiten können. Die Aufgabensammlung dient der systematischen Vorbereitung auf die bundeseinheitliche Abschlussprüfung zur Bankkauffrau bzw. zum Bankkaufmann. Sie können Ihre Kenntnisse im Prüfungsfach Rechnungswesen und Steuerung überprüfen sowie Ihr erarbeitetes Wissen festigen und anhand der fallorientierten Aufgaben ergänzen. Wenn Sie die Anforderungen – also die Kenntnisse und Fähigkeiten für das Prüfungsfach Rechnungswesen und Steuerung – des Prüfungskatalogs Abschlussprüfung Bankkaufmann/Bankkauffrau erfüllen, nachdem Sie die Lerninhalte dieser Aufgabensammlung selbstständig erarbeitet haben, können Sie viel sicherer in die Abschlussprüfung gehen.

Wesentliches Ziel dieser Aufgabensammlung ist es, Sie beim Ausbau Ihrer Handlungs- und Entscheidungskompetenz zu unterstützen. Zu diesem Zweck entscheiden Sie mit Hilfe von programmierten Aufgaben über Problemsituationen im Prüfungsfach Rechnungswesen und Steuerung.

Sinnvoll nutzen können Sie diese Aufgabensammlung vor allem, wenn Sie den Lösungshinweis erst lesen, nachdem Sie versucht haben, die Fragestellung selbst zu beantworten.

Die 4. Auflage dieses Buches wurde von dem Autorenteam aktualisiert und überarbeitet. Die Aufgaben wurden auf den aktuellen rechtlichen Stand gebracht. Dabei wurden die derzeit gültigen Abschreibungssätze sowie die aktuellen Freibeträge und Freigrenzen in den Aufgaben berücksichtigt. Die Änderungen bei der Bewertung von Wertpapieren durch das Bilanzmodernisierungsgesetz finden ebenso in den Aufgaben ihren Niederschlag wie die Änderungen in der Bewertung von Sachanlagen durch die Unternehmenssteuerreform 2008 und das Wachstumsbeschleunigungsgesetz 2010.

Die Struktur der vorliegenden Aufgabensammlung wurde im Teil Rechnungswesen und Steuerung geändert: Bevor Sie die einzelnen Aufgaben bearbeiten, können Sie sich jetzt schnell einen Überblick über die wichtigsten Regeln und Vorschriften der einzelnen Lerngebiete verschaffen. Dieses Strukturwissen wird jetzt vor jedem Lerngebiet angeboten. Damit können Sie die Aufgaben effektiver lösen.

Im Rahmen unseres Unterrichts haben wir festgestellt, dass den Auszubildenden auch in den Fächern Bankwirtschaft und Wirtschafts- und Sozialkunde Berechnungen Probleme bereiten, die schriftliche Abschlussprüfung aber eine Vielzahl von Rechenaufgaben enthält, die in kürzester Zeit gelöst werden müssen. Daher haben wir diese Aufgabensammlung um den Teil Bank- und Wirtschaftsrechnen erweitert, der neben unterschiedlichen Prozent-, Dreisatz- und Kettensatzaufgaben Rechenaufgaben aus den Fachgebieten Bankwirtschaft und Wirtschafts- und Sozialkunde enthält, so z. B. die Berechnung von Zinsen und Vorschusszinsen, von Annuitäten, Leasingraten, Beleihungswerten sowie das Rechnen mit Sorten und Devisen sowie die Ermittlung von Bezugsrechten im Wertpapiergeschäft. Auch die Berechnung der Soll- und Istreserve im Zusammenhang mit den Mindestreservevorschriften sowie das Rechnen mit aktuellen Sozialversicherungsbeiträgen wurden in diesem neuen Rechenteil aufgenommen.

Die Auszubildenden können Formeln und Rechenwege, geordnet nach prüfungsrelevanten Themen aus den Bereichen Bankwirtschaft und Wirtschafts- und Sozialkunde, ergänzt um Beispiele anwenden. Sie finden in dieser Aufgabensammlung die wichtigsten prüfungsrelevanten Formeln und Rechenwege zum Bankcontrolling sowie zur Kosten- und Erlösrechnung. Sie finden aber auch Daten zu den Finanzierungsinstrumenten des Europäischen Systems der Zentralbanken (ESZB) oder zu den aktuellen Beitragssätzen der gesetzlichen Sozialversicherung. Die prüfungsrelevante Formelsammlung und die aktuellen Freigrenzen, Freibeträge und Beitragssätze sowie Beitragsbemessungsgrenzen können Sie im Infoteil dieser Aufgabensammlung nachschlagen.

Das Autorenteam wünscht mit dieser Aufgabensammlung den Auszubildenden des Kreditgewerbes einen ansprechenden und effizienten Lernbegleiter für die Abschlussprüfung und den Lehrenden eine verlässliche Fundstelle für die laufende Unterrichtsvorbereitung.

Anregungen zur Weiterentwicklung und Ergänzung dieser Aufgabensammlung nehmen wir, die wir selbst langjährig in der Unterrichtspraxis tätig sind, gerne entgegen.

Da sich die gesetzlichen Vorschriften häufig aufgrund neuer rechtlicher und wirtschaftlicher Gegebenheiten ändern, bieten wir aktualisierte Fassungen der Gesetze und Vorschriften unter der Internet-Adresse www.bankazubi.info an. Unter derselben Adresse finden Sie auch die Prüfungstermine sowie regelmäßige Aktualisierungen zum Themen- und Stoffkatalog.

Hamburg, im August 2010

Rudolf Rathner und Wolfgang Grundmann

E-Mail: wolfgang@grundmann-norderstedt.de
          R@thner.de

Inhaltsverzeichnis

VIII

AUFGABEN

Unternehmensleistung erfassen und dokumentieren

Basiswissen: Grundlagen des Rechnungswesens

Inventur

Wesen	Die Inventur ist die Tätigkeit der **mengen- und wertmäßigen Erfassung** aller Bestände, das heißt aller Vermögensgegenstände und Schulden.

Formen	- **Stichtagsinventur**
	  Aufnahme der Bestände an einem Stichtag. Wichtigste Stichtage: Beginn des Handelsgewerbes und Ende eines Geschäftsjahres.
	- **Permanente Inventur**
	  - Bestände werden aus fortlaufend geführten Karteien entnommen
	  - mind. 1 mal pro Jahr Kontrolle durch körperliche Aufnahme
	- **Zeitlich verlegte Inventur**
	  die jährliche Bestandsaufnahme erfolgt ganz oder teilweise innerhalb der letzten 3 Monate vor oder innerhalb der ersten 2 Monate nach dem Bilanzstichtag, die Bestände werden zum Bilanzstichtag fortgeschrieben bzw. zurückgerechnet.

Inventar

Wesen	- Das Inventar ist das **ausführliche, mengen- und wertmäßige Verzeichnis** aller Vermögensgegenstände und Schulden eines Unternehmens sowie seines Reinvermögens. - wird **nicht veröffentlicht**.
Bezug zur Inventur	das Inventar stellt das Ergebnis der Inventur dar
Aufbau des Inventars	ein Inventar besteht aus **3 Teilen**: 1.) **Vermögen** (genaue, ausführliche Aufzählung: Debitorenlisten etc.) - 2.) **Schulden** (genaue, ausführliche Aufzählung: Kreditorenlisten) = 3.) **Reinvermögen** (rechnerische Ermittlung des Eigenkapitals)

Bilanz

Wesen	- Die Bilanz ist die **kurzgefasste, wertmäßige Gegenüberstellung** von Vermögen und Kapital. - **vereinfachte Darstellung** in **Kontenform** - Überblick über das **Vermögen und Kapital** - Aufnahme der Gesamtwerte und Verzicht auf Einzelpositionen - § 242 HGB: jeder Kaufmann ist zur Aufstellung einer **Bilanz verpflichtet**

Aktiva	**Mittelverwendung** - Investitionen des Kreditinstitutes - Forderungen - Vermögen
Passiva	**Mittelherkunft** - Herkunft des Kapitals: Fremd- und Eigenkapital - Verbindlichkeiten
Aufgaben von Bilanzen	- Information für **Gläubiger** (Bild der Vermögens-, Finanz- und Ertragslage) - Information für **Gesellschafter** (wenn die Geschäftsführung nicht von den Eigentümern wahrgenommen wird) - Information für **Finanzbehörden** (steuerliche Bemessungsgrundlage) - Information für **potenzielle Anleger** (Unternehmensentwicklung)
Vorschriften zur Aufstellung der Bilanz	- Grundsätze **ordnungsgemäßer Buchführung** - **Klarheit, Übersichtlichkeit und Vollständigkeit** - **Bruttoprinzip** (keine Saldierung von Aktiv- mit Passivposten)

Darstellung einer Bankbilanz	- **Summe der Aktiva = Summe der Passiva** (immer gleich!)
	- Aufbau der **Aktiva** nach dem **Grundsatz der abnehmenden Liquidität**
	  - oben ist immer der liquideste Posten (Kasse)
	  - unten ist immer der Posten mit der längsten Kapitalbindung (Immobilien)
	- Aufbau der **Passiva** nach dem **Grundsatz der Verfügungsdauer**
	  - oben stehen immer die Mittel, die grundsätzlich zuerst wieder abfließen (Verbindlichkeiten gegenüber anderen Banken)
	  - unten stehen immer die Mittel, die am längsten zur Verfügung stehen (Eigenkapital verbleibt i. d. R. für immer in der Bank)

Beispiel für den Aufbau einer Bilanz eines KI

AKTIVA	PASSIVA
Kasse	Verbindlichkeiten gegenüber KI
Guthaben bei der Deutschen Bundesbank	Verbindlichkeiten gegenüber Kunden
Forderungen an KI	Eigenkapital
Forderungen an Kunden	
Schuldverschreibungen u. a. festverzinsliche WP	
Aktien und nicht festverzinsliche WP	
Betriebs- und Geschäftsausstattung (BGA)	
= Bilanzsumme	= Bilanzsumme

Anhang

Definition	Erläuterung der Bilanz und der Gewinn- und Verlustrechnung
Pflichtangaben	- zugrunde gelegte **Bilanzierungs- und Bewertungsmethoden** (HGB, IAS) - Aufgliederung der **Verbindlichkeiten** (z.B. nach der Restlaufzeit) - Aufgliederung der **Umsatzerlöse** nach Tätigkeitsbereichen (z. B. geografische Märkte) - Belastung der Ergebnisse durch **Abschreibungen und Steuern** - durchschnittliche Zahl der **Beschäftigten** - **Gesamtbezüge** von Vorstand, Geschäftsführung und Aufsichtsrat - **Mitglieder** von Vorstand, Geschäftsführung und Aufsichtsrat - Aufgliederung der Position sonstige **Rückstellungen**

Lagebericht

Wesen	Beschreibung des **Geschäftsverlaufes** und der Lage des Unternehmens
Pflichtangaben	- wichtige **Vorgänge**, die nach dem Geschäftsjahr eingetreten sind - die voraussichtliche **Entwicklung** der Kapitalgesellschaft - der Bereich **Forschung und Entwicklung** - bestehende **Zweigniederlassungen** des Unternehmens

Basiswissen: Bestandskonten

Bedeutung und Arten der Bestandskonten

Ableitung der Bestands- konten aus der Bilanz	- Änderungen der **Vermögens- und Kapitalbestände** werden auf Bestandskonten erfasst. - Erstellung einer **Einzelabrechnung** für jede Bilanzposition - **getrennte Erfassung von Mehrungen und Minderungen** durch Kontoform 　- linke Seite = Sollseite 　- rechte Seite = Habenseite - **Aktivkonten** = Konten, die eine aktive Bilanzposition verwalten - **Passivkonten** = Konten, die eine passive Bilanzposition verwalten - bei **Einrichtung** der Bestandskonten heißt der Betrag aus der Bilanz Anfangsbestand 　(= AB) 　- Der Anfangsbestand steht bei Aktiv-Konten im Soll 　- Der Anfangsbestand steht bei Passiv-Konten im Haben - beim **Abschluss** der Bestandskonten heißt der Betrag, der in die Bilanz eingeht, **Schlussbestand** (= SB) 　- Der Schlussbestand steht bei Aktiv-Konten im Haben 　- Der Schlussbestand steht bei Passiv-Konten im Soll - alle Konten stehen im **Hauptbuch**

Buchungen auf Bestandskonten im Hauptbuch	- ein Geschäftsfall betrifft immer **mind. 2 Konten (= doppelte Buchführung!)** - jeder Geschäftsfall bedeutet **mind. 1 Soll- und mind. 1 Haben-Buchung** - somit ist eine ständige Kontrolle der Buchungen möglich - **Summe aller Soll-Buchungen = Summe aller Haben-Buchungen** - **Zugänge** werden immer auf der Seite des Anfangsbestandes gebucht - **Abgänge** werden immer auf der Seite gegenüber des AB gebucht

Bilanz-veränderungen	- **Aktiv-Passiv-Mehrung**
	  - Erhöhung des Vermögens <u>und</u> des Kapitals
	  - Erhöhung der Bilanzsumme
	- **Aktiv-Passiv-Minderung**
	  - Verminderung des Vermögens <u>und</u> des Kapitals
	  - Minderung der Bilanzsumme
	- **Aktiv-Tausch**
	  - es findet ein <u>Vermögenstausch</u> statt, eine Aktivposition erhöht sich, eine andere wird geringer, die Passivpositionen bleiben unverändert.
	  - die Bilanzsumme bleibt gleich
	- **Passiv-Tausch**
	  - es findet ein <u>Kapitaltausch</u> statt, eine Passivposition erhöht sich, eine andere wird geringer, die Aktivpositionen bleiben unverändert
	  - die Bilanzsumme bleibt gleich

Basiswissen: Erfolgskonten
Erfassung erfolgswirksamer Fälle

Wesen	Es gibt Geschäftsfälle, die das **Eigenkapital verändern**. Dies sind Erfolge in Form von **Aufwendungen** und **Erträgen**. Diese Erfolge werden nicht auf dem Eigenkapital gebucht. Zur besseren Übersicht werden **Eigenkapital-Unterkonten** für die wichtigsten Erfolge gebildet: die **Aufwands- und Ertragskonten**

Buchungen	- Zum Jahresbeginn sind die Erfolgskonten leer (**keine Anfangsbestände!**)
	- Während des Geschäftsjahres sammeln die Erfolgskonten die **Aufwendungen im Soll** und **Erträge im Haben.**
	    Aufwandskonto an …. bzw. …. an Ertragskonto
	- Am Jahresende werden die **Erfolgskonten über das Gewinn- und Verlustkonto (GuV) abgeschlossen**, um durch den Vergleich der Aufwendungen und Erträge den Erfolg (Gewinn oder Verlust) des Geschäftsjahres festzustellen: bei Ertragskonten: Ertragskonto an GuV
	                          bei Aufwandskonten: GuV an Aufwandskonto
	- Das **GuV-Konto wird über das Eigenkapital abgeschlossen**. Damit schließt sich der Kreis. Ein **Gewinn mehrt das Eigenkapital, ein Verlust mindert es.**
	  - mehr Erträge als Aufwendungen = Mehrung des Eigenkapitals (Gewinn)
	         GuV an Eigenkapital
	  - weniger Erträge als Aufwendungen = Minderung des EK (Verlust)
	         Eigenkapital an GuV

Beispiele für Aufwandskonten	- Zinsaufwendungen - Löhne und Gehälter - Abschreibungen - Provisionsaufwendungen - Allgemeiner Verwaltungsaufwand (AVA) - Steuern
Beispiele für Ertragskonten	- Zinserträge - Dividendenerträge - Provisionserträge

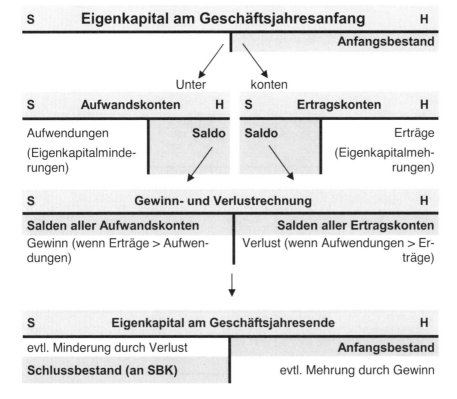

Basiswissen: Gemischte Konten
Grundlagen

Definition	ein gemischtes Konto ist gleichzeitig ein **Bestands- und Erfolgskonto**
Beispielkonten	in der Praxis werden gemischte Konten benutzt für - eigene **Wertpapiere** - **Sorten** - **Devisen**

Entstehung von Erfolgen	- **Erfolge** entstehen durch **Kursänderungen** - **Ertrag**: ein KI verkauft Wertpapiere, Sorten oder Devisen zu einem höheren Kurs als den Einkaufskurs (= **realisierter Kursgewinn**) - **Aufwand**: ein KI verkauft Wertpapiere, Sorten oder Devisen zu einem niedrigeren Kurs als dem Einkaufskurs (= **realisierter Kursverlust**)
Abschluss	gemischte Konten haben zwei Abschlussbuchungen: - der **Erfolg** geht in die GuV ein (Soll oder Haben) - der aktive **Bestand** geht in das SBK ein

Beispiel für ein Geschäftsjahr im Wertpapierhandel

Festlegung der Konten	- **Eigene Wertpapiere** = aktives gemischtes Bestandskonto - Konten CONCEPTA AG + BIOFORM AG = Skontren der Nebenbuchführung (vgl. Personenbuch beim KKK) - **Buchungen**: <u>alle</u> Buchungen, die auf dem Konto Eigene Wertpapiere vorgenommen werden, werden **deckungsgleich** in die Skontren gebucht

S			BIOFORM AG				H
Datum	**Stück**	**Kurs**	**Kurswert**	**Datum**	**Stück**	**Kurs**	**Kurswert**
08.02.	200	31,50	6.300,00	25.08.	100	40,00	4.000,00
31.10.	900	31,50	28.350,00	**31.12.**	**1.000**	**31,50**	**31.500,00**
31.12.	Kursgewinn		**850,00**				
	1.100		35.500,00		1.100		35.500,00

S			CONCEPTA AG				H
Datum	**Stück**	**Kurs**	**Kurswert**	**Datum**	**Stück**	**Kurs**	**Kurswert**
19.01.	500	62,50	31.250,00	15.03.	300	74,00	22.200,00
24.09.	800	62,50	50.000,00	**31.12.**	**1.000**	**62,50**	**62.500,00**
31.12.	Kursgewinn		**3.450,00**				
	1.300		84.700,00		1.300		84.700,00

S			Eigene Wertpapiere			H
19.01.	DBB		31.250,00	15.03.	DBB	22.200,00
08.02.	DBB		6.300,00	25.08.	DBB	4.000,00
24.09.	DBB		50.000,00	**31.12.**	**SBK**	**94.000,00**
31.10.	DBB		28.350,00			---
31.12.	GuV		**4.300,00**			---
			120.200,00			120.200,00

1. Grundlagen des Rechnungswesens

Lösungen ab Seite 197

Aufgabe A-1

Was kann man aus der Aktivseite der Bankbilanz erkennen?

Bilanz

A Die während eines Geschäftsjahres gewährten Kredite

B Die am Bilanzstichtag zugesagten Kredite

C Den Kassenbestand am Bilanzstichtag

D Die Ein- und Auszahlungen während des abgelaufenen Geschäftsjahres

siehe Infopool ab Seite 185

E Den Betrag, den die Bank investiert hat

Aufgabe A-2

Bilanz

Welche Antwort gibt die Reihenfolge, nach der die Passivseite der Bankbilanz gegliedert ist, korrekt wieder?

A abnehmende Liquidität

B Bilanzposten, die zum Eigenkapital gerechnet werden, und dann Bilanzposten des Fremdkapitals

C zunehmende Fristigkeit der Fälligkeiten

D zunehmende Fristigkeit der Restlaufzeiten

E Verbindlichkeiten gegenüber Kreditinstituten, Verbindlichkeiten gegenüber Kunden und Eigenkapital

Bilanzveränderungen

Aufgabe A-3

Welche Bilanzveränderungen lösen die folgenden Geschäftsfälle aus?

Geschäftsfall	Aktivtausch	Passivtausch	Aktiv-Passiv-mehrung	Aktiv-Passiv-minderung	Zunahme der Bilanzsumme	Abnahme der Bilanzsumme	Keine Veränderung der Bilanzsumme
A Ein Kreditor zahlt bar ein.							
B Ein Debitor hebt bar ab.							
C Auf dem Bundesbank-Konto gehen für einen Kreditor 1.000 EUR ein.							

D	Bundesbank-Überweisung für Kauf eines PCs								
E	Übertrag vom kreditorisch geführten Girokonto auf das Sparkonto								
F	Überweisungsauftrag eines Debitors wird über Bundesbank ausgeführt.								
G	Verkauf von Wertpapieren des Kreditinstituts an einen Kreditor								

Organisation der Buchführung

Aufgabe A-4

Bis zu welchem Datum müssen nach § 257 HGB folgende Belege aufbewahrt werden?

a) Bilanz 2009, fertiggestellt am 15.05.2010

T	T	M	M	J	J

b) Barauszahlungsbeleg vom 12.12.2009

T	T	M	M	J	J

c) Mahnschreiben vom 14.01.2010

T	T	M	M	J	J

d)   Welche der folgenden Aussagen ist richtig?

A Um eine möglichst einheitliche Grundlage des Rechnungswesens zu schaffen, haben die Verbände der Kreditwirtschaft Kontenpläne erarbeitet.

B Der Kontenplan enthält nach Kontenklassen und Kontengruppen gegliedert alle Konten, die in Kreditinstituten benötigt werden.

C Auf der Grundlage des Kontenplans stellt jedes Kreditinstitut seinen eigenen Kontenrahmen auf.

D Um eine möglichst einheitliche Grundlage des Rechnungswesens zu schaffen, haben die Verbände der Kreditwirtschaft Kontenrahmen erarbeitet.

E Kontenpläne sind immer mit dem Kontenrahmen identisch.

Aufgabe A-5

Entscheiden Sie, ob es sich bei den nachfolgend genannten Konten um Aktivkonten $\boxed{1}$ oder Passivkonten $\boxed{2}$ handelt!

A Bundesbank

B Spareinlagen

C eigene Wertpapiere

D Grundstücke und Gebäude

E Termineinlagen

A	B	C	D	E

Aufgabe A-6

Auf welcher Seite eines Kontos werden diese Buchungen erfasst: Soll $\boxed{1}$ oder Haben $\boxed{2}$?

A Zugänge bei einem Passivkonto

B Abgänge bei einem Aktivkonto

C Schlussbestand bei einem Aktivkonto

D Anfangsbestand bei einem Passivkonto

A	B	C	D

Aufgabe A-7

Entscheiden Sie, ob es sich bei den nachfolgend genannten Konten um Aktiv- $\boxed{1}$, Passiv- $\boxed{2}$, Aufwands- $\boxed{3}$ oder Ertragskonten $\boxed{4}$ handelt!

A Löhne und Gehälter

B Termineinlagen

C Schecks

D Provisionserträge

E Verwaltungsaufwendungen

A	B	C	D	E

Kontenplan zu den Aufgaben A-8 und A-9

Konto	Bezeichnung	Konto	Bezeichnung	Konto	Bezeichnung
10	Kasse	22	Spareinlagen	65	Kostensteuern
11	Bundesbank	30	Betriebs- und Geschäftsausstattung	77	Gewinn- und Verlustkonto
12	Eigene Wertpapiere	52	Provisionserträge	70	Eigenkapital
20	Banken-KK	56	sonstige betrieblichen Erträge	98	EBK
21	Kunden-KK	63	Verwaltungsaufwendungen	99	SBK

Bestandskonten

Aufgabe A-8

Bilden Sie die Buchungssätze

a) zur Eröffnung folgender Konten

A	Eigenkapital		an	
B	Betriebs- und Geschäftsausstattung		an	
C	Kasse		an	

b) für die Buchung des Schlussbestandes folgender Konten

A	eigene Wertpapiere		an	
B	Sichteinlagen		an	
C	Termineinlagen		an	

c) für folgende Geschäftsfälle

A	Ein Kreditor erteilt einen Überweisungsauftrag über 7.320,00 EUR, der über die Bundesbank ausgeführt wird.		an	
B	Das Kreditinstitut kauft einen Kontoauszugsdrucker für 10.250,00 EUR von einem Kreditor.		an	
C	Das Kreditinstitut verkauft Wertpapiere im Wert von 6.391,00 EUR aus dem eigenen Bestand als Festpreisgeschäft an einen Debitor.		an	
D	Auf dem Konto einer Korrespondenzbank gehen zugunsten eines Debitors 19.000,00 EUR ein.		an	

Aufgabe A-9

Bilden Sie Buchungssätze (Konten am Ende der Aufgabe)

a) für folgende Geschäftsfälle

			an	
A	Das Kreditinstitut kauft einen Drucker für die Buchhaltung für 5.000,00 EUR und bezahlt den Kaufpreis durch Korrenspondenzbank-überweisung.		an	
B	Das Kreditinstitut belastet Kreditoren mit Umsatzprovision in Höhe von 120,00 EUR.		an	
C	Das Kreditinstitut kauft von einem Kreditor Wertpapiere für den eigenen Bestand.		an	
D	Auf dem Bundesbank-Konto des Kreditinstituts geht Miete in Höhe von 2.000,00 EUR für vermietete Räume ein.		an	

b) für den Abschluss folgender Konten

			an	
A	Spareinlagen		an	
B	sonstige betriebliche Erträge		an	
C	Verwaltungsaufwendungen		an	
D	GuV (Aufwendungen > Erträge)		an	

c) für die Eröffnung folgender Konten

			an	
A	eigene Wertpapiere		an	
B	Kostensteuern		an	
C	Bundesbank		an	

Situation zu den Aufgaben A-10 bis A-12

Die *Nordbank AG* erhält von ihrem Kunden *Luethjohann Bürobedarf GmbH* eine Rechnung über Büromaterial im Wert von 819,00 EUR zuzüglich 19 % Mehrwertsteuer: Dieses Büromaterial wird nur für das umsatzsteuerfreie Bankgeschäfte benutzt, bei denen das Kreditinstitut die gezahlte Mehrwertsteuer nicht als Vorsteuer vom Finanzamt erstattet bekommt.

Zahlungsbedingungen: Gemäß der Rahmenvereinbarung vom 13.05.2007 räumt die *Luethjohann GmbH* der *Nordbank AG* auf den Rechnungsbetrag einen Rabatt von 20 % ein. Der Gegenwert soll auf das Konto *Luethjohann GmbH* Kontonummer 473257 bei der *Nordbank AG* überwiesen werden.

Aufgabe A-10

Ermitteln Sie den Betrag, der an die Firma *Luethjohann Bürobedarf GmbH* überwiesen werden muss.

EUR

Aufgabe A-11

Das Konto der Firma *Luethjohann Bürobedarf GmbH* weist zurzeit einen Soll-saldo von 509,40 EUR aus. Um wie viel EUR verändert sich die Bilanzsumme der *Nordbank AG*, wenn die von Ihnen veranlasste Überweisung ausgeführt wird?

EUR

Aufgabe A-12

Um wie viel EUR verändert die Buchung der Rechnung der Firma *Luethjohann Bürobedarf GmbH* den Gewinn der *Nordbank AG*?

EUR

Bilanz-
veränderung

Aufgabe A-13

Der Kunde Marco Ehring überträgt innerhalb der *Nordbank AG* fällige Termin-einlagen in Höhe von 30.000 EUR auf sein Girokonto, das zurzeit einen Soll-Saldo von 23.000 EUR aufweist. Wie verändert diese Buchung die Bilanzsumme der *Nordbank AG*?

A Die Bilanzsumme der Aktiva und Passiva erhöht sich um 7.000 EUR.

B Die Bilanzsumme bleibt unverändert.

C Die Bilanzsumme der Aktiva und Passiva vermindert sich um 23.000 EUR.

D Die Bilanzsumme der Aktiva und Passiva erhöht sich um 30.000 EUR.

E Die Bilanzsumme der Aktiva und Passiva vermindert sich um 30.000 EUR.

Bilanz-
veränderung

Aufgabe A-14

Der Sparkunde Gerd Müller unterhält bei der *Nordbank AG* ein Sparkonto. Am 12.02. hebt Herr Müller 12.000,00 EUR vom Sparkonto ab. Am gleichen Tag gehen durch Bundesbank-Überweisung 9.000,00 EUR auf sein Girokonto ein, wobei er durch diesen Vorgang zum Kreditor mit 5.500,00 EUR Guthaben wird. Beurteilen Sie, ob bzw. wie durch diese beiden Vorgänge die Bilanz des Kreditinstituts beein-flusst wird.

Arten der Bilanzveränderung	Betrag	
A Aktivtausch	1	12.000,00 EUR
B Passivtausch	2	9.000,00EUR
C Aktiv-Passiv-Mehrung	3	6.500,00 EUR
D Aktiv-Passiv-Minderung	4	5.500,00 EUR
E Keine Auswirkung	5	3.500,00 EUR
	6	0,00 EUR

Aufgabe A-15

Der Kunde Alfred Kurz überträgt von seinem Sparkonto 50.000,00 EUR auf sein Girokonto bei der *Nordbank AG*, das zurzeit einen Debetsaldo in Höhe von 30.000,00 EUR aufweist.

Wie verändert diese Buchung die Bilanz der *Nordbank AG*?

Veränderung

A Die Bilanzsumme bleibt unverändert.

B Die Bilanzsumme erhöht sich um 20.000,00 EUR.

C Die Bilanzsumme erhöht sich um 30.000,00 EUR.

D Die Bilanzsumme vermindert sich um 50.000,00 EUR.

E Die Bilanzsumme vermindert sich um 30.000,00 EUR.

Aufgabe A-16

Sie sollen nachvollziehen, wie sich die Eröffnung eines Sparbuches über 5.000,00 EUR auf die Bilanzsumme der *Nordbank AG* auswirkte, wenn Sie davon ausgehen, dass Ihr Sparkunde die eine Hälfte des Anlagebetrages bar einzahlte und die andere Hälfte aus einem fälligen Festgeld verwendete. Wie veränderten diese Vorgänge die Bilanzsumme der *Nordbank AG*?

Veränderung

A Die Bilanzsumme erhöhte sich um 5.000,00 EUR.

B Die Bilanzsumme verminderte sich um 2.500,00 EUR.

C Die Bilanzsumme veränderte sich nicht.

D Die Bilanzsumme erhöhte sich um 2.500,00 EUR.

E Die Bilanzsumme verminderte sich um 5.000,00 EUR.

Aufgabe A-17

Sie wollen nachvollziehen, wie sich bestimmte Geschäftsfälle auf die Bilanzsumme auswirken. Ordnen Sie drei der sieben Geschäftsfälle den vorgegebenen Bestandsveränderungen zu!

Veränderungen der Bilanz der *Nordbank AG*

A Minderung der Aktiv- und der Passivseite

B Mehrung der Aktiv- und der Passivseite

C Tausch innerhalb der Passivseite

Geschäftsfälle

1   Die *Nordbank AG* kauft eine Schreibmaschine von einem Debitor.

2   Die *Nordbank AG* verkauft Wertpapiere aus dem eigenen Bestand an einen Kreditor.

3   Ein Debitor zahlt bar ein.

4   Eingang auf unserem Bundesbankkonto für einen Debitor.

5   Ein Kreditor überweist auf sein Sparkonto.

6   Ein Debitor wird durch eine Bareinzahlung zum Kreditor.

7   Barabhebung der *Nordbank* von ihrem Bundesbank-Girokonto

A	B	C

Basiswissen: Kundenkontokorrent – KKK
Zusammenfassung des Debitoren- und Kreditoren-Kontos

Wesen des KKK bzw. KK	- Hauptbuchkonto (= Bestandskonto) für alle **Forderungen und Verbindlichkeiten** aus dem täglich fälligen Kundengeschäft - gleichzeitiges Aktiv- und Passivkonto **(= zusammengesetztes Bestandskonto)** - Zusammenfassung aller Debitoren- und Kreditorennebenbuchkonten (siehe Personenbuch) zu einem Hauptbuchkonto - **2 Anfangsbestände:** Forderungen an Kunden im Soll, Verbindlichkeiten gegenüber Kunden im Haben - **2 Schlussbestände:** Forderungen an Kunden im Haben, Verbindlichkeiten gegenüber Kunden im Soll - **Gutschriften** sind sowohl für Debitoren als auch für Kreditoren Habenbuchungen - **Belastungen** sind sowohl für Debitoren als auch für Kreditoren Sollbuchungen - Das KKK wird kürzer auch gern mit KK abgekürzt.
Personenbuch	- neben dem Hauptbuchkonto KK wird ein **Personenbuch** geführt - im Personenbuch (Nebenbuch) befindet sich für **jeden Kunden** sein persönliches Konto **(= Skontro)** - der Schlussbestand der Forderungen im KK-Hauptbuchkonto ergibt sich aus der Summe aller Debitorenkonten im Skontro, der Schlussbestand der Verbindlichkeiten aus der Summe aller Kreditorenkonten im Skontro.
Abschluss des KK	- Saldo aller **Debitoren** (Summe) = SBK an KK - Saldo aller **Kreditoren** (Summe) = KK an SBK

S	Kundenkontokorrent – KK	H
Anfangsbestand – Debitoren Belastungen für Debitoren Belastungen für Kreditoren **Schlussbestand – Kreditoren**		**Anfangsbestand – Kreditoren** Gutschriften für Debitoren Gutschriften für Kreditoren **Schlussbestand – Debitoren**

Basiswissen: Bankenkontokorrent – BKK

Geschäftsbeziehungen mit anderen Banken

Wesen des BKK	- Forderungen und Verbindlichkeiten gegenüber Kreditinstituten müssen von den übrigen Forderungen und Verbindlichkeiten getrennt in der Bankbilanz ausgewiesen werden. Daher ist neben dem Kunden-KK auch ein Banken-KK notwendig. - gleichzeitiges Aktiv- und Passivkonto (= **zusammengesetztes Bestandskonto**) - **2 Anfangsbestände + 2 Schlussbestände**
Nebenbuch	- neben dem Hauptbuchkonto BKK wird ein **Nebenbuch** geführt - im Nebenbuch befindet sich für **jede Kontoverbindung zu einer anderen Bank** ein eigenes Konto (= **Skontro**) wie beim Kunden-KK. - alle einzelnen **Anfangsbestände, Umsätze und Schlussbestände** des Nebenbuches stimmen immer mit dem Anfangsbestand, den Umsätzen und dem Schlussbestand des BKK-Hauptbuchkontos überein.
Lorokonto Nostrokonto	- Da Banken als Kaufleute buchführungspflichtig sind, muss **jede** Bank Forderungen und Verbindlichkeiten gegenüber ihren Korrespondenzbanken und deren Veränderungen aufzeichnen. - Eine Bank ist der offizielle Kontoführer, der u. a. der anderen Seite die Kontoauszüge zuschickt: - Der Kontoführer führt ein **Lorokonto** für die Korrespondenzbank. Diese hat als Nicht-Kontoführer ein **Nostrokonto**. - Für <u>Buchungssätze ist es unerheblich</u>, ob ein Nostro- oder Lorokonto vorliegt. **Jede Bank bucht in ihren Büchern!** - Merkhilfe: - Lorokonto = leider bei uns - Nostrokonto = nicht bei uns
Abschluss des BKK	- Abschluss aller Skontren im Nebenbuch - Saldo aller Forderungen (Summe) = Schlussbestand-Forderungen beim BKK (Habenseite) SBK an BKK - Saldo aller Verbindlichkeiten (Summe) = Schlussbestand-Verbindlichkeiten beim BKK (Sollseite) BKK an SBK

S	Bankenkontokorrent – BKK	H
Anfangsbestand – Forderungen Zunahme der Forderungen Abnahme der Verbindlichkeiten Lastschriften für die Korrespondenzbank **Schlussbestand – Verbindlichkeiten**		**Anfangsbestand – Verbindlichkeiten** Zunahme der Verbindlichkeiten Abnahme der Forderungen Gutschriften für die Korrespondenzbank **Schlussbestand – Forderungen**

2.   Kunden- und Bankenkontokorrent

Kunden- und
Banken-
kontokorrent

Aufgabe A-18

Ordnen Sie den Buchungssätzen die entsprechenden Geschäftsvorgänge zu.

Buchungssätze

A   Banken-KK an Kunden-KK

B   Bundesbank an Banken-KK

C   Kunden-KK an Banken-KK

Geschäftsvorgänge

1   Ausführung eines Überweisungsauftrags eines KK-Kunden über Bundesbank

2   Bareinzahlung auf Bundesbank-Konto

3   Aufnahme von Tagesgeld bei einer Korrespondenzbank

4   Überweisungseingang für KK-Kunden über eine Korrespondenzbank

5   Rückzahlung von Tagesgeld durch Bundesbank-Überweisung

6   Ausführung eines Überweisungsauftrags eines
    KK-Kunden über eine Korrespondenzbank

7   Ausführung eines Überweisungsauftrages einer
    Korrespondenzbank über Bundesbank

A	B	C

Kunden-
kontokorrent

Aufgabe A-19

Buchen Sie folgende Geschäftsfälle im Grundbuch:

1	Gehälter der Bankangestellten werden auf Konten gutgeschrieben.	12.000,00		an	
2	Rechnung für Büromaterial wird durch Bundesbank-Überweisung beglichen.	1.000,00		an	
3	Überweisungseingang auf unserem Bundesbankkonto zugunsten unserer Girokunden	18.000,00		an	
4	Belastung von KK-Kunden mit Akkreditivprovisionen	6.700,00		an	
5	Am Monatsende rechnen wir die KK-Konten unserer Kunden ab. Es ergeben sich dabei Zinsen für in Anspruch genommene Dispositionskredite.	54.370,00		an	

Konto-Nr.	Konto
11	Bundesbank
21	Kunden-KK
62	Löhne und Gehälter
63	Aufwendungen für Sachanlagen
64	Büroaufwand
50	Zinserträge aus Kreditgeschäften
52	Provisionserträge
60	Zinsaufwendungen
61	Provisionsaufwendungen

Aufgabe A-20

Kunden-
kontokorrent

Die *Nordbank AG* hat am 29.12. folgende Bestände:

Debitoren 136.000,00 EUR
Kreditoren 150.690,00 EUR

Geschäftsfälle am 30.12.

Nr.	Geschäftsfall	EUR
1	Kunde Busch erteilt einen Überweisungsauftrag, der über die Bundesbank ausgeführt wird.	43.000,00
2	Kunde Hüsch zahlt bar ein.	11.000,00
3	Überweisungsauftrag von Kunde Oellrich wird über die Postbank ausgeführt.	60.000,00
4	Auf dem Konto der *Nordbank AG* bei der Bundesbank gehen zugunsten von Kunde Paulsen ein.	67.000,00

Angaben zum Jahresabschluss

Die Saldenliste zum Jahresende ergibt einen Debitorenbestand von 198.000,00 EUR.

Welcher Kreditorenbestand müsste sich danach ergeben?

	EUR

Kunden-/
Banken-
kontokorrent

Aufgabe A-21

Buchen Sie folgende Geschäftsfälle im Grundbuch (Konten siehe unten):

	:		S		H
1.	Belastung von KK-Kunden mit Konto-führungsgebühren	7.320,00 EUR		an	
2.	Wir nehmen Tagesgeld auf. Der Betrag wird uns auf dem Bundesbank-Konto bereitgestellt.	2,5 Mio. EUR		an	
3	Für einen Kontokorrentkunden gehen auf dem Nostrokonto bei einer Korrespondenzbank ein.	8.300,00 EUR		an	
4	Am Monatsende rechnen wir die KK-Konten unserer Firmen-Kunden ab. Es ergeben sich dabei				
	- Zinsen für Guthaben	1.200,00 EUR		an	
	- Zinsen für in Anspruch genommene Dispositionskredite	54.370,00 EUR		an	

Konto-Nr.	Konto
11	Bundesbank
20	Banken-KK
21	Kunden-KK
25	Sonstige Verbindlichkeiten
52	Provisionserträge
50	Zinserträge aus Kreditgeschäften
60	Zinsaufwendungen

Banken-
kontokorrent

Aufgabe A-22

Das Hauptbuchkonto Bankenkontokorrent der *Nordbank AG* weist folgende Werte aus:

Anfangsbestand Forderungen an Kreditinstitute	448.000,00 EUR
Anfangsbestand Verbindlichkeiten gegenüber Kreditinstituten	758.000,00 EUR
Soll-Umsätze	1.335.000,00 EUR
Haben-Umsätze	1.025.000,00 EUR

Die Aufnahme der Salden unserer Skontren ergibt folgende Verbindlichkeiten gegenüber Kreditinstituten:

Nostro *Fördebank AG*	315.000,00 EUR
Loro *Schwentiner Bank AG*	185.000,00 EUR

Ermitteln Sie den Schlussbestand der Forderungen an Kreditinstitute.

EUR

Aufgabe A-23

Das Hauptbuchkonto Kunden-KK ist abzuschließen. Es sind folgende Angaben einzubeziehen:

Anfangsbestand Debitoren	300 Mio. EUR
Anfangsbestand Kreditoren	250 Mio. EUR
Gutschriften für Kontokorrentkunden	120 Mio. EUR
Belastungen für Kontokorrentkunden	140 Mio. EUR
Schlussbestand Kreditoren laut Saldenliste der Skontren	280 Mio. EUR

Wie viel Mio. EUR beträgt der Schlussbestand der Debitoren?

A 310 Mio. EUR

B 210 Mio. EUR

C 250 Mio. EUR

D 350 Mio. EUR

E 260 Mio. EUR

Aufgabe A-24

Auf dem Konto Banken-KK der *Nordbank AG* wurden bisher einschließlich der Anfangsbestände gebucht:

im Soll	778.800,00 EUR	im Haben	856.400,00 EUR

Es sind noch folgende Geschäftsfälle zu berücksichtigen:

1. Vom Guthaben bei einer Korrespondenzbank überweist die *Nordbank AG* auf das Bundesbank-Konto 10.000,00 EUR.

2. Überweisungseingänge für Kunden der *Nordbank AG* über insgesamt 60.000,00 EUR auf den Nostrokonten bei Korrespondenzbanken.

Wie viel Euro betragen nun die „Forderungen an Kreditinstitute", wenn die „Verbindlichkeiten gegenüber Kreditinstituten" 140.600,00 EUR betragen?

EUR

Aufgabe A-25

Das Hauptbuchkonto Bankenkontokorrent der *Nordbank AG* weist folgende Werte aus:

Anfangsbestand Forderungen an Kreditinstitute	265.000,00 EUR
Anfangsbestand Verbindlichkeiten gegenüber Kreditinstituten	324.000,00 EUR
Soll-Umsätze	1.250.000,00 EUR
Haben-Umsätze	1.130.000,00 EUR

Die Aufnahme der Salden der Skontren ergibt folgende Forderungen an Kreditinstitute:

Nostro *Westbank AG*	172.000,00 EUR
Loro *Unionbank AG*	115.000,00 EUR

Ermitteln Sie den Schlussbestand der Verbindlichkeiten gegenüber Kreditinstituten.

Schlussbestand

A 466.000,00 EUR

B 348.000,00 EUR

C 226.000,00 EUR

D 122.000,00 EUR

E 118.000,00 EUR

Situation zu den Aufgaben A-26 bis A-28

Die *Nordbank AG* hat ihrem Kunden Jürgen Emmerich einen Dispositionskredit in Höhe von 6.000,00 EUR eingeräumt. Jürgen Emmerich überträgt 3.500,00 EUR auf sein Konto bei der *Fördebank AG*. Das Konto von Jürgen Emmerich bei der *Nordbank AG* weist vor der Buchung des Auftrages ein Guthaben von 2.500,00 EUR aus.

Kontokorrent

Aufgabe A-26

Wie lautet die Buchung bei Ausführung des Überweisungsauftrages bei der *Nordbank AG*, wenn keine direkte Verrechnung mit dem begünstigten Kreditinstitut möglich ist?

Konten

20   Banken-KK
11   Bundesbank
21   Kunden-KK

Soll	Haben

**Bilanz-
veränderung**

Aufgabe A-27

Wie wirkt sich die Ausführung der Überweisung auf die Bilanzsumme der *Nordbank AG* als der auftraggebenden Bank aus?

	Bilanzverlängerung	Bilanzverkürzung	Keine Veränderung
Betrag in EUR			

**Bilanz-
veränderung**

Aufgabe A-28

Wie verändert sich die Bilanzsumme der *Fördebank AG* als dem begünstigten Kreditinstitut, wenn das KK-Konto des Empfängers vor dem Geldeingang einen debitorischen Saldo in Höhe von 1.500,00 EUR aufweist?

Änderung der Bilanzsumme

A Die Bilanzsumme erhöht sich um 1.500,00 EUR.

B Die Bilanzsumme vermindert sich um 1.500,00 EUR.

C Die Bilanzsumme erhöht sich um 3.500,00 EUR.

D Die Bilanzsumme vermindert sich um 3.500,00 EUR.

E Die Bilanzsumme erhöht sich um 2.000,00 EUR.

F Die Bilanzsumme vermindert sich um 2.000,00 EUR.

> [ ]

Aufgabe A-29

Banken-kontokorrent

Das Konto „Banken-KK" der *Nordbank AG* in Lübeck weist am 31.12. folgende Umsätze (einschließlich Anfangsbestände) auf:

Soll: 19.790.000,00 EUR   Haben 18.950.000,00 EUR

Auf den entsprechenden Skontren ergeben sich folgende Inventurbestände:

Lorokonten:	Kredit, gewährt an das *Bankhaus Lampe & Co* 950.000,00 EUR
	Einlage der *Handelsbank AG* 780.000,00 EUR
Nostrokonten:	Guthaben beim *Bankhaus Löwen* 720.000,00 EUR
	Kredit, aufgenommen bei der *Südbank AG* 1.200.000,00 EUR
	Guthaben bei der *Volksbank* 1.150.000,00 EUR

a) Wie hoch sind die Forderungen an Kreditinstitute?

> [   ] EUR

b) Wie hoch sind die Verbindlichkeiten gegenüber Kreditinstituten?

> [   ] EUR

Aufgabe A-30

Kunden-kontokorrent

Auf dem Kundenkontokorrentkonto der *Nordbank AG* wurden bis zum 30.12. insgesamt einschließlich der Anfangsbestände folgende Umsätze gebucht:

Soll 857.000.000,00   Haben 795.370.000,00

Am 30.12. wurden noch folgende Geschäftsfälle zusätzlich erfasst:

1. Kunde Hinz erteilt einen Überweisungsauftrag über 34.000,00 EUR, der über Postbank ausgeführt wird.
2. Kunde Werner reicht einen Scheck über 3.000,00 EUR zur Gutschrift E.v. ein.
3. Überweisungsauftrag von Kunde Neubauer über 60.000,00 EUR wird über Bundesbank ausgeführt.
4. Kunde Petersen überträgt von seinem Sparkonto das Guthaben von 67.000,00 EUR auf sein Girokonto.

Die Saldenliste ergibt einen Forderungsbestand an Kunden von 310.500.000,00 EUR. Welcher Bestand an Verbindlichkeiten gegenüber Kunden müsste sich demnach ergeben?

> [   ] EUR

3. Jahresabschluss der Kreditinstitute

a) Bestandteile und Gliederung

Bilanz-
gliederung

Aufgabe A-31

Die Buchhaltung der *Nordbank AG* hat für die Erstellung der Jahresbilanz folgende Aufstellung über die Aktiva und Passiva vorbereitet. Welche Veränderung muss vorgenommen werden, damit die Aufstellung den Vorschriften über die Bilanzgliederung nach der Verordnung über die Rechnungslegung der Kreditinstitute entspricht?

Jahresbilanz der *Nordbank AG*, Hamburg zum 31. Dezember 2010

Aktiva	TEUR	TEUR
1. Barreserve		
a) Kassenbestand	85	
b) Guthaben bei Zentralnotenbanken	2.600	2.685
2. Forderungen an Kreditinstitute		6.500
3. Forderungen an Kunden		25.000
4. von der *Nordbank AG* ausgegebene Schuldverschreibungen		900
5. Aktien		300
6. Sachanlagen		4.500
7. Sonstige Vermögensgegenstände		80

Passiva	TEUR	TEUR
1. Verbindlichkeiten gegenüber Kreditinstituten		300
2. Verbindlichkeiten gegenüber Kunden		
a) Spareinlagen	8.000	
b) Andere Verbindlichkeiten		
ba) täglich fällig	19.000	27.000
3. Eigenkapital		10.865

Aussagen

A Die Forderungen an Kunden und die Forderungen an Kreditinstitute müssen auf der Passivseite ausgewiesen werden.

B Als letzte Bilanzposition auf der Aktivseite müssen die Barreserven stehen.

C Als 1. Bilanzposition auf der Passivseite muss das Eigenkapital stehen.

D Die von der *Nordbank AG* ausgegebenen Schuldverschreibungen müssen auf der Passivseite ausgewiesen werden.

E Die Verbindlichkeiten gegenüber Kreditinstituten und die Verbindlichkeiten gegenüber Kunden müssen auf der Aktivseite ausgewiesen werden.

F Als 1. Bilanzposition auf der Aktivseite müssen die Sachanlagen stehen.

Aufgabe A-32

Die Rechnungslegungsvorschriften für die Kreditinstitute geben den Aufbau und die Gliederung einer Bankbilanz vor. Welche Festlegung entspricht diesen Vorgaben?

Geschäftsvorgänge

A   Auf der Aktivseite stehen die Positionen des Anlagevermögens vor bzw. über denen des Umlaufvermögens.

B   Das Eigenkapital wird auf der Passivseite an 1. Stelle genannt.

C   Die Verbindlichkeiten gegenüber Kreditinstituten und anderen Gläubigern werden zusammengefasst in einer Summe ausgewiesen.

D   Die Aktivposten sind nach der Fälligkeit aufgeführt.

E   Die Vermögenspositionen sind nach abnehmender Liquidität aufgeführt.

Aufgabe A-33

Die Passivseite der Bilanz zeigt die Kapitalherkunft. Welche Position gehört nicht zum Eigenkapital, sondern zum Fremdkapital?

Bilanzposition

A   Gewinnrücklagen

B   gesetzliche Rücklage

C   gezeichnetes Kapital

D   Pensionsrückstellungen

E   Bilanzgewinn

Aufgabe A-34

Für den Jahresabschluss sind von der *Industrie AG* folgende Aufstellungen anzufertigen:

A   Bilanz
B   Gewinn- und Verlustrechnung
C   Anhang zur Bilanz und Gewinn- und Verlustrechnung
D   Lagebericht

Aus welchen Aufstellungen können entnommen werden?

1   Die Höhe des Eigenkapitals

2   Die Zuführung zu den Pensionsrückstellungen

3   Die Umsatzerlöse

4   Die Einschätzung der AG, wie sich das Geschäft in der Zukunft entwickeln wird

5   Die Entwicklung des Sachanlagevermögens durch Zu- und Abgänge und Abschreibungen

1	2	3	4	5

Bilanz-
positionen

Aufgabe A-35

Bei der Aufstellung des Jahresabschlusses sind folgende Sachverhalte noch zu berücksichtigen:

1   Für eine im abgelaufenen Geschäftsjahr durchgeführte Gebäudereparatur liegt am Jahresende noch keine Rechnung vor. Nach dem Kostenvoranschlag werden sich die Kosten vermutlich auf 30.000 EUR belaufen.

2   Der Gewerbesteuerbescheid weist für das ablaufende Geschäftsjahr eine Steuernachzahlung von 17.000 EUR aus. Die Zahlung wurde bisher noch nicht veranlasst.

Welche Posten der Bilanz werden dadurch verändert?

Tragen Sie ein:
0   für keine Veränderung
1   Veränderung durch Sachverhalt Nr. 1
2   Veränderung durch Sachverhalt Nr. 2
3   Veränderung durch Sachverhalt Nr. 1 und 2

A		Fonds für allgemeine Bankrisiken
B		Andere Gewinnrücklagen
C		Andere Rückstellungen
D		Sonstige Verbindlichkeiten
E		Sonstige Vermögensgegenstände (sonstige Forderungen)

Basiswissen: Umsatzsteuer bei Kreditinstituten

Bedeutung	Die Umsatzsteuer ist eine Steuer für den privaten, inländischen **Endverbraucher**. Kaufleute müssen die **Umsatzsteuer** beim Verkauf von Waren oder Abrechnung ihrer Dienstleistungen dem Kunden in Rechnung stellen und ans Finanzamt abführen. Von Unternehmen gezahlte Umsatzsteuer wird als **Vorsteuer** vom Finanzamt erstattet.
Ausnahmen	Von der Umsatzsteuerpflicht gibt es aber zahlreiche Ausnahmen: So sind die meisten **Bankgeschäfte** von der Umsatzsteuer **befreit**, nur einige Geschäfte unterliegen der Umsatzsteuerpflicht!
umsatzsteuerpflichtige Umsätze	- **Edelmetalle & Münzen**: Umsätze von **Edelmetallen, Münzen** und **Medaillen**, ausgenommen Goldbarren und Goldmünzen, die gesetzliche Zahlungsmittel sind. - Vermittlungen: **Provisionen** aus Vermittlungsgeschäften (z. B. Maklercourtage aus **Immobiliengeschäften**) - Sicherungsgut: **Verkauf** von Sicherungsgut im eigenen Namen der Bank - **Vermietung** von Schließfächern - Wertpapierdepot: **Verwahrung und Verwaltung** von Wertpapieren (nicht der Wertpapierhandel und die Anlageberatung)

Konten	- **Vorsteuer**: gezahlte Umsatzsteuer im umsatzsteuerpflichtigen Geschäft bekommen Kaufleute vom Finanzamt erstattet. - Aktivkonto: Forderungen ans Finanzamt - **Umsatzsteuer** (Mehrwertsteuer): im umsatzsteuerpflichtigen Geschäft den Kunden in Rechnung gestellte Umsatzsteuer, muss ans Finanzamt abgeführt werden. - Passivkonto: Verbindlichkeiten gegenüber dem Finanzamt

Behandlung der Vorsteuer beim Kauf

Der gekaufte Gegenstand dient...	
... der Erzielung umsatzsteuerfreier Umsätze	... der Erzielung umsatzsteuerpflichtiger Umsätze
- die gezahlte Umsatzsteuer ist ein Teil der **Anschaffungskosten** - **Aktivierung** im aktiven Bestandskonto und **Abschreibung** oder - Buchung als Verwaltungsaufwand mit dem Bruttopreis	- **Vorsteuer** ist eine **Forderung** an das Finanzamt - Nur der **Nettobetrag** wird im Bestandskonto oder Aufwandskonto erfasst.
Buchungssätze	

BGA oder AVA (Bruttopreis)
               an DBB oder BKK oder KK
	DBB oder BKK oder KK
	               an BGA
	               an Umsatzsteuer

Behandlung der Umsatzsteuer beim Verkauf

Der gekaufte Gegenstand dient...	
... der Erzielung umsatzsteuerfreier Umsätze	... der Erzielung umsatzsteuerpflichtiger Umsätze
es wird **keine Umsatzsteuer** in Rechnung gestellt	**Umsatzsteuer** muss in Rechnung gestellt werden
Buchungssätze	

DBB oder BKK oder KK
               an BGA
	DBB oder BKK oder KK
	               an BGA
	               an Umsatzsteuer

Abschluss der Konten Umsatzsteuer (USt) & Vorsteuer (VSt)

VSt < USt (Umsatzsteuerzahllast)	- Forderungen (Vorsteuer) und Verbindlichkeiten (Umsatzsteuer) werden gegenüber dem Finanzamt nicht getrennt abgerechnet. Die Bank kann die abzuführende Umsatzsteuer mit der Vorsteuer **verrechnen**. Dazu schließt sie das Konto Vorsteuer über Umsatzsteuer ab. - Buchungssatz: **Umsatzsteuer an Vorsteuer** - die einbehaltene Umsatzsteuer, welche die gezahlte Vorsteuer übersteigt, muss **ans FA abgeführt** werden (**Zahllast**): - Buchungssatz: **Umsatzsteuer an DBB** oder BKK bzw. **SBK** beim Jahresabschluss - Bilanzierung als **sonst. Verbindlichkeiten** (Passiva)

Beispiel Umsatzsteuerzahllast

S	Vorsteuer	H	S	Umsatzsteuer	H
DBB	6.000,00	USt	6.000,00	VSt	6.000,00	BGA	13.000,00
				DBB/SBK	7.000,00		
	6.000,00		6.000,00		13.000,00		13.000,00

Basiswissen: Bewertung von Sachanlagen
Sachanlagen

Anlage-vermögen	Sachanlagen (Immobilien, Betriebs- und Geschäftsausstattung, Fuhrpark)

Aktivierung	- = **Bilanzierung** (Wertansatz im Betriebsvermögen)
	- **Kaufpreis – Rabatt + Nebenkosten = Anschaffungskosten**
	- **Beispiele** für Nebenkosten:
	  - Überführungskosten bei Kfz
	  - Grundbucheintragungen bei Immobilienerwerb

Abschrei-bungen	- = **Wertminderungen durch Abnutzung** - Abschreibungen bilden einen Aufwand für die Bank (**Minderung der Steuer-schuld, da Senkung des Gewinnes**) - das Finanzamt gibt sog. **AfA-Tabellen** vor - Nutzungsdauer der Sachanlagen = Abschreibungsdauer (in Jahren)
Buchung der Abschreibung	**Abschreibung auf Sachanlagen an (BGA, GWG oder SP)**
Aktuelle Ab-schreibungs-regelungen	- Anlagegegenstände mit einem Wert bis **150 EUR netto** (also ohne USt) **kön-nen** bei ihrer Anschaffung sofort als Aufwand (Konto: **AVA** oder – falls vor-handen – **Aufwendungen für Sachanlagen**) gebucht werden, d. h. eine Ab-schreibung am Jahresende entfällt. - Anschaffungen über **150 Euro bis 1.000 Euro (netto) können** im Pool (Sammelposten) jährlich mit **1/5 ihres Wertes abzuschreiben**. Konto SP: Sammelposten - Geringwertige Wirtschaftsgüter (GWG) **bis 410 Euro (netto) können** im Jahr der Anschaffung **in voller Höhe abgeschrieben** werden. **Konto GWG: Geringwertige Wirtschaftsgüter.** - Ansonsten sind Anschaffungen **linear oder degressiv** (falls im Jahr der An-schaffung erlaubt) **monatsgenau** über die **Nutzungsdauer** abzuschreiben. **Konto BGA: Betriebs- und Geschäftsausstattung.**

Lineare Abschreibung

Definition	- die Abschreibung erfolgt in **jährlich gleichbleibenden Beträgen** - Im Jahr der Anschaffung wird monatsgenau abgeschrieben, d. h. eine am 20. April angeschaffte Sachanlage wird im Anschaffungsjahr 9 volle Monate (April bis Dez.) abgeschrieben, im letzten Jahr 3 Monate.
Abschreibungs-höhe	- **Abschreibungsbetrag = Anschaffungskosten / Nutzungsjahre** - **Anschaffungsprozentsatz = 100% / Nutzungsjahre**
Beispiel	Kauf eines Pkws am 30. September für EUR 60.000,- , Nutzungsdauer: 5 Jahre: ∗ EUR 60.000,- / 5 = EUR 12.000,- (Abschreibungsbetrag pro Jahr)

Abschreibungs-plan	Jahr	Buchwert am Jahresanfang	Abschreibung	Buchwert am Jahresende
	1	60.000,-	12.000,- x 4/12	56.000,-
	2	56.000,-	12.000,-	44.000,-
	3	44.000,-	12.000,-	32.000,-
	4	32.000,-	12.000,-	20.000,-
	5	20.000,-	12.000,-	8.000,-
	6	8.000,-	12.000,- x 8/12	0,-

Erinnerungswert	Wird die Sachanlage nach Ende der Abschreibung weiter genutzt, bleibt sie mit 1,- Euro Erinnerungswert stehen (die letzte Abschreibung ist dann 1 Euro geringer).

Degressive Abschreibung

Definition	- die Abschreibung erfolgt mit einem **festen Prozentsatz vom Restbuchwert**, dadurch entstehen **jährlich fallende Abschreibungsbeträge.** - der Restbuchwert erreicht **nie** den Wert 0,00 EUR.
Abschreibungs-satz	- Der Abschreibungssatz ist von gesetzlichen Regelungen abhängig. Seit 2008 ist die degressive Abschreibung generell abgeschafft, aber - für Neuanschaffungen in 2009 und 2010 gilt zur Konjunkturbelebung: Der Abschreibungssatz beträgt das **2,5-fache** der linearen AfA, darf aber **25 %** nicht übersteigen.
Abschreibungs-betrag	- Abschreibungsbetrag = aktueller **Buchwert** / 100 * Abschreibungssatz - monatsgenau: Im Anschaffungsmonat wird voll vom 1. d. M. abgeschrieben
Wechsel der Abschreibungs-methoden	- während der Nutzungsdauer darf man **von der degressiven AfA zur linearen AfA wechseln**, um den Restwert am Ende der Nutzung zu erreichen. - sobald der Abschreibungsbetrag nach der linearen Methode (Restbuchwert / Restlaufzeit) über dem Abschreibungsbetrag nach der degressiven Methode liegt, **lohnt sich der Wechsel**, wenn man Ertragssteuern sparen will. Ein Wechsel von der linearen zur degressiven Abschreibung ist nicht erlaubt!

Beispiel	- Kauf eines **Geldtransporters** im Januar, Wert 81.920,- EUR, Nutzungsdauer 5 Jahre. Es soll möglichst schnell abgeschrieben werden! - AfA-Satz linear: 100 % / 5 Jahre = **20 %** - AfA-Satz degressiv: 20 % * **2,5** = 50 %, aber <u>maximal</u> **25 %** sind zulässig!

Ab-schrei-bungs-plan	Jahr	degressive AfA			Wechsel zur linearen AfA		
		Buchwert Jahresan-fang	AfA	Buchwert Jahresende	Buchwert Jahresan-fang	AfA	Buchwert Jahresende
	20(0)	81.920,00	**20.480,00**	**61.440,00**	(81.920,00	16.384,00	65.536,00)
	20(+1)	**61.440,00**	15.360,00	46.080,00	**61.440,00**	**15.360,00**	46.080,00
	20(+2)	(46.080,00	11.520,00	34.560,00)	46.080,00	**15.360,00**	30.720,00
	20(+3)	(34.560,00	8.640,00	25.920,00)	30.720,00	**15.360,00**	15.360,00
	20(+4)	(25.920,00	6.480,00	19.440,00)	15.360,00	**15.360,00**	0,00

- Im 1. Jahr ergibt die degressive Abschreibung in dem Beispiel den höheren Abschreibungsbetrag.
- Im 2. Jahr ergibt die lineare und die degressive Abschreibung den <u>gleichen</u> Abschreibungsbetrag:
  - degressiv: 25 % von 61.440,- (Restbuchwert) = 15.360,-
  Soll ab dem 2. Jahr linear abgeschrieben werden, muss nicht mehr der Anschaffungswert, sondern der Restbuchwert gleichmäßig über die restlichen 4 Jahre abgeschrieben werden:
  - linear: 61.440,- (Restbuchwert) / 4 Jahre (Restnutzungsdauer) = 15.360,-
- Im 3. Jahr ergibt die lineare Abschreibung eine höhere Abschreibung:
  - degressiv: 25 % von 46.080,- (Restbuchwert) = 11.520,-
  - linear: 46.080,- (Restbuchwert) / 3 Jahre (Restnutzungsdauer) = 11.360,-
- Ein **Wechsel kann** in dem Beispiel somit schon ab dem **2. Abschreibungsjahr**, muss aber spätestens ab dem **3. Abschreibungsjahr** erfolgen, wenn man den zu versteuernden Gewinn möglichst schnell senken will.

b) Bewertung von Betriebs- und Geschäftsausstattung, Umsatzsteuer

Umsatzsteuer   **Aufgabe A-36**

Am Jahresende beträgt die Vorsteuer der *Nordbank AG* 50.000,00 EUR, die Umsatzsteuer 80.000,00 EUR. Welche Aussagen sind richtig?

A Um die Zahllast ans Finanzamt festzustellen, muss gebucht werden: Umsatzsteuer an Vorsteuer 50.000,00 EUR.

B Die Vorsteuer kann als Verbindlichkeit dem Finanzamt gegenüber geltend gemacht werden.

C Die Zahllast in Höhe von 30.000,00 EUR ist in der Bilanz als Forderung auszuweisen.

D Es muss gebucht werden: Schlussbilanzkonto (SBK) an Umsatzsteuer 30.000,00 EUR.

E Die Umsatzsteuer ist vom Kunden zu zahlen und erhöht deshalb den Gewinn des Unternehmens.

F Kauft die *Nordbank AG* Gegenstände, mit denen sie ausschließlich umsatzsteuer-steuerfreie Umsätze erzielt, so ist die gezahlte Umsatzsteuer Teil der Anschaffungskosten oder Teil der Aufwendungen.

Aufgabe A-37

Bewertung von Betriebs- und Geschäfts-ausstattung

Im laufenden Geschäftsjahr fallen bei der *Nordbank AG* u.a. die nachstehenden Geschäftsvorgänge an:

a) Vom Bundesbank-Konto wird eine Rechnung für Formularsätze über 3.480,00 EUR (einschließlich 19 % USt) durch Überweisung bezahlt.

b) Zu Lasten des Bundesbank-Kontos wird eine Rechnung über 444,83 EUR (einschließlich 19 % USt) bezahlt. Für einen Besprechungsraum wurde eine Stehlampe angeschafft.

Buchen Sie beide Geschäftsvorgänge im Grundbuch der *Nordbank AG*!

Nr.	Konto	Soll	Haben
a)			
b)			

Angaben zum Jahresabschluss der *Nordbank AG*: Eine Solaranlage wurde vor einigen Jahren für 300.000,00 EUR angeschafft. Der Buchwert beträgt zurzeit 240.000,00 EUR. Bisher wurden 10 % linear abgeschrieben.

c) Mit welchem Betrag muss die Solaranlage von der *Nordbank AG* abgeschrieben werden?

d) Buchen Sie die Abschreibung der Solaranlage am Ende des Geschäftsjahres.

Nr.	Konto	Soll	Haben

Im Januar des vorigen Jahres wurden Kontoauszugsdrucker für 210.000,00 EUR angeschafft. Die betriebsgewöhnliche Nutzungsdauer beträgt 6 Jahre; bisher wurde degressiv abgeschrieben.

e) Welche Aussagen sind richtig?

A Die *Nordbank AG* muss auch in diesem Jahr degressiv abschreiben.

B Die *Nordbank AG* kann auf die lineare Abschreibung wechseln.

C Der Wechsel zur linearen Abschreibung empfiehlt sich, wenn der lineare Abschreibungsbetrag (Restbuchwert geteilt durch Restlaufzeit) höher als der degressiven Abschreibungsbetrag ist.

D   Da die betriebsgewöhnliche Nutzungsdauer 6 Jahre beträgt, dürfen in jedem
    Fall nur 16 $^2/_3$ % abgeschrieben werden.

E   Bei Verkauf der Kontoauszugdrucker unter Buchwert werden stille Reserven
    aufgelöst.

F   Die Bilanzierung der Kontoauszugdrucker erfolgt in der Bilanz unter „Sachan-
    lagen" mit den jeweiligen Anschaffungskosten.

f) Anschaffungswert des Bankgebäudes   5.000.000,00 EUR
    davon reiner Gebäudewert   3.500.000,00 EUR
    Bisher wurden 10 Jahre lang 2 % linear abgeschrieben.
    Ermitteln Sie den Abschreibungsbetrag für das jetzige 11. Jahr und den Betrag,
    den die *Nordbank AG* zu bilanzieren hat.

	Abschreibungsbetrag
	Bilanzwert

Abschreibung   **Aufgabe A-38**

Die *Nordbank AG* hat die folgenden Gegenstände gekauft. Welchen Betrag schreibt
die *Nordbank AG* bei linearer Abschreibung im Anschaffungsjahr ab? Besteht ein
Wahlrecht, wird wegen der guten Ertragslage der *Nordbank AG* im Anschaffungsjahr
die Alternative mit der höheren Steuerersparnis gewählt!

	Datum	Gegenstand	Nutzungs-dauer in Jahren	Preis ein-schließlich USt
a)	25.03.	1 Tresoranlage (Kundenschließfächer)	23	547.400,00
b)	16.05.	1 Notebook für die Kreditabteilung	3	1.200,00
c)	20.06.	1 Direktionsschreibtischsessel	13	1.300,00
d)	25.01.	1 Tischkopierer für den Zahlungsverkehr	7	440,80

Abschreibungsbeträge:

a)		EUR

b)		EUR

c)		EUR

d)		EUR

Abschreibung   **Aufgabe A-39**

Die *Nordbank AG* kauft einen neuen Fotokopierer für 9.100 EUR einschließlich Umsatzsteuer für den umsatzsteuerfreien Geschäftsbereich. Die Nutzungsdauer wird
nach der AfA-Tabelle des Finanzamtes auf 7 Jahre festgesetzt. Was muss die *Nordbank AG* bei der Abschreibung dieses Fotokopierers beachten?

Aussagen

A Die *Nordbank AG* darf die degressive Abschreibung über die gesamte Nutzungsdauer verwenden, wenn sie gesetzlich im Jahr der Anschaffung erlaubt ist.

B Die *Nordbank AG* darf bei der degressiven Abschreibung im 1. Nutzungsjahr steuerrechtlich den Abschreibungsbetrag frei wählen.

C Die *Nordbank AG* darf bei der linearen Abschreibung während der Nutzungsdauer zur degressiven Abschreibung wechseln, sobald der degressive Abschreibungsbetrag höher ist als der lineare.

D Die *Nordbank AG* berechnet bei der linearen Abschreibung den Abschreibungsbetrag mit einem jährlich gleichmäßig fallenden Prozentsatz von den Anschaffungskosten.

E Die *Nordbank AG* berechnet bei der linearen Abschreibung in den Jahren nach dem 1. Nutzungsjahr den Abschreibungsbetrag mit einem gleichbleibenden Prozentsatz vom jeweiligen Restbuchwert.

Aufgabe A-40   Abschreibung

Zwei Jahre nach Anschaffung einer PC-Anlage kauft die *Nordbank AG* für diesen Arbeitsplatz einen neuen DVD-Brenner für 180,00 EUR einschließlich Umsatzsteuer. Was muss die *Nordbank AG* bei der Abschreibung dieses Laufwerks beachten?

Aussagen

A Da die Netto-Anschaffungskosten unter 150 EUR liegen, ist das Wirtschaftgut beim Kauf zunächst auf das Konto Geringwertige Wirtschaftsgüter und am Bilanzstichtag auf das Konto Allgemeine Verwaltungsaufwendungen (AVA) zu buchen.

B Da dieses Wirtschaftsgut nur zusammen mit einem Computer genutzt werden kann, ist es kein geringwertiges Wirtschaftsgut, sondern mit dem Computer abzuschreiben.

C Da die Anschaffungskosten einschließlich Umsatzsteuer unter 410 EUR liegen, kann dieses Wirtschaftsgut sofort als Aufwand auf das Konto Allgemeine Verwaltungsaufwendungen (AVA) gebucht werden.

D Da die Anschaffungskosten dieses Wirtschaftsguts unter 410 EUR liegen, kann die *Nordbank AG* zwischen der Vollabschreibung im Jahr der Anschaffung und der Abschreibung nach der Nutzungsdauer wählen.

E Da die Anschaffungskosten dieses Wirtschaftsguts den Wert von 410 EUR nicht übersteigen, kann es im Jahr der Anschaffung als Geringwertiges Wirtschaftsgut (GWG) voll abgeschrieben werden.

Geringwertiges
Wirtschaftsgut

Aufgabe A-41

Sie beschäftigen sich mit der Abschreibung eines von Ihrem Kreditinstitut am 5. Januar gekauften Schreibtischs. Der Listenpreis beträgt 450,00 EUR zuzüglich 19 % USt. Der Händler gewährt einen Rabatt von 10 %. Der Schreibtisch wurde für den Privatkundenbereich angeschafft und hat eine voraussichtliche betriebsgewöhnliche Nutzungsdauer (abweichend von der AfA-Tabelle aber in Absprache mit dem Finanzamt) von 5 Jahren.

Wie viel EUR beträgt die Abschreibung am Ende des Jahres, wenn Sie die höchstzulässige Absetzung für Abnutzung (Abschreibung) nach dem Steuerrecht vornehmen?

EUR

Geringwertiges
Wirtschaftsgut

Aufgabe A-42

Ihr Kreditinstitut möchte ein neues Faxgerät kaufen. Der vorläufige Angebotspreis des Lieferanten beträgt 495,00 EUR zuzüglich 19 % Mehrwertsteuer von 94,05 EUR. Welchen Preisnachlass in Prozent müssen Sie mindestens erhalten, damit das Faxgerät als geringwertiges Wirtschaftsgut im Jahr der Anschaffung vollständig abgeschrieben werden kann?

%

Abschreibung

Situation zu den Aufgaben A-43 bis A-44

Ein am 25. Januar 2009 angeschaffter Geschäfts-Pkw wird im Anlagenverzeichnis Ihres Kreditinstitutes per 31. Dezember 2010 mit einem Restbuchwert von 19.800,00 EUR ausgewiesen. Ihr Institut hat sich für die lineare Abschreibung entschieden und geht von einer betriebsgewöhnlichen Nutzungsdauer von 5 Jahren aus. Der Pkw wird im umsatzsteuerfreien Geschäftsbereich eingesetzt.

Aufgabe A-43

Sie wollen den Abschreibungsplan überprüfen. Hierfür benötigen Sie den Kaufpreis des Pkw. Ermitteln Sie die Anschaffungskosten (einschl. Umsatzsteuer) für den Pkw!

EUR

Aufgabe A-44

Sie wollen die Auswirkung der Abschreibung auf den Jahresüberschuss vor Steuern Ihres Kreditinstitutes für das Jahr 2012 berechnen. Um wie viel Euro wird der Jahresüberschuss vor Steuern des Jahres 2012 durch die planmäßige Abschreibung des Pkw geschmälert?

EUR

Aufgabe A-45

Abschreibung

Die *Nordbank AG* schafft für ihren Fuhrpark einen neuen Pkw für 34.800 EUR einschließlich Mehrwertsteuer an. Die betriebsgewöhnliche Nutzungsdauer beträgt 6 Jahre. Sie erstellen den Abschreibungsplan. Was müssen Sie dabei beachten, wenn Sie die höchstmögliche jährliche Abschreibung als Zielvorgabe haben?

Zu beachten:

A Bei sechsjähriger Nutzungsdauer beträgt der höchstmögliche degressive Abschreibungssatz $16^2/_3$ %.

B Sie beginnen zunächst mit der höchstmöglichen linearen Abschreibung und wechseln dann zur degressiven Abschreibung.

C Ihr Abschreibungsplan sieht zunächst die degressive Abschreibung vor, wenn sie gesetzlich erlaubt ist, und wechselt dann zur linearen Abschreibung.

D Unter steuerlichen Gesichtspunkten ist grundsätzlich die degressive Abschreibung während der gesamten Nutzungsdauer zu wählen.

Aufgabe A-46

Abschreibung

Die *Nordbank AG* kaufte im Januar für die Stabsstelle „Organisation/Revision" folgende Büroeinrichtungsgegenstände:

- 1 PC für 1.500,00 EUR zuzüglich 19 % USt (betriebsgewöhnliche Nutzungsdauer 3 Jahre)
- 1 Schreibtisch für 1.900,00 EUR zuzüglich 19 % USt (betriebsgewöhnliche Nutzungsdauer 13 Jahre)
- 1 Handy für 175,00 EUR einschl. 19 % USt (betriebsgewöhnliche Nutzungsdauer 3 Jahre)

Um wie viel <u>volle</u> Euro vermindern die gesamten Aufwendungen den Jahresüberschuss der *Nordbank AG,* wenn linear abgeschrieben wird?

| EUR |

Aufgabe A-47

Buchungen
Abschreibung

Die *Nordbank AG* hat von einem Kontokorrentkunden einen PKW gekauft und darüber folgende Rechnung erhalten.

Autohaus Hamburg Pfeffertwiete 32 22999 Hamburg	Datum: 15.08.20..
Nordbank AG	
Postfach 10 00 00	
22000 Hamburg	
Rechnung Nr. 9600000, Kunden-Nr. 11000	
Wir lieferten Ihnen auf Grund Ihrer Bestellung:	
1 Fahrzeug Carina E Fahrzeugpreis	17.500,00 EUR
- 16 % Rabatt	2.800,00 EUR
	14.700,00 EUR
+ 19 % Umsatzsteuer	2.793,00 EUR
Rechnungspreis	**17.493,00 EUR**
zahlbar bis zum 30. August 20.. ohne Abzug.	
Bei Zahlung innerhalb von 8 Tagen nach Rechnungsdatum 3 % Skonto.	

Die *Nordbank AG* nutzt das Fahrzeug ausschließlich für die Erstellung umsatzsteuerbefreiter Leistungen.

a) Die *Nordbank AG* schreibt den entsprechenden Betrag am 22.08. dem KK-Konto des Autohauses gut. Bilden Sie unter Verwendung der unten stehenden Kontobezeichnungen den Buchungssatz für die Gutschrift des Rechnungsbetrages.

Nr.	Konto Soll	Konto Haben
a)		

Konto-Nr.	Konto
11	Bundesbank
21	Kunden-KK
63	Aufwendungen für Sachanlagen
41	Vorsteuer
40	Umsatzsteuer
30	Betriebs- und Geschäftsausstattung

b) Welchen Betrag überweist die *Nordbank AG*?

	EUR

c) Welcher Abschreibungsbetrag errechnet sich im Anschaffungsjahr bei einer steuerlich anerkannten Nutzungsdauer von 6 Jahren und linearer Abschreibung abgesetzt werden?

	EUR

Bewertung der Betriebs- und Geschäftsausstattung

Aufgabe A-48

Welche Aussagen über die Betriebs- und Geschäftsausstattung sind richtig?

Aussagen

A Bei der Abschreibung der Betriebs- und Geschäftsausstattung sind die häufig sich ändernden gesetzlichen Regelungen zur Abschreibung zu beachten.

B Kann beim Kauf von Gegenständen, die der Betriebs- und Geschäftsausstattung zuzurechnen sind, die Umsatzsteuer nicht als Vorsteuer geltend gemacht werden, so gehört sie zu den Anschaffungs- oder Herstellungskosten.

C Die Abschreibung auf Betriebs- und Geschäftsausstattung wird berechnet, indem man einen einheitlichen Prozentsatz auf die Summe der Anschaffungskosten aller Gegenstände anwendet.

D Gegenstände der Betriebs- und Geschäftsausstattung mit einem Anschaffungswert über 150 EUR sind im Jahr der Anschaffung zu 100 % als Aufwand zu buchen.

E Bei einer PC-Anlage mit einer Nutzungsdauer von 3 Jahren ist die degressive Abschreibung im ersten Jahr der linearen in jedem Fall vorzuziehen.

Aufgabe A-49

Die *Nordbank AG* hat im September des laufenden Jahres eine neue EDV-Anlage gekauft, die ausschließlich für den Zahlungsverkehr genutzt wird.

Anschaffungs-kosten / Abschreibung

Der Listenpreis der Anlage betrug 350.000,00 EUR. Darauf gewährte der Lieferant 15 % Rabatt. Außerdem stellte der Lieferant 19 % Umsatzsteuer in Rechnung.

a) Mit welchem Betrag sind die Anschaffungskosten der EDV-Anlage anzusetzen?

| EUR |

b) Welchen Betrag kann die *Nordbank AG* am Jahresende maximal abschreiben, wenn eine Nutzungsdauer von 3 Jahren zugrunde gelegt wird?

| EUR |

Basiswissen: Bewertung von Wertpapieren

Unterschied-liche Bewertung	Bei Wertpapieren müssen bei ihrer Bewertung zum Bilanzstichtag 3 Kategorien unterschieden werden: 1. Wertpapiere der **Liquiditätsreserve** sind nach dem **strengen Niederstwert-prinzip,** ggf. gemindert um die stillen Vorsorgereserven nach § 340f HGB, zu bewerten. 2. Wertpapiere des **Umlaufvermögens** sind nach dem **Zeitwert-Prinzip (Fair Value) abzüglich eines Risikoabschlages** zu bewerten. 3. Wertpapiere des **Anlagevermögens** sind nach dem **gemilderten Niederst-wertprinzip** zu bewerten. Für die Einteilung ist die Absicht beim Kauf maßgeblich (Aktennotiz), nicht die Länge des tatsächlichen Verbleibs in der Bank.
strenges Niederstwert-prinzip	- Bei der Bewertung zum Bilanzstichtag der WP der **Liquiditätsreserve** werden der **Anschaffungskurs** und der **Kurs am Bilanzstichtag verglichen**: - Ist der Anschaffungskurs unter dem Kurs am Bilanzstichtag, bleibt es bei der Bewertung zum Anschaffungskurs. - Ist der **Kurs am Bilanzstichtag unter dem Anschaffungskurs, muss** eine **direkte Abschreibung** auf den niedrigeren Wert **erfolgen!**
Zeitwert-Prinzip (Fair Value)	Bei der Bewertung zum Bilanzstichtag der WP des **Handelsbestandes** wird der **Kurs am Bilanzstichtag abzüglich eines Risikoabschlages** genommen. Der Risikoabschlag richtet sich nach der Art und der Bonität des Wertpapiers.
gemildertes Niederstwert-prinzip	- Bei der Bewertung zum Bilanzstichtag der WP des **Anlagevermögens** werden der **Anschaffungskurs** und der **Kurs am Bilanzstichtag** verglichen: - Ist der Kurs gefallen, **muss bei einer voraussichtlich dauernden Wertminderung auf den niedrigeren Wert am Bilanzstichtag abgeschrieben** werden, bei einer voraussichtlich **nicht dauernden Wertminderung kann abgeschrieben** werden. Sonst ist der Anschaffungskurs zu nehmen.

Handels-bestand

Anschaffungs-wert	- Bei mehreren Käufen desselben Wertpapiers wird der **durchschnittliche** Anschaffungskurs errechnet. - **Wertsteigerungen** über den Anschaffungskurs (<u>nicht</u> realisierte Kursgewinne) dürfen bei Wertpapieren der Liquiditätsreserve und des Anlagevermögens <u>nicht</u> ausgewiesen werden.
spätere Kurserholung	Bei einer Bewertung zum **Niederstwertprinzip** ist nach erfolgter Abschreibung eine **spätere Wertaufholung** vorgesehen (**Zuschreibung maximal bis zu den Anschaffungskosten**), wenn der Kurs des WPs später wieder steigt.

Handels-ergebnis	- Bei WP des Handelsbestandes erfolgt eine **Verrechnung** von **realisierten und nicht realisierten Kursgewinnen und -verlusten!**
	 - **saldierter Ausweis in der GuV-Rechnung** (Ausnahme vom Saldierungsverbot von Aufwendungen und Erträgen)
	   - falls insgesamt per Saldo der Wertpapierhandel negativ war: Aufwendungen als **„Nettoaufwand aus Finanzgeschäften"**
	   - falls insgesamt per Saldo der Wertpapierhandel positiv war: Erträge als **„Nettoertrag aus Finanzgeschäften"**

Risikovorsorge für den Handels-bestand	- Die Bilanzierung zum Zeitwert bedeutet die Ausweisung und evtl. Ausschüttung noch nicht realisierter Gewinne, die später in Krisen evtl. nicht realisiert werden können. Das HGB versucht daher Vorsorge gegen diese Gefahr zu treffen: - Vom aktuellen Kurswert der Handelspapiere ist ein **Risikoabschlag** abzuziehen. - Mindestens 10 % der Nettoerträge des Handelsbestandes sind dem **„Fonds für allgemeine Bankrisiken"** zuzuführen (§ 340g HGB). - Dieser Posten darf nur zum Ausgleich von Nettoaufwendungen des Handelsbestandes aufgelöst werden oder soweit er 50 % des durchschnittlichen Nettoertrages der letzten fünf Jahre übersteigt.
Bilanzierung	- Bei der Bilanzierung erfolgt keine Unterteilung nach Wertpapieren der Liquiditätsreserve, des Handelsvermögens und des Anlagevermögens. - festverzinsliche und nicht verzinsliche Wertpiere werden getrennt bilanziert. - Festverzinsliche Wertpapiere werden einschließlich der bis zum Bilanzstichtag aufgelaufenen, noch nicht vereinnahmten Zinsen bilanziert.

c) Bewertung von Wertpapieren

gemischtes
Konto

Aufgabe A-50

Das Konto „Eigene Wertpapiere" ist ein „gemischtes Konto". Welche Aussagen sind richtig?

A Ein weiteres Beispiel für ein gemischtes Konto ist das Konto „Kunden-KK", denn es nimmt sowohl die Forderungen als auch die Verbindlichkeiten an Kunden auf.

B Um das Konto „Eigene Wertpapiere" abschließen zu können, muss zwingend eine Inventur des Wertpapierbestandes vorgenommen werden.

C Weil das Konto „Eigene Wertpapiere" ein gemischtes Konto ist, werden nicht realisierte Kursgewinne und nicht realisierte Kursverluste kompensiert.

D Auf diesem Konto werden auch realisierte Kursgewinne und realisierte Kursverluste gebucht.

E Auf dem Konto „Eigene Wertpapiere" werden die Käufe und Verkäufe zu Anschaffungskursen erfasst, um den Schlussbestand durch Saldierung ermitteln zu können.

Aufgabe A-51   Stückzinsen

Die aufgelaufenen, aber noch nicht vereinnahmten Stückzinsen für die von der *Nordbank AG* erworbenen Schuldverschreibungen betragen am 31. Dezember 6.100,00 EUR. Welche Buchung ist erforderlich?

A	Eigene Wertpapiere	an Wertpapier-Zinserträge	6.100,00 EUR
B	Aktive Rechnungsabgrenzung	an Wertpapier-Zinserträge	6.100,00 EUR
C	Wertpapier-Zinserträge	an Sonstige Forderungen	6.100,00 EUR
D	Wertpapier-Zinserträge	an Sonstige Verbindlichkeiten	6.100,00 EUR

Aufgabe A-52   Bewertung von Wertpapieren

Die *Nordbank AG* bewertet ihre Wertpapiere nach den neuen Vorschriften des HGB.

Sie hat die *Insigna*-Aktie im Bestand:

Datum	Kauf/Verkauf	Stück	Kurs je Aktie
02.01.	Kauf	300	5,00 EUR
03.11.	Verkauf	100	5,60 EUR

Am Bilanzstichtag hat die *Insigna*-Aktie einen Kurs von 4,50 EUR.

a1) Wie hoch ist der realisierte Erfolg beim Verkauf?

          EUR

a2) Handelt es sich bei dem in aa) ermittelten Betrag
     1. um einen realisierten Kursverlust?
     2. um einen realisierten Kursgewinn?

Mit welchem Wert sind die Aktien in der Bilanz zu erfassen, wenn …

b1) … die Aktien der **Liquiditätsreserve** angehören?

          EUR

b2) Welcher Betrag ist unter der Position „Abschreibungen und Wertberichtigungen auf Forderungen und bestimmte Wertpapiere …" der Gewinn- und Verlustrechnung zu erfassen?

          EUR

c1) … die Aktien dem **Anlagevermögen** angehören? Der Kursrückgang ist voraussichtlich nicht auf Dauer. (Es sind zwei Lösungen möglich!)

EUR

c2) Welcher Betrag ist gegebenenfalls unter der Position „Abschreibungen und Wertberichtigungen auf Beteiligungen, Anteile an verbundenen Unternehmen und wie Anlagevermögen behandelte Wertpapiere" der Gewinn- und Verlustrechnung zu erfassen?

EUR

d1) … die Aktien dem **Handelsbestand** angehören? Die Bank berücksichtigt bei dieser Aktie einen Risikoabschlag von 6 %.

EUR

d2) Berechnen Sie in EUR auf der Grundlage der Durchschnittsbewertung den Gewinn bzw. Verlust, der auf Grund der Bewertung dieser Aktie des Handelsbestandes zum Bilanzstichtag erzielt worden ist.

EUR

d3) Handelt es sich bei dem in db) ermittelten Betrag
1. um einen nicht realisierten Kursverlust?
2. um einen nicht realisierten Kursgewinn?

d4) Bei den Wertpapieren des Handelsbestandes werden realisierte und nicht realisierte Kurserfolge saldiert und unter der Position Nettoaufwand bzw. Nettoertrag aus Finanzgeschäften in der Gewinn- und Verlustrechnung ausgewiesen. Welcher Betrag ist bei der Insigna-Aktie auszuweisen?

EUR

d5) Handelt es sich bei dem in dd) ermittelten Betrag
1. um einen Nettoaufwand aus Finanzgeschäften?
2. um einen Nettoertrag aus Finanzgeschäften?

Bewertung von Wertpapieren

Aufgabe A-53

Die *Nordbank AG* bewertet ihre Wertpapiere nach den neuen Vorschriften des HGB. Sie hat die *StartUp*-Aktie im Bestand:

Datum	Kauf/Verkauf	Stück	Kurs je Aktie
20.07.	Kauf	5.000	12,00 EUR
23.08.	Verkauf	1.000	11,80 EUR

Am Bilanzstichtag hat die *StartUp*-Aktie einen Kurs von 13,00 EUR.

a1) Wie hoch ist der realisierte Erfolg beim Verkauf?

EUR

a2) Handelt es sich bei dem in a1) ermittelten Betrag
     1. um einen realisierten Kursverlust?
     2. um einen realisierten Kursgewinn?

Mit welchem Wert sind die Aktien in der Bilanz zu erfassen, wenn …

b) … die Aktien der **Liquiditätsreserve** angehören?

           EUR

c) … die Aktien dem **Anlagevermögen** angehören?

           EUR

d1) … die Aktien dem **Handelsbestand** angehören? Die Bank berücksichtigt bei
     dieser Aktie einen Risikoabschlag von 5 %.

           EUR

d2) Berechnen Sie in EUR auf der Grundlage der Durchschnittsbewertung den
     Gewinn bzw. Verlust, der auf Grund der Bewertung dieser Aktie nach dem
     Zeitwertprinzip zum Bilanzstichtag erzielt worden ist.

           EUR

d3) Handelt es sich bei dem in d2) ermittelten Betrag
     1. um einen nicht realisierten Kursverlust?
     2. um einen nicht realisierten Kursgewinn?

d4) Wie hoch ist der Handelserfolg bei der *StartUp*-Aktie?

           EUR

d5) Handelt es sich bei dem in d4) ermittelten Betrag
     1. um einen Nettoaufwand aus Finanzgeschäften?
     2. um einen Nettoertrag aus Finanzgeschäften?

d6) Um wie viel Euro müsste der Sonderposten „Fonds für allgemeine Bankrisi-
     ken" erhöht werden, wenn 10 % des Nettoertrages des Handelsbestands zuge-
     führt werden sollen.

           EUR

Aufgabe A-54

Die *Nordbank AG* schließt im Rahmen des Jahresabschlusses das Konto „Eigene
Wertpapiere (Handelsbestand)" ab.

Zu berücksichtigen sind hier nur Industrieobligationen mit 7,5 %-iger Verzinsung
(Zinstermin 01.10.), der Kurs am Bilanzstichtag beträgt 105 %. Die Bewertung
erfolgt mit einem Risikoabschlag von 2 %.

Bewertung von
festverzins-
lichen
Wertpapieren
des Handels-
bestandes

7,5 % Industrieobligation Zinstermin 01.10.					
Anfangsbestand	50.000,00 EUR	104 %	Verkauf	100.000,00 EUR	105 %
Kauf 1	80.000,00 EUR	102 %			
Kauf 2	120.000,00 EUR	100 %			

a) Ermitteln Sie den durchschnittlichen Anschaffungskurs!

%

b) Mit welchem Kurs sind die Industrieobligationen in der Bilanz zu bewerten?

%

c) Ermitteln Sie den zu bilanzierenden Kurswert (ohne Stückzinsen) am 31.12.!

EUR

d) Errechnen Sie die Stückzinsen per 31.12. (act/act, kein Schaltjahr)!

EUR

e) Welche der folgenden Aussagen über die ermittelten Stückzinsen sind richtig?

A Die Bewertung nach dem Zeitwertprinzip bewirkt, dass die Stückzinsen in der Bilanz nicht ausgewiesen werden dürfen.

B Nach dem Realisationsprinzip dürfen die Stückzinsen in der GuV-Rechnung nicht berücksichtigt werden, da die *Nordbank AG* sie noch nicht vereinnahmt hat.

C Die per 31.12. ermittelten Zinsen stellen Forderungen der *Nordbank AG* an das emittierende Unternehmen dar. Sie müssen deshalb in der Bilanz im Wertpapierbestand mit ausgewiesen werden.

D In der GuV-Rechnung sind die Stückzinsen zusammen mit den Kurserfolgen als Nettoaufwand/Nettoertrag auszuweisen.

E Die Erfassung der Stückzinsen führt zu einer Erhöhung des Jahresüberschusses der *Nordbank AG*.

f) Mit welchem Betrag ist diese Industrieobligation in der Bilanz auszuweisen?

EUR

g) Ermitteln Sie den nicht realisierten Kurserfolg dieser Wertpapiere!

EUR	nicht realisierter Kursgewinn oder

EUR	nicht realisierter Kursverlust

h) Ermitteln Sie den realisierten Kurserfolg dieser Wertpapiere!

EUR	realisierter Kursgewinn oder

EUR	realisierter Kursverlust

i) Mit welchem Betrag ist der Nettoerfolg aus Finanzgeschäften in der Gewinn- und Verlustrechnung auszuweisen?

	EUR	Nettoertrag aus Finanzgeschäften oder

	EUR	Nettoaufwand aus Finanzgeschäften

Aufgabe A-55

Bewertung von Wertpapieren

Welche Aussagen über das Niederstwertprinzip bei der Bewertung der Wertpapiere der *Nordbank AG* sind richtig?

A Nicht realisierte Gewinne und Verluste werden beim Niederstwertprinzip ausgewiesen.

B Die Bank kann bei der Bewertung zum gemilderten Niederstwertprinzip frei zwischen dem Kurs am Bilanzstichtag und dem durchschnittlichen Anschaffungskurs wählen.

C Ist der Kurs am Bilanzstichtag niedriger als der Anschaffungskurs, muss bei der Bewertung der Wertpapiere der Liquiditätsreserve zum strengen Niederstwertprinzip der Kurs vom Bilanzstichtag genommen werden.

D Durch die Anwendung des Niederstwertprinzips entstehen immer stille Reserven.

E Das Niederstwertprinzip ist bei der Bewertung der Wertpapiere des Handelsbestandes nicht anzuwenden.

Aufgabe A-56

Bewertung von Wertpapieren: Zuschreibung

Im Wertpapierbestand der *Nordbank AG* befinden sich Aktien der *Coaching AG*. Die Aktien sind dem Anlagevermögen zugeordnet. Die *Nordbank AG* bewertet nach HGB.

HGB § 253 Zugangs- und Folgebewertung (Auszug)
(1) Vermögensgegenstände sind höchstens mit den Anschaffungs- oder Herstellungskosten … anzusetzen. …
(3) … Ohne Rücksicht darauf, ob ihre Nutzung zeitlich begrenzt ist, sind bei Vermögensgegenständen des Anlagevermögens bei voraussichtlich dauernder Wertminderung außerplanmäßige Abschreibungen vorzunehmen, um diese mit dem niedrigeren Wert anzusetzen, der ihnen am Abschlussstichtag beizulegen ist. Bei Finanzanlagen können außerplanmäßige Abschreibungen auch bei voraussichtlich nicht dauernder Wertminderung vorgenommen werden. …
(5) Ein niedrigerer Wertansatz nach Absatz 3 und Absatz 4 darf nicht beibehalten werden, wenn die Gründe dafür nicht mehr bestehen.

Dem Skontro „Aktien der Coaching AG" sind folgende Daten zu entnehmen:

01.12.2008	800 Stück	Kauf zu	30,00 EUR/Stück
31.12.2008	800 Stück	bewertet zu	29,50 EUR/Stück
31.12.2009	800 Stück	bewertet zu	28,00 EUR/Stück
07.06.2010	300 Stück	Verkauf zu	31,00 EUR/Stück
31.12.2010		Börsenpreis	32,00 EUR/Stück

a) Ermitteln Sie den Bilanzwert der Aktien zum 31.12.2010.

| EUR |

b) Ermitteln Sie die Höhe der Zuschreibung in der Gewinn- und Verlustrechnung zum 31.12.2010.

| EUR |

Bewertung von Aktien des Handels- bestandes

Aufgabe A-57

Im Wertpapier-Handelsbestand der *Nordbank AG* befinden sich u. a. *WiBau AG* Aktien. Das Skontro zeigte im laufenden Geschäftsjahr folgende Bestände und Bestandsveränderungen:

02.01.	Anfangsbestand	1.800 Aktien	Ankaufskurs	24,00 EUR /Stück
23.07.	Kauf	600 Aktien	Ankaufskurs	22,00 EUR /Stück
08.09.	Kauf	400 Aktien	Ankaufskurs	20,00 EUR /Stück
13.10.	Verkauf	1.600 Aktien	Verkaufskurs	26,50 EUR /Stück

Der durchschnittliche Ankaufskurs der Aktien beträgt 23,00 EUR /Stück. Der Börsenkurs am Bilanzstichtag beträgt 20,00 EUR /Stück. Bei der Bewertung erfolgt ein Risikoabschlag von 5 %.

a) Berechnen Sie in EUR auf der Grundlage der Durchschnittsbewertung den realisierten Erfolg, der durch den Verkauf eines Teils dieser Aktien am 13. Oktober erzielt worden ist.

| EUR |

b) Handelt es sich bei dem in a) ermittelten Betrag
   1. um einen realisierten Kursverlust?
   2. um einen realisierten Kursgewinn?

| |

c) Nach welchem Prinzip ist die Bewertung des Bestands der *WiBau AG*-Aktien zum Bilanzstichtag vorzunehmen?

| EUR |

d) Mit welchem Betrag erscheint der Schlussbestand der *WiBau AG*-Aktien in der Bilanz?

| EUR |

e) Berechnen Sie in EUR auf der Grundlage der Durchschnittsbewertung den Gewinn bzw. Verlust, der auf Grund der Bewertung dieser Aktie zum Bilanzstichtag erzielt worden ist.

| EUR |

f) Handelt es sich bei dem in e) ermittelten Betrag
   1. um einen nicht realisierten Kursverlust?
   2. um einen nicht realisierten Kursgewinn?

| |

g) Wie hoch ist der Handelserfolg aus Finanzgeschäften bei der *WiBau*-Aktie?

	EUR

h) Handelt es sich bei dem in g) ermittelten Betrag
    1. um einen Nettoaufwand aus Finanzgeschäften?
    2. um einen Nettoertrag aus Finanzgeschäften?

Aufgabe A-58

Die *Nordbank AG* bewertet die Wertpapiere des Handelsbestandes nach den Vorschriften des Handelsgesetzbuches (HGB). Welche der folgenden Aussagen zu den Auswirkungen dieser Bewertung auf die Gewinn- und Verlustrechnung sind richtig?

A Realisierte und nicht realisierte Kurserfolge werden zusammengefasst und in der Gewinn- und Verlustrechnung in der Position Nettoaufwand bzw. Nettoertrag aus Finanzgeschäften ausgewiesen.

B Nur bereits realisierte Kurserfolge werden in der Gewinn- und Verlustrechnung berücksichtigt.

C Nicht realisierte Kursgewinne erhöhen in voller Höhe in der Gewinn- und Verlustrechnung das Jahresergebnis.

D Nicht realisierte Kursverluste müssen erfolgswirksam in der Gewinn- und Verlustrechnung in der Position Abschreibungen und Wertberichtigungen auf Forderungen und bestimmte Wertpapiere erfasst werden.

E Realisierte Kurserfolge haben Auswirkungen auf die Gewinn- und Verlustrechnung.

F Nicht realisierte Kursgewinne werden in der Gewinn- und Verlustrechnung nicht erfasst.

Bewertung von Wertpapieren des Handelsbestandes

Aufgabe A-59

Im Wertpapier-Liquiditätsbestand der *Nordbank AG* befinden sich 6 % Inhaberschuldverschreibungen, Zinstermin 01.11. gzj.

Das Skontro zeigt für das abzuschließende Geschäftsjahr folgende Daten:

Kauf	2.500.000 EUR	Kurs	103,5 %
Kauf	500.000 EUR	Kurs	99,0 %
Verkauf	1.200.000 EUR	Kurs	102,8 %
Börsenkurs am Bilanzstichtag			100,1 %

Zinsberechnung: act/act (kein Schaltjahr)

a) Ermitteln Sie den durchschnittlichen Ankaufskurs!

	%

Bewertung von festverzinslichen Wertpapieren der Liquiditätsreserve

b) Ermitteln Sie auf der Grundlage des durchschnittlichen Ankaufskurses den Erfolg für den Verkauf.

	EUR	realisierter Kursgewinn oder

	EUR	realisierter Kursverlust

c) Ermitteln Sie auf der Grundlage der Durchschnittsbewertung für den Ankauf und der Bewertung zum Bilanzstichtag den nicht realisierten Erfolg.

	EUR	nicht realisierter Kursgewinn oder

	EUR	nicht realisierter Kursverlust

d) Wie wird dieser Gewinn bzw. Verlust, der auf der Grundlage des durchschnittlichen Ankaufskurses und der Bewertung zum Bilanzstichtag erzielt wurde, im Jahresabschluss dokumentiert? Die *Nordbank AG*

    A muss diesen Gewinn/Verlust in der Position „Nettoaufwand/-ertrag aus Finanzgeschäften" erfassen.

    B erfasst den Gewinn/Verlust nicht, da er nicht realisiert wurde.

    C erfasst den Gewinn/Verlust im Schlussbestand des Skontros „Inhaberschuldverschreibungen" auf der Passivseite der Bilanz.

    D erfasst diesen nicht realisierten Verlust als Abschreibung.

    E darf nach der Bewertung zum Niederstwertprinzip den nicht realisierten Kursverlust nicht ausweisen.

e) Ermitteln Sie den Betrag der bis zum 31. Dezember aufgelaufenen, noch nicht vereinnahmten Zinsen.

	EUR

f) Ermitteln Sie den Betrag, mit dem zum 31. Dezember die Inhaberschuldverschreibungen bilanziert werden.

	EUR

Basiswissen: Bewertung von Forderungen

Grundlagen	
Definition	- Forderungen sind **ausgegebene Kredite** an Privatpersonen, Firmenkunden, andere KI und an die öffentliche Hand (Bund, Land, Gemeinde ...) - Forderungen sind Bestandteile des Umlaufvermögens - die Bilanzierung erfolgt nach dem **tatsächlichen Wert** der Forderung (= Niederstwertprinzip)

Aufteilung der Forderungen			
uneinbringliche Forderungen	**zweifelhafte Forderungen**	**risikofreie Forderungen**	**übrige risikobehaftete Forderungen**
Beispiel: Kunde A hat die eidesstattliche Versicherung abgegeben, das Insolvenzverfahren ist abgeschlossen	Beispiel: Das gerichtliche Mahnverfahren ist eingeleitet, das Insolvenzverfahren ist eröffnet	Beispiel: Forderungen an die Stadt Bocholt	Beispiel: Kunden mit guter Bonität
- sofortige, **direkte Abschreibung** des feststehenden Ausfalls	- **indirekte** Abschreibung in Höhe des wahrscheinlichen Ausfalls durch Bildung einer Einzelwertberichtigung (EWB) am Jahresende	- kein Ausfallrisiko - **keine Abschreibung**	- erfahrungsgemäßes, latentes Ausfallrisiko - Abschreibung erfolgt pauschal und **indirekt** für alle betroffenen Konten durch Bildung einer **Pauschalwertberichtigung** (PWB) am Jahresende

Buchungssätze			

Abschr. auf Ford.
           an KK
 	
GuV
  an Abschr. auf Ford.
	Abschr. auf Ford.
	           an EWB
	GuV
	  an Abschr. auf Ford.
	EWB
	           an SBK
			Abschr. auf Ford.
			           an PWB
			GuV
			  an Abschr. auf Ford.
			PWB
			           an SBK

SBK an KK			

Abschreibung uneinbringlicher Forderungen	
Abschreibung	uneinbringliche Forderungen werden **direkt abgeschrieben**
Beispiel	Ein Kunde hat sein Konto mit 20.000 EUR überzogen. Die eidesstattliche Versicherung hat kein verwertbares Vermögen gebracht.
Buchung	Die Forderung ist nach Abschluss des gerichtlichen Mahnverfahrens uneinbringlich: Abschreibung auf Forderungen an KK 20.000,00

Einzelwertberichtigung (EWB) zweifelhafter Forderungen

Abschreibung	- Bewertung nach dem Vorsichtsprinzip
	  - **Risikovorsorge** für mögliche, **künftige Forderungsausfälle**
	- EWB = **passives Bestandskonto** (indirekte Abschreibung)
	- Bildung in Höhe des erwarteten Ausfalls (100 % abzüglich Insolvenzquote)
	  - **Insolvenzquote** = erwarteter Geldeingang

Bilanzierung	- EWB werden <u>**nicht**</u> bilanziert, sondern müssen lt. RechKredV vom Aktivposten **Forderungen** abgezogen werden. - **indirekte AfA** = KK wird insofern <u>nicht</u> berührt, als dass auf dem Kontoauszug <u>keine</u> Buchung erscheint (nur interne Buchung!)
Beispiel	Ein Firmenkunde hat Insolvenz angemeldet. Die Bank hat gegen ihn eine Forderung aus einem Investitionskredit in Höhe von 100.000,00 EUR. Am Ende des Geschäftsjahres wird die Insolvenzquote auf 25 % geschätzt.

Buchungen	**Buchung am Jahresende** Abschr. auf
	                                             Ford. EUR 75.000,-
	                                                an EWB
	
	- Abschluss des Insolvenzverfahrens im neuen Jahr
	- die Insolvenzquote wird über DBB überwiesen
	- Auflösung der EWB, da die Restforderung endgültig uneinbringlich ist.
	
	Buchungen zum Abschluss des Insol- DBB Geldeingang
	venzverfahrens, unabhängig von der an KK
	Höhe des Geldeingangs: EWB Auflösung EWB
	                                                  an KK
	
	Fall 1: Der Geldeingang ist genauso hoch wie geschätzt:
	eine weitere Buchung ist nicht nötig: Das Kundenkonto hat auch einen Saldo von 0,- und muss aufgelöst werden (Firma existiert nicht mehr).
	
	Fall 2: Der Geldeingang ist größer als geschätzt:
	eine weitere Buchung ist nötig: Das Kundenkonto muss einen Saldo von 0,- haben, damit es aufgelöst werden kann. Es entsteht ein Ertrag, da die Abschreibung aus dem Vorjahr zu hoch war.
	
	zusätzliche Buchung im Fall 2 KK
	(Geldeingang über den Erwar- an Erträge aus Zuschreibungen zu Ford.
	tungen):
	
	Fall 3: Der Geldeingang ist niedriger als geschätzt: eine weitere Buchung ist nötig: Das Kundenkonto muss einen Saldo von 0,- haben, damit es aufgelöst werden kann. Es entsteht ein weiterer Aufwand.
	
	zusätzliche Buchung im Fall 3 Abschr. auf Ford.
	(Geldeingang unter den Erwar- an KK
	tungen):

Pauschalwertberichtigung (PWB) auf Forderungen mit latentem Ausfallrisiko

Bedeutung	- Bewertung von einwandfreien Forderungen mit **verstecktem Ausfallrisiko**: Die Erfahrung zeigt, dass auch von diesen Forderungen einige ausfallen, es wurde bisher nur noch nicht bemerkt. - **Achtung!** hiervon **ausgenommen sind risikofreie Forderungen**. Risikofreie Forderungen sind z. Bsp. Kredite an öffentlich-rechtliche Körperschaften oder OECD-Staaten. - **(unversteuerte) PWB** = diese PWB mindern den zu versteuernden Gewinn der Bank
Bilanzierung	- EWB werden **nicht** bilanziert, sondern müssen lt. RechKredV vom Aktivposten **Forderungen** abgezogen werden. - **indirekte AfA** = KK wird insofern **nicht** berührt, als dass auf dem Kontoauszug <u>keine</u> Buchung erscheint (nur interne Buchung!)
Berechnungsschema	
Maßgeblicher Forderungs-ausfall	durchschnittl. Forderungsausfall der letzten 5 GJ ./. 40% des durchschnittl. Forderungsausfalls der letzten 5 GJ (max. aber der Saldo des Kontos EWB des aktuellen Bilanzstichtages) = **maßgeblicher Forderungsausfall**
PWB-Satz **in % =**	$\dfrac{\text{maßgeblicher Forderungsausfall (s. o.) } * 100}{\text{durchschnittl. risikobehaftetes Kreditvolumen der letzten 5 Geschäftsjahre}}$
PWB des Bilanzstichtags	Kreditvolumen vor Abschreibung ./. direkte Abschreibungen = **Kreditvolumen nach Abschreibung (SBK)** ./. einzelwertberichtigte Forderungen (zu 100%) ./. risikofreie Forderungen = **verbleibendes risikobehaftetes KV des Bilanzstichtages** **unversteuerte PWB** = verbleibendes risikobehaftetes KV des Bilanzstichtages * PWB-Satz in % / 100

Aktualisierung der PWB	- **PWB des Vorjahres < PWB des Bilanzstichtages**
	  - Die PWB muss erhöht werden:
	  - Abschreibungen auf Forderungen an PWB
	- **PWB des Vorjahres = PWB des Bilanzstichtages**
	  - Die PWB stimmt, kein Handlungsbedarf
	- **PWB des Vorjahres > PWB des Bilanzstichtages**
	  - die PWB muss verringert werden
	  - PWB an Erträge aus der Zuschreibung zu Forderungen

d) Bewertung von Forderungen

Aufgabe A-60

Die Forderungen an Kunden der *Nordbank AG* betragen am 31.12. 4.574.500,00 EUR, davon sind/ist

- Darlehen mit Landesbürgschaft 1.500.000,00 EUR;
- Forderungen mit erkennbarem Risiko 700.000,00 EUR, auf die bereits Einzelwertberichtigungen in Höhe von 500.000,00 EUR gebildet wurden;
- eine uneinbringliche Forderung von 150.000,00 EUR, auf die 60 % direkt abgeschrieben werden müssen.

a) Auf welchen Betrag muss die *Nordbank AG* unversteuerte Pauschalwertberichtigungen bilden, um das latente Kreditrisiko abzusichern?

| EUR |

b) Der Pauschalwertberichtigungssatz beträgt 0,4 %. Um welchen Betrag verändern sich die Pauschalwertberichtigungen, wenn aus dem Vorjahr schon ein PWb-Bestand von 9.300,00 EUR vorhanden ist?

| EUR | Vorzeichen mit angeben!

c) Mit welchem Betrag werden die Forderungen an Kunden in der Bilanz ausgewiesen?

| EUR |

Situation zu den folgenden Aufgaben A-61 und A-62

Hinweis: Diese beiden zusammenhängenden Aufgaben sind umfangreicher als Prüfungsaufgaben. Während die üblichen Aufgaben zur Bewertung von Forderungen immer nur die Situation an einem Bilanzstichtag zeigen, wird durch diese beiden Aufgaben die Entwicklung von Forderungen über zwei Jahre hinweg praxisnäher veranschaulicht.

Der Kreditbetreuer Jens Knoll legt zum jeweiligen Jahresende einen ausführlichen Bericht über die bestehenden Forderungen vor.

Bericht zum 31. Dezember 2009

Forderungsbestand laut Saldenliste vom 31.12. 2009: 145.630.000,00 EUR

Anmerkungen zu einzelnen Forderungen:

1. Forderungen gegen öffentlich-rechtliche Körperschaften 34.600.000,00 EUR

2. Die Forderung gegenüber dem Kunden Bockmann in Höhe von 75.000,00 EUR ist als uneinbringlich anzusehen.

3. Die Forderung an die *Holzbau GmbH* in Höhe von 270.000,00 EUR wird wahrscheinlich wegen wirtschaftlicher Schwierigkeiten und unzureichender Sicherheiten nur noch zu 60 % zurückgezahlt.

4. Über das Vermögen des Kunden Dollmer ist das Insolvenzverfahren eröffnet. worden. Die ungesicherte Forderung beträgt 150.000,00 EUR. Die Bank rechnet mit einer Insolvenzquote von 40 %.

Bericht zum 31. Dezember 2010

Während des Jahres 2010 passierte Folgendes:

1. Über das Vermögen der *Holzbau GmbH* wurde das Vergleichsverfahren eröffnet und mit einer Quote von 70 % abgeschlossen.

2. Das Insolvenzverfahren über das Vermögen unseres Kunden Dollmer wurde mit einer Quote von 25 % abgeschlossen. Der Insolvenzverwalter überwies das Geld von einer Korrespondenzbank.

Forderungsbestand laut Saldenliste vom 31.12.2010: 158.435.000,00 EUR

Anmerkungen zu einzelnen Forderungen:

1. Forderungen gegen öffentlich-rechtliche Körperschaften 35.850.000,00 EUR

2. Die *Hotel GmbH* macht sich Sorgen um den Fortbestand des Hotels. Die Forderung an sie beträgt 340.000,00 EUR. Ein Forderungsausfall in Höhe von 30 % wird als wahrscheinlich angesehen.

3. Auf das Kreditkonto des Kunden Braun ist seit einem halben Jahr trotz mehrfacher Mahnungen kein Geld eingegangen. Die letzte Mahnung kam mit dem Vermerk ‚Empfänger ist unbekannt verzogen' zurück. Forderungsbestand 122.000,00 EUR.

Anmerkung: Die bereits vorhandene Pauschalwertberichtigung am 02.01.2009 betrug 1.000.000,00 EUR, der Pauschalwertberichtigungssatz beträgt 1,0 %.

Aufgabe A-61

Bewertung von Forderungen

Folgende Aufgaben beziehen sich auf das Jahr 2009:
Ermitteln Sie

a) den Betrag, der direkt abzuschreiben ist

	EUR

b) den Betrag, der indirekt abzuschreiben ist.

	EUR

c) Buchen Sie die direkte Abschreibung:

	EUR	
an		EUR

d) Buchen Sie die indirekte Abschreibung:

	EUR	
an		EUR

e) Ermitteln Sie den Betrag, auf den am 31.12.2009 versteuerte Pauschalwertberichtigungen zu berechnen sind.

	EUR

f) Um welchen Betrag muss die bestehende Pauschalwertberichtigung korrigiert werden?

	EUR

g) Geben Sie Bilanzposten und Betrag für den Ausweis der Forderungen in der Bilanz an.

	EUR

h) Geben Sie den Posten der GuV-Rechnung und den Betrag an, mit dem die vorgenommenen Abschreibungen auszuweisen sind.

	EUR

Bewertung von Forderungen

Aufgabe A-62

Folgende Aufgaben beziehen sich auf das Jahr 2010:

a1) Bilden Sie die Buchungssätze für den Vergleich mit der *Holzbau GmbH*.
Buchen Sie zunächst die teilweise Auflösung der Einzelwertberichtigung und die Kontogutschrift für den feststehenden Ausfall von 30 %:

	EUR	
an		EUR

Lösen Sie die restliche Einzelwertberichtigung auf:

	EUR	
an		EUR

a2) Bilden Sie die Buchungssätze für den Abschluss des Insolvenzverfahrens des Kunden Dollmer.
Buchen Sie zunächst die Überweisung des Insolvenzverwalters.

	EUR	
an		EUR

Buchen Sie die Auflösung des Kundenkontos.

	EUR	
	EUR	
an		EUR

b) Bewerten Sie die Forderungen am 31.12.2010 und bilden Sie die entsprechenden Buchungssätze für die Korrektur der einzelnen Forderungsbestände...

b1) für die *Hotel GmbH*

	EUR	
an		EUR

b2) für den Kunden Braun

	EUR	
an		EUR

c) Ermitteln Sie den Betrag, auf den am 31.12.2010 versteuerte Pauschalwert-
    berichtigungen zu berechnen sind.

EUR	

d) Um welchen Betrag muss die bestehende Pauschalwertberichtigung korrigiert
    werden?

EUR	

e) Geben Sie den Betrag für den Ausweis der Forderungen in der Bilanz an.

EUR	

Aufgabe A-63

Pauschalwert-
berichtigung

Bei der *Nordbank AG* betrugen per 31.12. in Mio. EUR:

das durchschnittlich risikobehaftete Kreditvolumen der letzten 5 Bilanzstichtage	15.000
der durchschnittlich maßgebliche Forderungsausfall der letzten 5 Wirtschaftsjahre	120
die bereits bestehenden Pauschalwertberichtigungen	90
die zum 31.12. zu bildenden Einzelwertberichtigungen	650
die KK-Forderungen an Kunden	15.630
davos: - Forderungen an öffentlich rechtliche Körperschaften	1.500
- Einzelwertberichtigte Forderungen	1.130

a) Ermitteln Sie zum 31.12. den Prozentsatz (mit 2 Nachkommastellen) für die
    Bildung der unversteuerten Pauschalwertberichtigungen.

%	

b) Ermitteln Sie den Betrag der Veränderung der unversteuerten Pauschalwert-
    berichtigungen.

Mio. EUR	

c) Ermitteln Sie den Betrag in Mio. EUR, mit dem die *Nordbank AG* die Konto-
    korrentforderungen an Kunden in ihrer Bilanz ausweist.

Mio. EUR	

Pauschalwert-
berichtigung

Aufgabe A-64

Als Mitarbeiter/in der *Nordbank AG* sollen Sie auf Grund von Erfahrungswerten der letzten 5 Bilanzstichtage bzw. Wirtschaftsjahre zum 31. Dezember unversteuerte Pauschalwertberichtigungen für das abgelaufene Geschäftsjahr bilden. Dazu liegen Ihnen die folgenden Angaben vor:

Angaben	Mio. EUR
Durchschnittliches risikobehaftetes Kreditvolumen der letzten 5 Bilanzstichtage	360,0
Durchschnittlicher maßgeblicher Forderungsausfall der letzten 5 Wirtschaftsjahre	2,7
Bestehende unversteuerte Pauschalwertberichtigungen	2,0
Gebildete Einzelwertberichtigungen zum 31.12.	5,0
Höhe der Kontokorrentforderungen an Kunden zum 31.12.	398,0
davon:	
- Forderungen an Stadt	20,0
- einzelwertberichtigte Forderungen	10,0

a) Ermitteln Sie den Prozentsatz für die Bildung der unversteuerten Pauschalwertberichtigungen.

| % |

b) Ermitteln Sie unter Beachtung der obenstehenden Angaben den Betrag der Veränderung der unversteuerten Pauschalwertberichtigungen.

| Mio. EUR |

c) Tragen Sie eine 1 ein, wenn es sich um eine Erhöhung bzw. eine 2 ein, wenn es sich in Frage b) um eine teilweise Auflösung der unversteuerten Pauschalwertberichtigungen handelt.

| |

d) Ermitteln Sie den Betrag, mit dem die *Nordbank AG* die Kontokorrentforderungen an Kunden in ihrer zu veröffentlichenden Bilanz ausweist.

| Mio. EUR |

Zweifelhafte
Forderungen

Aufgabe A-65

Die *Nordbank AG* hat gegenüber dem *KK-Kunden Trachtendiele GmbH* eine ungesicherte Forderung von 45.750,00 EUR. Gegen die *Trachtendiele GmbH* ist das Insolvenzverfahren eröffnet worden. Die *Nordbank AG* rechnet mit einer Eingangsquote von 5 % der Forderung. Nach Abwicklung des Insolvenzverfahrens gehen über Bundesbank 2.287,50 EUR ein. Welche der nachstehenden Maßnahme ergreift die *Nordbank AG*, um den Fall zum Geschäftsjahresende zu dokumentieren und welche der nachstehenden Maßnahme ergreift die *Nordbank AG*, um den Fall im folgenden Geschäftsjahr abzuschließen?

A Es wird zum Bilanzstichtag eine Rückstellung von 43.462,50 EUR gebildet.

B Zum Bilanzstichtag wird eine Einzelwertberichtigung von 2.287,50 EUR in Form einer indirekten Abschreibung gebildet.

C Zum Bilanzstichtag wird eine Einzelwertberichtigung von 43.462,50 EUR gebildet.

D Der Verlust von 43.462,50 EUR wird sofort ausgebucht, um das KK-Konto der *Trachtendiele GmbH* abzuschließen.

E Nach Eingang des Zahlungsbetrags von 2.287,50 EUR wird die Wertberichtigung aufgelöst und das Konto der *Trachtendiele GmbH* ausgeglichen und aufgelöst.

F Es wird eine Rücklage in Höhe der Forderung von 45.750,00 EUR gebildet.

Aufgabe A-66

Pauschalwert-
berichtigung

Die *Nordbank AG* hat zum 31.12. für die Forderungen gegenüber Kunden einen Bestand von 36,8 Mio. EUR ermittelt. Darin sind enthalten:

- noch abzuschreibende uneinbringliche Forderungen in Höhe von 420.000,00 EUR

- eine zweifelhafte Forderung in Höhe von 2,1 Mio. EUR, bei der mit einer Insolvenzquote von 15 % zu rechnen ist.

- Forderungen an die Gemeinde in Höhe von 1,5 Mio. EUR

Auf das verbleibende risikobehaftete Kreditvolumen berechnet die *Nordbank AG* eine Pauschalwertberichtigung in Höhe von 0,6 %.

Ermitteln Sie

a) den Betrag für die unversteuerte Pauschalwertberichtigung.

EUR

b) den Betrag, der in der veröffentlichten Bilanz unter dem Posten „Forderungen an Kunden" erscheint.

EUR

Aufgabe A-67

Zum Bilanzstichtag bildet die *Nordbank AG* Einzelwertberichtigungen auf Forderungen. Mit welchen der nachstehenden Argumente wird die Bildung von Einzelwertberichtigungen auf Forderungen korrekt begründet?

Die Bildung von Einzelwertberichtigungen auf Forderungen ist notwendig, weil ...

A die *Nordbank AG* Risikovorsorge für beanspruchte Kredite mit erkennbarem Ausfallrisiko betreiben muss.

B alle Forderungen an Kunden immer mit einem latenten Ausfallrisiko behaftet sind.

C für die Bewertung der Forderungen an einzelne Kunden eine Abschreibung auf den wahrscheinlichen Wert vorzunehmen ist, wenn Zweifel an der vollen Rückzahlung bestehen.

D die *Nordbank AG* laut Rechnungslegungsverordnung Risikovorsorge für ausgefallene, uneinbringliche Forderungen an Kunden zu leisten hat.

E zum Bilanzausweis der Forderungen an Kunden auf der Aktivseite ein Gegenposten auf der Passivseite der Bilanz gebildet werden muss.

F für Kredite, deren Rückzahlung zweifelhaft ist, eine direkte Abschreibung gebildet werden muss.

Basiswissen: Vorsorge für allgemeine Bankrisiken

	Stille Vorsorgereserven (§ 340f HGB)	Offene Vorsorgereserven (§ 340g HGB)
Zweck	Vorsorge für **allgemeine Bankrisiken** wie - nicht bewertbare Kreditausfallrisiken - Liquiditätsrisiken - Zinsänderungsrisiken - Wertpapierkursrisiken (insbesondere durch die Bewertung der Wertpapiere des Handelsbestandes zum Zeitwertprinzip) - Währungsrisiken - Risiken aus Termin-, Options- und Swap-Geschäften	

Vorgehen	- **Unterbewertung** der
	  - Wertpapiere der Liquiditätsreserve sowie der
	  - Forderungen an Kunden und
	  - Forderungen an Kreditinstituten
	- Bildung einer **stillen Reserve** in Höhe der Unterbewertung
	- **Aktivische Absetzung** der Vorsorgewertberichtigung von den entsprechenden Aktivposten in der Bilanz
	- **Überkreuzkompensation** in der GuV
		- aus der Bilanz und der GuV-Rechnung ersichtliche Einstellung in die **Passivposition**:
		  „Fonds für allgemeine Bankrisiken"
		zu Lasten des Gewinns

Ober-grenze	maximal 4 % der **nach strengem Niederstwertprinzip bewerteten** Wertpapiere der Liquiditätsreserve sowie der Forderungen an Kunden und an Kreditinstituten	- keine Obergrenze - erfolgt nach **vernünftiger kaufmännischer Beurteilung** - mind. 10 % der Nettoerträge aus Finanzgeschäften
Ausweis	- **kein offener Ausweis** der Reserven im Jahresabschluss - Vorsorgewertberichtigungen werden **aktivisch von den Vermögenswerten abgesetzt** und mindern somit optisch das Jahresergebnis/Eigenkapital	- **offener Bilanzausweis** - Passivposition: „**Fonds für allgemeine Bankrisiken**" - **Kernkapital** - in der GuV sind Zuführungen und Auflösungen gesondert aufzuführen
steuer-liche Anerken-nung	- die Bildung von Vorsorgereserven darf <u>nicht</u> **den steuerpflichtigen Gewinn mindern** - eine Bildung von Vorsorgereserven erfolgt insofern immer aus dem **bereits versteuerten Gewinn**	

e) Risikovorsorge

Aufgabe A-68

Stille Risikovorsorge

Welche der nachfolgenden Aussagen über die stille Risikovorsorge von Kreditinstituten nach § 340 f HGB ist richtig?

A Kreditinstitute nehmen auf Gegenstände des Anlagevermögens überhöhte Abschreibungen vor. Dadurch entstehen stille Reserven, die der Risikovorsorge dienen.

B Aus dem Jahresüberschuss werden Teilbeträge in die Rücklagen eingestellt. Bei eintretenden Risiken können diese aufgelöst werden.

C Kreditinstitute dürfen jährlich maximal 5 % des Jahresüberschusses, gemindert um einen Verlustvortrag in die gesetzlichen Rücklagen einstellen.

D Kreditinstitute dürfen in der Gewinn- und Verlustrechnung maximal 4 % des Niederstwertes ihrer Forderungen an Kunden und an Kreditinstitute sowie von Wertpapieren der Liquiditätsreserve als stille Reserven bilden.

E Vorsorgereserven von Kreditinstituten sind immer im „Fonds für allgemeine Bankrisiken" auszuweisen.

Offene und stille Risikovorsorge

Aufgabe A-69

Welche der folgenden Aussagen zu offenen bzw. stillen Vorsorgereserven treffen zu?

A Die zu bildende offene Vorsorgereserve darf maximal 4 % der vorsorgereservefähigen Vermögensgegenstände betragen.

B Stille Vorsorgereserven werden in der Bilanz aktivisch abgesetzt.

C Die Grundlage der Reservebildung für stille Vorsorgereserven sind Forderungen an Kreditinstitute und an Kunden sowie die Wertpapiere des Umlaufvermögens.

D Die zu bildende stille Vorsorgereserve sollte lt. HGB größer als 4 % sein.

E Offene Vorsorgereserven werden auf der Aktivseite der Bilanz ausgewiesen.

F Offene Vorsorgereserven dürfen nach vernünftiger kaufmännischer Beurteilung gebildet werden.

Rücklagen und Rückstellungen

Aufgabe A-70

Prüfen Sie, welche der folgenden Aussagen auf Rücklagen und welche auf Rückstellungen zutreffen.

A Sie sind dem haftenden Eigenkapital zuzurechnen.

B Ihre Bildung erfolgt z.B. durch Zuweisung aus dem Jahresüberschuss.

C Sie sind in der Bilanz auf der Passivseite auszuweisen.

D Sie enthalten häufig stille Reserven.

E Grund für ihre Entstehung ist beispielsweise ein Aufgeld bei der Emission von Aktien.

F Durch ihre Bildung zahlt das Unternehmen in dem Jahr weniger Steuern.

Tragen Sie in die Lösungskästchen ein eine

1 wenn die Aussage die Rücklagen betrifft,

2 wenn die Aussage die Rückstellungen betrifft,

3 wenn die Aussage sowohl die Rücklagen als auch die Rückstellungen betrifft,

4 wenn die Aussage weder die Rücklagen noch die Rückstellungen betrifft.

A	B	C	D	E	F

Stille Risikovorsorge

Aufgabe A-71

Die *Nordbank AG* hat zum Jahresende folgende Bestände für Forderungen und Wertpapiere ermittelt. Für den Bilanzausweis sind nur noch die stillen Vorsorgereserven zu berücksichtigen. Diese sollen in der nach § 340 f HGB maximalen Höhe gebildet werden. Bisher wurden weder stille noch offene Vorsorgereserven gebildet.

Bestände:

	TEUR
Forderungen an Kreditinstitute	600.000,00
Forderungen an Kunden	1.215.000,00
Wertpapiere der Liquiditätsreserve	330.000,00
Wertpapiere des Handelsbestandes	360.000,00
Wertpapiere des Anlagevermögens	450.000,00

a) Wie hoch ist der Betrag der stillen Vorsorgereserve?

>   TEUR

b) Was hat die *Nordbank AG* beim Bilanzausweis bezüglich der stillen Vorsorgereserven zu berücksichtigen?

   A Die *Nordbank AG* muss die stillen Vorsorgereserven in der Position
   „Fonds für allgemeine Bankrisiken" ausweisen.

   B Sie muss die stillen Vorsorgereserven von den Aktivposten absetzen.

   C Sie muss die stille Vorsorgereserve mit 4 % der entsprechenden Aktivpo-
   sitionen bilden.

   D Sie muss im Anhang zur Bilanz angeben, in welcher Höhe sie stille Vorsorgereserven gebildet hat.

   E Sie darf nur auf Forderungen an Kreditinstitute und auf Forderungen an
   Kunden stille Vorsorgereserven bilden.

Aufgabe A-72

Stille Risikovorsorge

Die *Nordbank AG* hat zum Ende des Geschäftsjahres folgende vorläufige Bilanz
erstellt:

AKTIVA		**Vorläufige Bilanz der Nordbank AG**		PASSIVA
	TEUR		TEUR	TEUR
1. Barreserve	579.200	1. Verbindlichkeiten gegenüber Kreditinstituten		2.840.612
2. Forderungen an Kreditinstitute	4.510.350	2. Verbindlichkeiten gegenüber Kunden		
		a) Spareinlagen	10.464.233	
		b) andere Verbindlichkeiten	13.386.659	23.850.892
3. Forderungen an Kunden	22.431.030	3. Verbriefte Verbindlichkeiten		5.183.043
4. Schuldverschreibungen und andere festverzinsliche Wertpapiere	6.107.054	4. Sonstige Verbindlichkeiten		84.130
5. Aktien und andere nicht festverzinsliche Wertpapiere	342.173	5. Rechnungsabgrenzungsposten		228.581
6. Sachanlagen	868.713	6. Rückstellungen		672.421
7. Sonstige Vermögensgegenstände	30.187	7. Eigenkapital		2.142.500
8. Rechnungsabgrenzungsposten	133.472	---		
	35.002.179			35.002.179

Zum 31.12. müssen noch folgende Abschreibungen vorgenommen werden:

	TEUR
Abschreibungen auf Forderungen gegenüber Kunden	183.094
Abschreibungen auf Schuldverschreibungen und andere festverzins- liche Wertpapiere	53.054
Abschreibungen auf Aktien und andere nicht festverzinsliche Wert- papiere	130.040
Abschreibungen auf Sachanlagen	89.518

Von den Wertpapieren wurden zugeordnet:

	Schuldverschreibungen	Aktien
dem Handelsbestand	45 %	60 %
der Liquiditätsreserve	55 %	25 %
dem Anlagevermögen	0 %	15 %

Auszug aus § 340 f HGB

(1) Kreditinstitute dürfen Forderungen an Kreditinstitute und Kunden, Schuldverschreibungen und andere festverzinsliche Wertpapiere sowie Aktien und andere nicht festverzinsliche Wertpapiere, die weder wie Anlagevermögen gehandelt werden noch Teil des Handelsbestandes sind, mit einem niedrigeren ... Wert ansetzen. Der Betrag der auf diese Weise gebildeten Vorsorgereserven darf vier vom Hundert des Gesamtbetrages der in Satz 1 bezeichneten Vermögensgegenstände ... nicht übersteigen.

Die *Nordbank AG* möchte für diese Bestände die gemäß § 340 f HGB höchst mögliche stille Vorsorgereserve bilden. Wie hoch ist der Betrag (angegeben in aufgerundeten TEUR), den die *Nordbank AG* als stille Vorsorgereserve in diesem Jahr bilden darf, wenn die folgenden Bestimmungen gelten und sie bisher noch keine stillen Vorsorgereserven gebildet hatte?

TEUR

Stille Risiko-vorsorge

Aufgabe A-73

Ihr Kreditinstitut ermittelt zum Jahresende folgende Bestände:

Forderungen an Kunden	3.748,0 TEUR

Es sind noch zu berücksichtigen:

Einzelwertberichtigungen	448,8 TEUR
Unversteuerte Pauschalwertberichtigungen	5,3 TEUR

a) Bis zu welchem Betrag (Angabe in TEUR) kann das Kreditinstitut maximal darauf stille Reserven in Form versteuerter Pauschalwertberichtigungen bilden?

TEUR

b) Wie wird die Wertberichtigung aus Frage a) in der Bilanz berücksichtigt?

    A Ausweis auf der Passivseite der Bilanz unter der Position „Fonds für allgemeine Bankrisiken"

    B Aktivische Absetzung vom Forderungsbestand und damit Verminderung der Position „Forderungen an Kunden" auf der Aktivseite der Bilanz

    C Ausweis auf der Passivseite der Bilanz unter der Position „Kapitalrücklagen"

c) Wie kann die Bildung der stillen Reserven die folgenden Positionen der Gewinn- und Verlustrechnung beeinflussen?

Realisierte Kursgewinne aus dem Verkauf von Wertpapieren der Liquiditätsreserve	300.000,00 EUR
Erträge aus der Zuschreibung zu Forderungen	75.000,00 EUR

A Der Aufwand für die Bildung der stillen Reserven muss gesondert von den realisierten Kursgewinnen und den Erträgen aus der Zuschreibung zu Forderungen in der Gewinn- und Verlustrechnung ausgewiesen werden.

B Der Aufwand für die Bildung der stillen Reserven kann mit den Erträgen aus der Zuschreibung zu Forderungen, aber nicht mit den realisierten Kursgewinnen aus dem Verkauf von Wertpapieren verrechnet werden.

C Der Aufwand für die Bildung der stillen Reserven kann mit den Erträgen aus der Zuschreibung zu Forderungen und mit den realisierten Kursgewinnen aus dem Verkauf von Wertpapieren verrechnet werden.

Aufgabe A-74

Offene Risikovorsorge

Nachfolgend ist ein Ausschnitt der Passivseite der Bilanz eines Kreditinstituts abgebildet. Welche Aussage dazu trifft zu?

8. Sonderposten mit Rücklageanteil				....
9. nachrangige Verbindlichkeiten				....
10. Genussrechtskapital				....
Darunter: Vor Ablauf von zwei Jahren fällig .... EUR				
11. Fonds für allgemeine Bankrisiken				....
12. Eigenkapital				
a) Gezeichnetes Kapital			....	
b) Kapitalrücklage			....	
c) Gewinnrücklagen				
- Gesetzliche Rücklage		....		
- Rücklage für eigene Anteile		....		
- Satzungsmäßige Rücklagen		....		
- Andere Gewinnrücklagen		....	....	
d) Bilanzgewinn/Bilanzverlust			....	....

a) Die Position „Fonds für allgemeine Bankrisiken" enthält

   A stille Reserven

   B offene Reserven

b) Zuführungen zum „Fonds für allgemeine Bankrisiken" können bis

   A maximal 4 % des Niederstwertes der Forderungen an Kunden bzw. der Wertpapiere der Liquiditätsreserve erfolgen.

   B ohne Einschränkung und in unbegrenzter Höhe erfolgen.

   C nur im Rahmen vernünftiger kaufmännischer Beurteilung erfolgen.

c) Aufwendungen, die für den „Fonds für allgemeine Bankrisiken" erfasst werden,

    A können in der Gewinn- und Verlustrechnung mit anderen Aufwendungen und Erträgen der Risikovorsorge verrechnet werden.

    B müssen in der Gewinn- und Verlustrechnung gesondert ausgewiesen werden.

d) Die *Nordbank AG* möchte dem Fonds für allgemeine Bankrisiken weitere 100.000,00 EUR zuführen. Welche der nachstehenden Überlegungen sind richtig?

    A Da die *Nordbank AG* stille Reserven in maximaler Höhe gebildet hat, darf sie dem Fonds für allgemeine Bankrisiken keine weiteren Beträge zuführen.

    B Die *Nordbank AG* kann dem Fonds für allgemeine Bankrisiken weitere Beträge zuführen, wenn sie nach vernünftiger kaufmännischer Beurteilung notwendig sind.

    C Dem Fonds für allgemeine Bankrisiken darf nur der Differenzbetrag von offenen und stillen Vorsorgereserven zugeführt werden.

    D Die *Nordbank AG* muss sich entscheiden, ob sie die Vorsorgereserven still oder offen bilden will.

    E Offene Vorsorgereserven können zusätzlich zu den stillen gebildet werden. Ihre Höhe ist jedoch auf 4 % der risikobehafteten Aktiva begrenzt.

Offene und stille Risikovorsorge

Aufgabe A-75

Die *Nordbank AG* ermittelt folgende Werte:

	Buchwert in TEUR	Noch zu berücksichtigende Wertminderung laut strengem Niederstwertprinzip in TEUR
Forderungen an Kunden	890.000	30.000
Wertpapiere des Handelsbestandes	680.000	40.000
Wertpapiere der Liquiditätsreserve	560.000	20.000
Forderungen an Kreditinstitute	770.000	10.000
Wertpapiere des Anlagevermögens	620.000	20.000
Fonds für allgemeine Bankrisiken	250.000	

Die *Nordbank AG* möchte stille Risikovorsorge in maximal zulässiger Höhe betreiben und zusätzlich 50.000 TEUR den offenen Reserven zuführen.

a) Wie hoch ist demzufolge der Betrag der stillen Risikovorsorge?

    TEUR

b) Wie hoch ist der Betrag der offenen Risikovorsorge?

    TEUR

Basiswissen: Jahresabgrenzung

Zeitliche Abgrenzung des Jahreserfolges

Zweck	- die **Erfolgsrechnung** (GuV) soll den Erfolg **eines** Geschäftsjahres aufzeigen. - Erträge und Aufwendungen werden **periodengerecht erfasst**.
Probleme der perioden- gerechten Erfassung	- Am Jahresende sind die Erfolge nicht periodengerecht erfasst: - **Problem 1:** Erträge & Aufwendungen (Vorauszahlungen) sind schon gebucht worden, die **wirtschaftlich das Folgejahr** betreffen. Diese Erfolge müssen vorübergehend für den Jahresabschluss aus der GuV-Rechnung genommen werden. (**transitorische** Posten) - **Problem 2:** Erträge & Aufwendungen für das laufende Geschäftsjahr sind bis zum Jahresende **noch nicht gebucht** worden (nachträgliche Zahlungen). Diese Erfolge müssen für den Jahresabschluss vorübergehend gebucht werden. (**antizipative** Posten)

Transitorische Jahresabgrenzung

Wesen	- **lat. transire** = hinübergeben - Erträge & Aufwendungen, die **wirtschaftlich das Folgejahr betreffen**, dürfen **nicht** in die laufende GuV-Rechnung - Einbeziehung in die Erfolgsrechnung erfolgen erst im **Folgejahr**
Vorgehen	- **Erfassung des gesamten Aufwands- bzw. Ertragsbetrages** auf dem entsprechenden **Erfolgskonto** - die **zeitliche Abgrenzung** je Geschäftsjahr erfolgt vor dem **Abschluss** der Konten - Aufwendungen und Erträge, die wirtschaftlich ins ablaufende Geschäftsjahr gehören, gehen in die **GuV** ein - Aufwendungen und Erträge, die wirtschaftlich ins darauffolgende Geschäftsjahr gehören, gehen <u>nicht</u> **in die GuV** ein - dieser Teil des Aufwandes wird auf einem Bestandskonto gebucht (Aktive bzw. Passive Rechnungsabgrenzung) - der Betrag wird offen in der Bilanz ausgewiesen - nach **Eröffnung** der Konten im **neuen** Geschäftsjahr, werden die **Rechnungsabgrenzungen aufgelöst** und den entsprechenden Erfolgskonten zugeordnet
Aktive Rechnungs- abgrenzung	- nimmt die für das nächste Geschäftsjahr bereits bezahlten **Aufwendungen** für die Dauer des Jahresabschlusses auf. - Aktivkonto
Passive Rechnungs- abgrenzung	- nimmt die für das nächste Geschäftsjahr bereits erhaltenen **Erträge** für die Dauer des Jahresabschlusses auf. - Passivkonto
Beispiele	Aufwendungen: - im Voraus gezahlte Kfz-Steuer - Zinsen bei abgezinsten Sparbriefen Erträge: - im Voraus erhaltene Avalprovisionen, Zinsen, Gebühren - Disagio bei ausgegebenen Darlehen

Antizipative Jahresabgrenzung

Wesen	- lat. anticipere = vorwegnehmen - Erträge & Aufwendungen, die **wirtschaftlich** das **abgelaufene Jahr betreffen**, aber erst im nächsten Jahr gezahlt werden, müssen in die **GuV** des ablaufenden Jahres aufgenommen werden, damit der Jahreserfolg richtig ausgewiesen wird.
Vorgehen	- die **zeitliche Abgrenzung** erfolgt vor dem **Abschluss** der Konten - Aufwendungen und Erträge, die wirtschaftliche ins ablaufende Geschäftsjahr gehören, werden **noch erfasst**, obwohl sie noch nicht gezahlt sind. - Die Buchung gilt nur für den Jahresabschluss. Am **Anfang des nächsten Geschäftsjahres** werden diese Buchungen wieder **rückgängig** gemacht.

Zinsen	- **Zinsaufwendungen und -erträge**, die erst im nächsten Jahr gezahlt werden, aber wirtschaftlich für das ablaufende Geschäftsjahr berechnet werden, werden **über die verursachende Aktiv- bzw. Passivposition** erfasst.
	- **Beispiel 1:** Festgeldzinsen werden erst am Ende der Festlegungszeit vergütet. Der Buchungssatz am 31.12. für den Zinsanteil des ablaufenden Jahres:
	          Zinsaufwand an Festgeld
	- **Beispiel 2:** Am Jahresende stehen noch Wertpapierzinsen aus, da für die AB-Kommunalobligation die Zinsen jedes Jahr am 1.10. nachträglich gezahlt werden. Der Buchungssatz am 31.12. für den Zinsanteil des ablaufenden Jahres:
	        Wertpapiere an WP-Zinserträge
	- Damit sind die Zinsen in dem Jahr erfasst, in dem sie verursacht sind.
	- Forderungen im Aktivgeschäft und Verbindlichkeiten im Passivgeschäft werden einschließlich der aufgelaufenen Zinsen bilanziert.

Übrige Aufwendungen	- **Erfassung** von (Nicht-Zins-)Aufwendungen, die erst **im neuen Geschäftsjahr bezahlt** werden und dennoch zumindest **teilweise zum laufenden Geschäftsjahr gehören**. - **Buchung der Aufwendungen des ablaufenden Geschäftsjahres** noch vor dem Jahresabschluss über das Gegenkonto **Sonstige Verbindlichkeiten** - Beispiel: Für eine Zweigstelle wird die Dezembermiete erst im Januar gezahlt. Der Buchungssatz am 31.12. für die Dezembermiete: **Allg. Verwaltungsaufwand an Sonstige Verbindlichkeiten**
Übrige Erträge	- **Erfassung** von (Nicht-Zins-)Erträgen, die erst **im neuen Geschäftsjahr eingenommen** werden und dennoch zumindest **teilweise zum laufenden Geschäftsjahr gehören**. - **Buchung der Erträge des ablaufenden Geschäftsjahres** noch vor dem Jahresabschluss über das Gegenkonto **Sonstige Forderungen** - **Bilanzausweis:** „Sonstige Vermögensgegenstände" - Beispiel: Die Provision für die Vermögensverwaltung wird erst im Januar belastet. Der Buchungssatz am 31.12.: **Sonstige Forderungen an Provisionserträge**

Rückstellungen

Zweck	- Bildung zur **periodengerechten Ermittlung des Jahreserfolges** - Im laufenden Geschäftsjahr sind (eventuelle) Aufwendungen begründet worden, die betragsmäßig nicht sicher sind. Diese müssen getrennt von den sonstigen Verbindlichkeiten bilanziert werden. - Ungewisse ausstehende Erträge werden bei der Jahresabgrenzung nicht berücksichtigt!
Beispiele	- Eine Handwerkerrechnung ist noch nicht eingetroffen. - Ein Gerichtsverfahren ist noch nicht beendet. - Für Mitarbeiter werden Rückstellungen für eine betriebliche Rente gebildet.

Definition von Rückstellungen	- **Charakteristika** von Rückstellungen sind:
	  - ungewisse Verbindlichkeit bzw. drohende Verluste
	  - Ungewissheit über die Höhe der Verbindlichkeit
	  - Ungewissheit über die Fälligkeit der Verbindlichkeit
	- das Konto „Rückstellungen" ist ein **passives Bestandskonto** und wird dem **Fremdkapital** zugeordnet.

Buchung	Bildung von Rückstellungen erfolgt nach „**vernünftiger kaufmännischer Beurteilung"** **entsprechendes Aufwandskonto an Rückstellungen**
Wirkungen der Bildung von Rückstellung	- Zurechnung des **Aufwandes** zum Jahr der Entstehung (= abgelaufenes Geschäftsjahr) - Rückstellungen **mindern den Gewinn** (und somit die Steuerlast)

Auflösung von Rückstellungen	- Rückstellungen werden **nicht** wie die anderen Formen der Jahresabgrenzung am **Anfang des folgenden Jahres rückgängig** gemacht.
	- Rückstellungen **müssen aufgelöst** werden, sobald der **Zweck dafür entfällt**
	- die Höhe der Rückstellungen erfolgt aufgrund von **Schätzungen**, daraus folgt, dass die endgültige Zahlungsverpflichtung in der Zukunft gleich, höher oder niedriger sein kann:
	  - Fall 1: Die Höhe der Rückstellung entspricht der Zahlungsverpflichtung.
	    - Auflösung der Rückstellung bei Zahlung
	    - Rückstellungen an BKK oder DBB oder …
	  - Fall 2: Die Rückstellung war zu niedrig.
	    - Auflösung der Rückstellung
	    - zusätzlicher Aufwand (Buchung über das sachlich zuständige Aufwandskonto)
	    - Rückstellungen
	    - Aufwandskonto an BKK oder DBB oder …
	  - Fall 3: Die Höhe der Rückstellung war zu hoch.
	    - Auflösung der Rückstellung
	    - zusätzlicher Ertrag aus der Auflösung der Rückstellung (sonstige betriebliche Erträge bzw. Erträge aus der Auflösung von Rückstellungen im Kreditgeschäft)
	    - Rückstellungen an BKK oder DBB oder …
	sonstige betriebliche Erträge

f) Jahresabgrenzung

Aufgabe A-76

Zu den vorbereitenden Jahresabschlussarbeiten gehört auch die Jahresabgrenzung. Welche Aussagen über den Sinn der Jahresabgrenzung sind richtig?

A   Die Bildung von Rechnungsabgrenzungsposten lohnt sich aus steuerlichen Gründen für ein Unternehmen.

B   Durch die Jahresabgrenzung werden Erfolge dem Geschäftsjahr zugewiesen, in dem sie gezahlt werden.

C   Durch die Jahresabgrenzung werden Erfolge dem Geschäftsjahr zugewiesen, zu dem sie gehören.

D   In der Jahresabgrenzung werden ungewisse Erträge über die Bilanzposition Rückstellungen abgegrenzt.

E   Bei der Jahresabgrenzung müssen Erträge für dieses Geschäftsjahr gebucht werden, die noch gar nicht eingenommen wurden.

F   In der Jahresabgrenzung werden Aktiva abgeschrieben.

Aufgabe A-77

Bei der Jahresabgrenzung werden antizipative und transitorische Posten unterschieden. Welche Aussagen sind richtig?

A   Antizipative Erfolge werden über die Rechnungsabgrenzungsposten gebucht.

B   Bei den transitorischen Erfolgen wird der Betrag der Erfolge gebucht, die das folgende Geschäftsjahr betreffen.

C   Bei der antizipativen Jahresabgrenzung werden Erfolge gebucht, die zum Geschäftsjahr gehören, aber erst nach dem Bilanzstichtag gezahlt werden.

D   Die transitorische Jahresabgrenzung vermindert das Jahresergebnis in der Gewinn- und Verlustrechnung.

E   Antizipative Erfolge werden in der Bilanz in einer eigenen Position ausgewiesen.

F   Werden transitorische Erträge abgegrenzt, erhöht sich das Jahresergebnis in der Gewinn- und Verlustrechnung.

Aufgabe A-78

Im Rahmen der Jahresabschlussarbeiten der *Nordbank AG* sind die unten stehenden Sachverhalte bei der Abgrenzung des Jahreserfolges zu berücksichtigen.

Welche der folgenden Maßnahmen sind zu ergreifen?

Maßnahmen

Buchung der Jahresabgrenzung über das Konto

1   Aktive Rechnungsabgrenzung
2   Passive Rechnungsabgrenzung
3   Sonstige Forderungen

4 Sonstige Verbindlichkeiten
5 Kunden-Kontokorrent
6 Festgeld

Sachverhalte:

A Der Bezugspreis einer bereits bezogenen Fachzeitschrift ist erst im neuen Jahr zu bezahlen.

B Mieteinnahmen für dieses Jahr über 1.200 EUR stehen am 31.12. noch aus.

C Versicherungsprämien über 360 EUR wurden am 1. August für 1 Jahr im Voraus bezahlt.

D 500 EUR Festgeldzinsen für dieses Jahr werden erst im neuen Jahr auf dem Kunden-Kontokorrent gutgeschrieben.

E Für eine Überziehungskreditzusage wurden Firmenkunden am 1.12. mit 480 EUR Kreditprovison für 6 Monate im Voraus belastet.

A	B	C	D	E

Aufgabe A-79

Jahresabgrenzung

Die *Nordbank AG* muss den Jahreserfolg periodengerecht abgrenzen. Stellen Sie fest, ob es sich beim Jahresabschluss bei den untenstehenden Sachverhalten um …

1 transitorischen Aufwand,
2 transitorischen Ertrag,
3 antizipativen Aufwand
4 antizipativen Ertrag oder
5 keines der genannten handelt.

Sachverhalte:

A Es sind noch Erträge zu buchen, die dem abgelaufenen Geschäftsjahr zuzuordnen sind und deren Bezahlung erst im folgenden Geschäftsjahr erfolgen wird.

B Festverzinsliche Wertpapiere der *Nordbank AG* haben den jährlichen Zinstermin im Juli.

C Zinsen für Festgelder, die dieses Jahr angelegt wurden, werden erst am Ende der Festlegung im nächsten Jahr gezahlt.

D Die Januarmiete für eine vermietete Wohnung im Bankgebäude wird schon im Dezember vom Mieter überwiesen.

E Die einbehaltene Abgeltungsteuer vom Dezember wird im Januar überwiesen.

F Es wurden Aufwendungen vertragsgemäß im Voraus gezahlt, die das folgende Geschäftsjahr betreffen.

A	B	C	D	E	F

**Rück-
stellungen**

Aufgabe A-80

Das Handelsgesetzbuch (HGB) enthält unter anderem Regelungen über die Bildung von Rückstellungen. Welche der nachfolgenden Geschäftsfälle erfordern die Bildung einer Rückstellung spätestens zum 31.12.?

Die *Nordbank AG* ...

A hat 1.700,00 EUR Grundsteuer für das letzte Quartal noch nicht bezahlt.

B erwarb am 23.12. je zwei PCs und Drucker für die Immobilienabteilung. Die Rechnung vom 28.12. über 1.840,00 EUR (einschließlich Umsatzsteuer) wird erst am 08.01. des kommenden Jahres überwiesen.

C rechnet mit der Inanspruchnahme aus einer Garantie im Auslandsgeschäft in Höhe von 25.000,00 EUR.

D plant für das kommende Jahr den Umbau einer Geschäftsstelle mit Baukosten von voraussichtlich 2,3 Mio. EUR.

E beabsichtigt, im Februar des nächsten Jahres einen Dienstwagen für 64.000,00 EUR zu erwerben.

F berücksichtigt, dass sich die Ansprüche der Mitarbeiter auf zusätzliche betriebliche Altersversorgung um einen Betrag von 345.000,00 EUR erhöht haben.

Dokumentierte Unternehmensleistungen verschiedener Unternehmenstypen auswerten

Basiswissen: Rücklagen- und Ausschüttungspolitik

Eigenkapital	- Eigenkapital wird von den **Eigentümern des Unternehmens/ der Bank** gestellt: **Kapitaleinlagen** und <u>nicht</u> **ausgeschüttete Gewinne**
Gezeichnetes Kapital	- AG = **Grundkapital** (der Nennwert der ausgegebenen Aktien) - GmbH = **Stammkapital** - **Dotationskapital** bei öffentlich-rechtlichen Instituten, **Geschäftsguthaben** bei Genossenschafts-Banken
Kapitalrücklagen	Außenfinanzierung durch Agios bei Ausgabe junger Aktien

Gewinn-rücklagen	- **Innenfinanzierung** = Zufluss von Kapital durch **Einbehalten von Gewinnen**
	- **Zusammensetzung**:
	  - **gesetzliche Rücklagen**
	  - **Rücklagen für eigene Anteile**
	  - **andere Gewinnrücklagen**

Rücklagen für eigene Anteile	- wenn eine **AG** eigene Anteile (**Aktien der eigenen Aktiengesellschaft**) erwirbt:
	  - gesonderte Ausweisung auf der Aktivseite
	  - Bildung einer **gleichwertige Rücklagen** auf der Passiva
	- **Zweck**: Gläubigerschutz
	- **Bildung**: aus dem Jahresüberschuss bzw. aus freien Gewinn-Rücklagen
	- **Auflösung** dieser Rücklagen beim Verkauf der eigenen Anteile

Andere Gewinn-rücklagen	- <u>nicht</u> zweckgebundene Bildung aus dem Jahresüberschuss (**nach freiem Ermessen**), aber - **höchstens** 50% vom Jahresüberschuss abzüglich der Zuführung zu den gesetzlichen Rücklagen - **HV-Beschluss** kann die Zuführung erhöhen - **Auflösung** liegt im Ermessen der Gesellschaft
Bilanzgewinn	Über den Teil des Jahresüberschusses, der nicht einbehalten wird, können die Aktionäre auf der Hauptversammlung beschließen. Er wird in der Bilanz unter Bilanzgewinn ausgewiesen. Er wird in der Regel als **Dividende** ausgeschüttet.
Gewinnvortrag	entsteht immer dann, wenn **Bilanzgewinn** nicht centgenau an die Aktionäre ausgeschüttet werden kann.

Zusammen- fassung: Gewinn- verwendung	Jahresergebnis
	+/ - Gewinn-/ Verlustvortrag des letzten Geschäftsjahres
	+ evtl. Entnahmen aus den Rücklagen
	- Einstellungen in die gesetzlichen Rücklagen
	- Einstellungen in die Rücklagen für eigenen Anteile
	- Einstellungen in die Gewinn-Rücklagen
	= Bilanzgewinn/ -verlust
	- evtl. Dividendenausschüttung
	= Gewinn-/ Verlustvortrag
Ziele	Substanzerhöhung durch Gewinnthesaurierung - **Wachstum** des Geschäftsvolumens - Erhöhung der **Kreditwürdigkeit** durch Stärkung des Eigenkapitalanteils - Sicherung der **Einlagen** - Potential zur Steigerung des Aktienkurses (**Shareholder Value**) - **Dividendenkontinuität** trotz wechselnder Jahresergebnisse.

Lösungen ab
Seite 219

1.   Rücklagen- und Ausschüttungspolitik

Aufgabe B-1

Das Eigenkapital der *Nordbank AG* weist folgende Werte auf:

- gezeichnetes Kapital   20.000 Mio. EUR
- Kapitalrücklage   200 Mio. EUR
- gesetzliche Rücklage   1.600 Mio. EUR
- andere Gewinnrücklagen   1.000 Mio. EUR

Im abgelaufenen Geschäftsjahr betrugen:

- Aufwendungen   11.270 Mio. EUR
- Erträge   13.670 Mio. EUR

a) Wie viel EUR muss das Kreditinstitut gemäß den Bestimmungen des AktG in die gesetzlichen Rücklagen einstellen?

Mio. EUR

b) Die Einstellung in die anderen Gewinnrücklagen wird vom Vorstand mit 650 Mio. EUR dotiert. Welchen Betrag weist das Kreditinstitut als Bilanzgewinn aus?

Mio. EUR

Aufgabe B-2

Gewinn-
verwendung

Das Eigenkapital der *Nordbank AG* weist zum 31.12. folgende Werte auf:

- gezeichnetes Kapital (12 Mio. Aktien zu je 5 EUR) 60,0 Mio. EUR
- Kapitalrücklage   1,2 Mio. EUR
- gesetzliche Rücklage   4,0 Mio. EUR
- andere Gewinnrücklagen   1,0 Mio. EUR

siehe IHK-
Formelsammlung
Seite 189

Im laufenden Geschäftsjahr beträgt

- der Jahresüberschuss   17,0 Mio. EUR
- der Bilanzgewinn   8,5 Mio. EUR

a) Mit welchem Wert in Mio. EUR sind die gesetzlichen Rücklagen in der Bilanz des laufenden Geschäftsjahres auszuweisen?

	Mio. EUR

b) Um welchen Betrag in Mio. EUR wachsen die anderen Gewinnrücklagen?

	Mio. EUR

c) Ermitteln Sie den Gewinn vor Steuern in EUR. Berücksichtigen Sie dabei, dass die *Nordbank* auf den Gewinn 15 % Körperschaftsteuer zuzüglich 5,5 % Solidaritätszuschlag auf die KSt an das Finanzamt abführen muss.

	EUR

Aufgabe B-3

Gewinn-
verwendung

Welche der folgenden Aussagen zur Rücklagen- und Ausschüttungspolitik sind richtig?

A Die Hauptversammlung der *Nordbank AG* entscheidet über die Höhe der Zuführung zu den anderen Gewinnrücklagen.

B Reicht der Jahresüberschuss nicht aus, eine angemessene Dividende auszuschütten, muss die Hauptversammlung beschließen, dass stille Reserven aufgelöst werden.

C Erwirtschaftet die *Nordbank AG* einen Jahresfehlbetrag, so können die anderen Gewinnrücklagen aufgelöst werden und so der Ausweis eines Verlustes vermieden werden.

D Gesetzliche Gewinnrücklagen müssen maximal in Höhe von 10 % des Jahresüberschusses gebildet werden.

Gewinn-
verwendung

Aufgabe B-4

Die *Nordbank AG* weist unter der Bilanzposition „Eigenkapital" folgende Werte aus:

Gezeichnetes Kapital   250,0 Mio. EUR
Kapitalrücklage   14,6 Mio. EUR
Gesetzliche Rücklage   10,0 Mio. EUR
Andere Gewinnrücklagen   4,0 Mio. EUR

- Am 31.12. beträgt der Jahresüberschuss 24,0 Mio. EUR.

- Die gesetzliche Rücklage wird gemäß Aktiengesetz gebildet.

- An die Aktionäre sollen 20,0 Mio. EUR ausgeschüttet werden.

a) Ermitteln Sie den Betrag in Mio. EUR, der in die gesetzliche Rücklage einzustellen ist.

| Mio. EUR |

b) Ermitteln Sie den Betrag in Mio. EUR, den die *Nordbank AG* in diesem Jahr den anderen Gewinnrücklagen zuführt.

| Mio. EUR |

Gewinn-
verwendung

Aufgabe B-5

Für den Jahresabschluss der *Metallbau AG* liegen die nachstehenden Werte in Mio. EUR vor.

Gezeichnetes Kapital   270
Kapitalrücklage   15
Gesetzliche Rücklage   6
Andere Gewinnrücklagen   17
Gewinnvortrag aus dem Vorjahr   7
Summe der Erträge   830
Summe der Aufwendungen   790

a) Wie viel Mio. EUR muss die *Metallbau AG* insgesamt noch – abgesehen vom aktuellen Jahresüberschuss – in die gesetzliche Rücklage einstellen, bis der vorgeschriebene Mindestbetrag gemäß Aktiengesetz erreicht sind?

| Mio. EUR |

b) Die *Metallbau AG* führt beim oben stehenden Jahresabschluss in der gesetzlich vorgeschriebenen Mindesthöhe Teile des Jahresüberschusses den gesetzlichen Rücklagen zu. Wie viel Mio. EUR beträgt die entsprechende Zuführung zu den gesetzlichen Rücklagen bei dem aktuellen Jahresüberschuss?

| Mio. EUR |

Gewinn-
verwendung

Aufgabe B-6

Die *Internet AG* entscheidet nach Abschluss eines erfolgreichen Geschäftsjahres über die Gewinnverwendung. Es wird beschlossen, den überwiegenden Teil des

Jahresüberschusses einzubehalten und in die Gewinnrücklagen einzustellen. Die auszuschüttende Dividende bleibt im Vergleich zum letzten Geschäftsjahr unverändert. Welche der folgenden Auswirkungen hat dieser Beschluss?

A Da der Jahresüberschuss in die Gewinnrücklagen eingestellt wird, vermindert sich die Liquidität der *Internet AG*.

B Da für einbehaltene Gewinne weniger Körperschaftsteuer zu entrichten ist, vermindert sich die Steuerbelastung der *Internet AG*.

C Wenn die *Internet AG* den überwiegenden Teil des Jahresüberschusses einbehält, stehen ihr diese Mittel nicht mehr für investive Zwecke zur Verfügung, sodass die *Internet AG* bei einer in nächster Zeit geplanten Ausweitung des Unternehmens mehr Fremdkapital beschaffen muss.

D Durch die steigenden Gewinnrücklagen erhöht sich die Sicherheit für die Gläubiger der *Internet AG* und erleichtert damit eine zukünftige Beschaffung von Fremdkapital.

E Die steuerliche Belastung der *Internet AG* sinkt, wenn der überwiegende Teil des Jahresüberschusses einbehalten wird.

> [ ]

Aufgabe B-7

Gewinn-
verwendung

Die Bilanz der *BioTech AG* wies zum 31. Dezember folgende Eigenkapitalwerte in Mio. EUR aus:

Gezeichnetes Kapital	100,0
Kapitalrücklage	3,5
Gewinnrücklagen	
gesetzliche Rücklage	4,1
andere Gewinnrücklage	36,5

- Der Jahresüberschuss für das Geschäftsjahr beträgt 14,8 Mio. EUR.
- Das gezeichnete Kapital ist in 20 Mio. Aktien aufgeteilt.
- Für das Geschäftsjahr wird vom Vorstand und Aufsichtsrat der AG beschlossen, den maximal zulässigen Betrag den anderen Gewinnrücklagen zuzuführen.

a) Mit welchem Wert sind die gesetzlichen Rücklagen in der Bilanz für das Geschäftsjahr auszuweisen?

> [Mio. EUR]

b) Um welchen Betrag wachsen die anderen Gewinnrücklagen an (AktG § 58)?

> [Mio. EUR]

c) Ihre Depotkundin Daniela Fissler hat 150 *BioTech AG*-Aktien in ihrem Depot. Welche Dividendengutschrift erhält sie, wenn sie bei ihrem Kreditinstitut einen ausreichenden Freistellungsauftrag erteilt hat und pro Aktie eine Dividende von 0,35 Euro gezahlt wird?

> [EUR]

d) Welche der folgenden Aussagen zur Rücklagen- und Ausschüttungspolitik sind richtig?

A In ergebnisschwachen Jahren kann die Kapitalrücklage teilweise aufgelöst werden, damit die AG eine gleich bleibende Dividende ausschütten kann.

B Stille Reserven entstehen durch die Überbewertung von Aktiva und Passiva in der Bilanz.

C Das Agio bei der Ausgabe von neuen Aktien im Rahmen einer Kapitalerhöhung gegen Bareinlagen erhöht die Kapitalrücklage.

D Gesetzliche Gewinnrücklagen müssen maximal in Höhe von 10 % des Jahresüberschusses gebildet werden.

E Ist die im Aktiengesetz geforderte Höhe der gesetzlichen Gewinnrücklage erreicht, kann der Jahresüberschuss nach Steuern als Bilanzgewinn ausgewiesen werden, wenn kein Verlustvortrag auszugleichen ist.

F Erreicht der erzielte Jahresüberschuss nicht die Höhe der bestehenden gesetzlichen Rücklagen, so ist eine Ausschüttung an die Aktionäre nicht zulässig.

Eigenkapital **Aufgabe B-8**

Welche der folgenden Positionen des Eigenkapitals der Kreditbank AG sind den nachfolgenden Sachverhalten zuzuordnen? Tragen Sie die Ziffer vor der jeweils zutreffenden Position des Eigenkapitals in das Kästchen ein.

Positionen des Eigenkapitals
1   Gezeichnetes Kapital
2   Kapitalrücklage
3   Gesetzliche Rücklage
4   Satzungsmäßige Rücklage
5   Andere Gewinnrücklagen
6   Rücklage für eigene Anteile
7   Bilanzgewinn

Sachverhalte: In diese Position ...

A ist der Betrag einzustellen, zu dem die eigenen Aktien auf der Aktivseite ausgewiesen wurden.

B sind Aufgelder (Agio) aus der Ausgabe von Aktien durch Kapitalerhöhungen einzustellen.

C müssen jährlich 5 % des Jahresüberschusses eingestellt werden, bis diese Position und die Kapitalrücklagen zusammen 10 % des Grundkapitals erreichen.

D ist der Teil des Jahresüberschusses einzustellen, über dessen Verwendung die Hauptversammlung der Aktionäre entscheidet.

A	B	C	D

2. Bilanzkennziffern berechnen und auswerten

Die Berechnung und Interpretation der Bilanzkennziffern beschränkt sich auf die Kennziffern, die in der IHK-Formelsammlung stehen (siehe Infopool auf Seite 189). Die Formeln unterscheiden sich in einigen Büchern. Daher hat die IHK für die Prüfung die Formeln vorgegeben. Für die Berechnung der Prüfungsaufgaben sind ausschließlich die vorgegebenen Formeln zu nehmen. So wird auch bei den folgenden Aufgaben und deren Lösungen verfahren.

Basiswissen: Bilanzanalyse

Bilanzanalyse

Bilanzanalyse	Erkenntnis über Vermögens- und Kapitalstruktur und die Ertragslage des Unternehmens
Interessenten	- **Anteilseigner** (Ertragskraft + Kapitalrendite) - **Lieferanten + Kreditgeber** (Zahlungsfähigkeit) - **Arbeitnehmer** (sicherer Arbeitsplatz + Verdienstmöglichkeiten)
Probleme einer Bilanzanalyse	- Durch Bilanzierungswahlrechte, Bewertungsspielräume und andere Möglichkeiten der Bilanzgestaltung kann die Bilanz vom Unternehmen je nach Wunsch **gestaltet** werden. - Die Daten einer Bilanz sind die Daten eines **Stichtages**. - Daten der Analyse stammen aus der **Vergangenheit** und unterliegen der Annahme, dass die Tendenz aus der Vergangenheit auf zukünftige Zeiträume **hochgerechnet** werden kann. - Nicht alles ist aus der Bilanz ersichtlich: **Stille Reserven, Know-how, Qualität** des **Managements** und der **Belegschaft**, fester **Kundenstamm** etc.

Kapitalstruktur

Eigenkapital-quote	- **Eigenkapitalquote** = Eigenkapital * 100 / Bilanzsumme (= Gesamtkapital) - **Finanzierungen**: Eigen- und Fremdmittelausstattung - Eigenkapital steht dem Unternehmen **unbefristet zur Verfügung** (insbesondere für anlageintensive Unternehmen ist langfristiges Kapital sehr wichtig) - **Haftungs- bzw. Garantiefunktion** gegenüber den Gläubigern - eine gute Eigenkapitalquote erhöht die **Kreditwürdigkeit** - Quote zeigt den Grad der **wirtschaftlichen und finanziellen Stabilität/ Unabhängigkeit** an - Je nach Branche sehr unterschiedlich. Daher ist die Eigenkapitalquote nur im **Branchenvergleich** aussagekräftig. - **Entwicklung** über mehrere Jahre

Vermögensstruktur

Anlagen-deckungs-grad I	- **Anlagendeckungsgrad I =** Eigenkapital zum Jahresende * 100 / Anlagevermögen - Richtwert: 100 % - ist der Anlagendeckungsgrad I höher als 100 %, steht Eigenkapital zur Finanzierung des Umlaufvermögens zur Verfügung (langfristige Bindung von Teilen des Umlaufvermögens) - Anlagevermögen ist **langfristig** im Unternehmen gebunden - ist Anlagevermögen **durch Eigenkapital gedeckt**, kann der Kapitaldienst erbracht werden, ohne dass Teile des Anlagevermögens verkauft werden müssen
Anlagen-deckungs-grad II	- **Anlagendeckungsgrad II =** (Eigenkapital zum Jahresende + langfristiges Fremdkapital) * 100 / Anlagevermögen - Richtwert: ca. 133 % - Anlagevermögen kann auch durch **langfristiges Fremdkapital** finanziert werden - **Abschreibung = Tilgung** (Erbringung des Kapitaldienstes) - ist der Anlagendeckungsgrad höher, steht der Überschuss der **Finanzierung des Umlaufvermögens** zur Verfügung (langfristige Bindung von Teilen des Umlaufvermögen)

Rentabilität

Rentabilität des Eigenkapitals	- **Eigenkapitalrentabilität** = Betriebsergebnis * 100 / Eigenkapital - wie verzinst sich das vom Unternehmer eingesetzte Kapital? (Vergleich zum Kapitalmarkt – lohnt es sich?) - **Risikoprämie** = Eigenkapitalrentabilität – Kapitalmarktzins - Zur Abdeckung von Unternehmensrisiken sollte die Eigenkapitalrendite langfristig den Kapitalmarktzins deutlich übersteigen
Rentabilität des Gesamtkapitals	- Gesamtkapitalrentabilität = (Betriebsergebnis + Zinsaufwand) / Bilanzsumme - **Aufnahme von Fremdkapital** ist lohnend, wenn der Fremdkapitalzins unter der Gesamtkapitalrendite liegt - **Unternehmensrentabilität**
Umsatz-rentabilität	- **Umsatzrentabilität** = Betriebsergebnis * 100 / Gesamtleistung - wichtige Kennziffer für die Beurteilung der Ertragskraft - der **Anteil des Umsatzes**, der dem Unternehmen als **Gewinn zur Verfügung** steht (in %) - Die Umsatzrentabilität gibt an, welcher Gewinn je 100 EUR Umsatz erzielt wurde.

Finanzkraft

Cash-Flow	- **Cash-flow** = Betriebsergebnis + ordentliche Abschreibungen + Zuführung zu den langfristigen Rückstellungen - gibt den aus den laufenden erfolgswirksamen geschäftlichen Aktivitäten resultierenden **finanziellen Überschuss** an. - Anhaltspunkte zur Beurteilung der Ertragskraft - kann zur Selbstfinanzierung oder Schuldentilgung genutzt werden - Kennzahl für **Analysen vergangener Geschäftsjahre + Planung zukünftiger Investitionen** (Liquiditätslage + Ertragskraft) - Betrachtung über mehrere Jahre unter **Einbeziehung der Eigenkapital- und Gesamtkapital-Rentabilität**
Cash-Flow-Rate	- **Cash-flow-Rate** = Cash-flow * 100 / Gesamtleistung - zeigt auf, wie viel **Prozent der Gesamtleistung** einem Unternehmen zur **Schuldentilgung, Investitionsfinanzierung und Dividendenzahlung** frei zur Verfügung stehen. - Indikator für die **Ertrags- und Selbstfinanzierungskraft** des Unternehmens. Je höher, desto besser! - Besonders **nach größeren Investitionen** ist sie als Indikator für die nachhaltige Ertragskraft im Unternehmen besser geeignet als die Umsatzrentabilität, da die getätigten Investitionen häufig noch nicht in gleichem Maße ertragswirksam geworden sind. Somit sinken das Betriebsergebnis und folglich auch die Umsatzrentabilität. Auf die Cash-flow-Rate dagegen hat dies keine Auswirkungen, da bei der Berechnung des Cash-flows die gestiegenen Abschreibungen neutralisierend wirken.

Liquidität

Debitorenziel (Kundenziel)	- **Debitorenziel** = Forderungen aus Lieferungen und Leistungen x 365 / Umsatzerlöse - lässt erkennen, wie lange sich **Kunden** im Durchschnitt Zeit lassen, Rechnungen zu begleichen - Eine lange Laufzeit im Branchenvergleich <u>könnte</u> auf eine **schwache Marktposition** bzw. auf **Zahlungsschwierigkeiten** schließen lassen.
Kreditorenziel (Lieferantenziel)	- **Lieferantenziel** = Verbindlichkeiten aus Lieferungen und Leistungen (am Jahresende) * 365 / Materialaufwand bzw. Wareneinsatz - gibt an, welches Zahlungsziel das Unternehmen bei Lieferanten durchschnittlich beansprucht. - Rechnungen können aus den Verkaufserlösen der weiterverkauften Waren beglichen werden - **Lieferantenkredite** sind häufig **teuer**, Beispiel: „Zahlungsziel 30 Tage, bei Zahlung innerhalb von 10 Tagen 2 % Skonto." Rechnet man die 2 % Skonto in einen Jahreszinssatz um, ergibt sich eine hohe Verzinsung von 36 % p.a., für 20 Tage Kredit vom 10. – 30. Tag

**Unterneh-
mungs-
leistungen
auswerten**

Aufgabe B-9

Die *Metallbau GmbH* beantragt bei Ihrem Kreditinstitut die Finanzierung von neu-
en Produktionsräumen. Welche Aussage ist richtig?
Die zur Kreditprüfung vorgelegte Bilanz der GmbH

A hat – wie alle Produktionsbetriebe – ein sehr geringes Anlagevermögen.

B unterscheidet sich von einer Bankbilanz durch die Reihenfolge der Gliederung
der Aktiv- und Passivpositionen.

C gibt Aufschluss über den Umsatz (= verkaufte Waren zu Nettopreisen) der Gesellschaft im letzten Geschäftsjahr.

**Anlagen-
deckungsgrad**

Aufgabe B-10

Der Kreditbetreuer Jens Knoll hat die am Ende der Aufgabe abgebildete Bilanz
der Metallbau GmbH auszuwerten. Dazu muss er u. a. einige Bilanzkennziffern
ermitteln. Sie sollen für ihn diese Kennziffern ermitteln (jeweils als ganze Zahlen
gerundet) und ihm jeweils eine Frage beantworten.

a) Ermitteln Sie die Eigenkapitalquote als Kennzahl der Kapitalstruktur!

%

b) Welche der folgenden Aussagen treffen auf die Beurteilung der ermittelten
Kennzahl zu? Die Eigenkapitalquote…

A sollte mindestens 20 % betragen, damit für die Gläubiger genügend haftende
Mittel bei eintretenden Verlusten vorhanden sind.

B lässt erkennen, ob das Unternehmen rentabel gearbeitet hat.

C gibt Aufschluss über den Anteil der eigenen Mittel am Gesamtkapital des Unternehmens.

c) Ermitteln Sie als Kennzahlen der Finanzierung

ca)   die Anlagendeckung I (Anlagendeckungsgrad I)

%

cb)   die Anlagendeckung II (Anlagendeckungsgrad II)

%

d) Für die Kennzahlen der Anlagendeckung gilt:

A Die Anlagendeckung II sollte 100 % nicht übersteigen, da sonst eine Fremdfinanzierung vorliegt, die den Gewinn den Unternehmens zu stark schmälert.

B Liegt die Anlagendeckung I bei 100 %, so ist das Anlagevermögen nur mit Eigenkapital finanziert worden.

C Je geringer die Prozentsätze sind, desto solider ist die Finanzierung des Unternehmens.

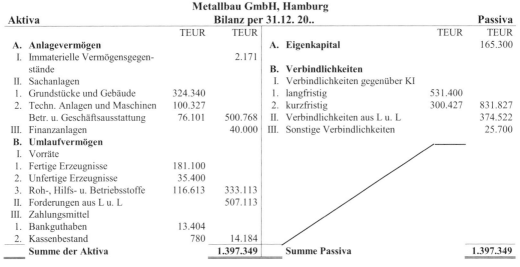

Metallbau GmbH, Hamburg

Aktiva			Bilanz per 31.12. 20..			Passiva
	TEUR	TEUR			TEUR	TEUR
A. Anlagevermögen			**A. Eigenkapital**			165.300
I. Immaterielle Vermögensgegen-		2.171				
stände			**B. Verbindlichkeiten**			
II. Sachanlagen			I. Verbindlichkeiten gegenüber KI			
1. Grundstücke und Gebäude	324.340		1. langfristig		531.400	
2. Techn. Anlagen und Maschinen	100.327		2. kurzfristig		300.427	831.827
Betr. u. Geschäftsausstattung	76.101	500.768	II. Verbindlichkeiten aus L u. L			374.522
III. Finanzanlagen		40.000	III. Sonstige Verbindlichkeiten			25.700
B. Umlaufvermögen						
I. Vorräte						
1. Fertige Erzeugnisse	181.100					
2. Unfertige Erzeugnisse	35.400					
3. Roh-, Hilfs- u. Betriebsstoffe	116.613	333.113				
II. Forderungen aus L u. L		507.113				
III. Zahlungsmittel						
1. Bankguthaben	13.404					
2. Kassenbestand	780	14.184				
Summe der Aktiva		**1.397.349**	**Summe Passiva**			**1.397.349**

Erläuterungen zur Bilanz: Die sonstigen Verbindlichkeiten sind langfristig.

Aufgabe B-11

Die *Industrie AG* hat zum Schluss des abgelaufenen Geschäftsjahres folgende Zahlen ermittelt:

Eigenkapital	39.600 TEUR
Forderungen aus Lieferungen und Leistungen	1.315 TEUR
Verbindlichkeiten aus Lieferungen und Leistungen	1.690 TEUR
Betriebsergebnis	3.327 TEUR
Abschreibungen	5.750 TEUR
Zinsaufwendungen	8.600 TEUR
Zuführung zu den langfristigen Rückstellungen	823 TEUR
Umsatzerlöse bzw. Gesamtleistung	25.700 TEUR
Wareneinsatz	15.400 TEUR
Bilanzsumme	220.300 TEUR

Unternehmungsleistungen auswerten

Ermitteln Sie aus obigen Daten folgende Kennzahlen (auf zwei Dezimalstellen runden)

a) Eigenkapitalrentabilität

%

b) Cashflow

TEUR

c) Cashflow-Rate

%

d) Gesamtkapitalrentabilität

%

e) Eigenkapitalquote

%

f) Umsatzrentabilität

%

g) Debitorenziel (Kundenziel)

Tage

h) Kreditorenziel (Lieferantenziel)

Tage

Cashflow

Aufgabe B-12

Welche der folgenden Aussagen zum Cashflow bzw. der Cashflow-Rate ist richtig?

A Der Cashflow gibt Auskunft über den durchschnittlichen Barmittelabfluss aus dem Unternehmen. Deshalb sind kleinere Werte der Kennzahl positiver zu beurteilen als größere.

B Je kleiner der Wert des Cashflows ist, desto größer ist die Selbstfinanzierungskraft des Unternehmens und desto größer ist seine Kreditwürdigkeit.

C Je größer die Cashflow-Rate ist, desto stärker ist die Kraft des Unternehmens liquide Mittel am Markt zu erwirtschaften.

```
┌──────────┐
│          │
└──────────┘
```

Unternehmungsleistungen auswerten

Aufgabe B-13

Von der *Industrie AG* liegen Ihnen folgende Zahlen per 31.12. vor:

Umsatz	1.746 Mio. EUR
Anzahl der Mitarbeiter	9565
Personalaufwand	441 Mio. EUR
Anlagevermögen	468 Mio. EUR
Umlaufvermögen	692 Mio. EUR
Eigenkapital	407 Mio. EUR
davon gezeichnetes Kapital	66 Mio. EUR
einbehaltener Jahresüberschuss	77 Mio. EUR
Abschreibungen auf Sachanlagen	62 Mio. EUR
Investitionen in Sachanlagen	74 Mio. EUR

a) Die Produktivität der Mitarbeiter wollen Sie am Umsatz je Mitarbeiter messen. Wie viel EUR betrug der Umsatz je Mitarbeiter im Geschäftsjahr (auf volle EUR runden)?

```
┌────────────────────┐
│              EUR   │
└────────────────────┘
```

b) Die durchschnittliche Eigenkapitalquote vergleichbarer Unternehmen liegt bei 35 %. Wie ist diese Quote bei der *Industrie AG* zu beurteilen?
Die auf volle Prozente gerundete Eigenkapitalquote der *Industrie AG*

   A liegt im Geschäftsjahr 2000 über der o.a. Eigenkapitalquote

   B hat einen kritischen Wert erreicht, der dringend eine Kapitalerhöhung erforderlich macht.

   C entspricht der oben angegebenen Eigenkapitalquote.

```
┌──────────┐
│          │
└──────────┘
```

c) Vergleichbare Unternehmungen haben einen Anlagendeckungsgrad I von 80 %. Ermitteln Sie den Anlagendeckungsgrad I bei der *Industrie AG* (auf volle Prozent runden)!

```
┌──────────┐
│     %    │
└──────────┘
```

d) Welche der unten stehenden Aussagen trifft auf den Anlagendeckungsgrad I
   bei der *Industrie AG* zu?

   A Die ermittelte Kennziffer ist sehr gut, da das gesamte langfristige Vermögen fristenkongruent finanziert wurde.

   B Die Kennziffer entspricht exakt der in der Branche üblichen Relation der
   Deckung des Anlagevermögens durch liquide Mittel.

   C Die Kennziffer besagt, dass bei der *Industrie AG* mehr als das Anlagevermögen durch Eigenkapital finanziert wurde.

   D Diese Kennziffer gibt an, dass das Anlagevermögen, mehr als in der Branche üblich, durch Eigenkapital finanziert wurde.

   E Diese Kennziffer liegt sowohl in der Branche als auch bei der *Industrie
   AG* unter dem Wert, der zur firstenkongruenten Finanzierung des Anlagevermögens erwartet werden muss.

e) Aus dem Geschäftsbericht eines vergleichbaren Unternehmens wissen Sie, dass
   dieses im betreffenden Geschäftsjahr die Investitionen ausschließlich innen-
   finanziert hat. Wie fällt dieser Vergleich mit der *Industrie AG* aus?

   A Die *Industrie AG* könnte die gesamten Investitionen ebenfalls innenfinan-
   zieren.

   B Die *Industrie AG* ist gezwungen, für 12 Mio. EUR Außenfinanzierung zu
   betreiben.

   C Die *Industrie AG* ist nur in der Lage, 44 Mio. EUR aus eigener Kraft zu
   erwirtschaften.

   D Die *Industrie AG* ist nur in der Lage, 41 Mio. EUR aus eigener Kraft zu
   erwirtschaften.

   E Ein Vergleich kann nicht vorgenommen werden, weil Ihnen die Rückstellungen der *Industrie AG* nicht vorliegen.

f) Sie sollen prüfen, ob sich die *Industrie AG* durch Außenfinanzierung in der
   Form der Eigenfinanzierung (Beteiligungsfinanzierung) finanziert hat. Welches
   Prüfungsergebnis ist richtig?

   A Im Berichtsjahr wurde eine Außenfinanzierung durch Eigenfinanzierung
   vorgenommen.

   B Die Prüfung der Frage kann mit den vorliegenden Informationen nicht ge-
   troffen werden.

   C Es wurden 44 Mio. EUR in Form der Eigenfinanzierung durch Außenfinanzierung beschafft, weil das Eigenkapital sich gegenüber dem Vorjahr
   um 44 Mio. EUR erhöht hat.

Bilanzanalyse **Situation zu den Aufgaben B-14 bis B-22**

Die *WiWa Schoko GmbH* war bisher Firmenkunde der *Fördebank AG*. Der alleinige Geschäftsführer dieses Unternehmens, Herr Bauer, spricht Sie als Firmenkundenbetreuer(in) der *Nordbank* in der Absicht an, künftig die *Nordbank AG* als alleinige Geschäftsverbindung zu wählen. Dazu sollen die bei der *Fördebank AG* beanspruchten Kredite und Darlehen der Gesellschaft abgelöst werden.

Anlagen-
deckungsgrad

Aufgabe B-14

Herr Bauer hat Ihnen die letzte Bilanz der *WiWa Schoko GmbH* mitgebracht. Sie sind zuständig für Firmenkundenkredite und sollen die Bilanzstruktur beurteilen.

Bilanz der WiWa Schoko GmbH zum 31. Dezember 20..

Aktiva

A.	Anlagevermögen		
I.	Sachanlagen		
	1.	Grundstücke und Gebäude	6,80 Mio. EUR
	2.	Maschinen	9,90 Mio. EUR
	3.	Betriebs- und Gesch.	8,00 Mio. EUR
B.	Umlaufvermögen		
I.	Vorräte		
	1.	Roh-, Hilfs- u. Betriebsstoffe	5,10 Mio. EUR
	2.	unfertige Erzeugnisse/Leistungen	3,00 Mio. EUR
	3.	Fertige Erzeugnisse und Waren	1,90 Mio. EUR
II.	Forderungen aus L. u. L.		9,80 Mio. EUR
III.	Liquide Mittel		1,60 Mio. EUR
Summe Aktiva			46,10 Mio. EUR

Passiva

A.	Eigenkapital		
	1.	Stammkapital	1,50 Mio. EUR
	2.	Gewinnrücklagen	2,50 Mio. EUR
B.	Rückstellungen		
	1.	Rückstellungen für Pensionen	2,00 Mio. EUR
	2.	Steuerrückstellungen (kurzfristig)	2,90 Mio. EUR
C.	Verbindlichkeiten		
	1.	Verbindlichkeiten gegenüber der *Fördebank AG*	
		- langfristig	9,10 Mio. EUR
		- kurzfristig	5,50 Mio. EUR
	2.	Verbindlichkeiten aus L. u. L.	22,60 Mio. EUR
Summe Passiva			46,10 Mio. EUR

Ermitteln Sie (jeweils auf eine Stelle nach dem Komma runden)

a) den Anlagendeckungsgrad I.

%

b) den Anlagendeckungsgrad II.

[   ] %

Aufgabe B-15

Welche der folgenden Beurteilungen der Anlagendeckungsgrade I bzw. II sind in diesem Fall zutreffend?

A Der Anlagendeckungsgrad I weist bei der *WiWa Schoko GmbH* auf eine hohe Abhängigkeit von Fremdfinanzierungen hin.

B Beide Kennziffern erfüllen die Voraussetzungen für eine fristenkongruente Finanzierung des Anlagevermögens.

C Die beiden Kennziffern zeigen, dass von der Finanzierung des Anlagevermögens keine Risiken für die *WiWa Schoko GmbH* ausgehen.

D Das Umlaufvermögen von der *WiWa Schoko GmbH* ist hinsichtlich langfristiger Kapitalbindungsrisiken teilweise abgesichert.

E Der Anlagendeckungsgrad II weist darauf hin, dass keine Risiken aus langfristiger Kapitalbindung bestehen.

F Die *WiWa Schoko GmbH* muss diese Kennziffern dringend verbessern.

[|]

Aufgabe B-16

Ermitteln Sie die Eigenkapitalquote der *WiWa Schoko GmbH* (auf eine Stelle nach dem Komma runden).

[   ] %

Aufgabe B-17

Welche der folgenden Beurteilungen der in Aufgabe B-16 ermittelten Eigenkapitalquote ist zutreffend? Diese Eigenkapitalquote ...

A entspricht im vollen Umfang den Anforderungen, die bei allen Unternehmungen an diesen Risikopuffer gestellt werden.

B weist auf ein erhebliches Insolvenzrisiko hin, weil Verluste nur im geringen Umfange aufgefangen werden können.

C kann so nicht beurteilt werden, weil der Jahresüberschuss dieses Jahres nicht bekannt ist.

D kann so nicht beurteilt werden, weil der Bilanzgewinn dieses Jahres nicht bekannt ist.

E deutet auf eine zu geringe Liquidität der *WiWa Schoko GmbH* hin.

[   ]

Kredit-
entscheidung

Aufgabe B-18

Welche der folgenden Entscheidungen über den Finanzierungswunsch des Geschäftsführers Herrn Bauer treffen Sie?

A Sie kommen dem Wunsch des Geschäftsführers Herrn Bauer uneingeschränkt nach.

B Sie verschieben die endgültige Entscheidung, um sich zusätzliche Informationen über die *WiWa Schoko GmbH* zu beschaffen.

C Sie teilen dem Geschäftsführer Herrn Bauer mit, dass Sie diese Geschäftsbeziehung nach dem Kreditwesengesetz nicht aufnehmen dürfen.

D Sie kommen dem Wunsch nach, da sich Herr Bauer als Geschäftsführer der *WiWa Schoko GmbH* bereit erklärt hat, zukünftig keine weitere Geschäftsbeziehungen mit anderen Kreditinstituten einzugehen.

E Sie bitten den Geschäftsführer zunächst um die Vorlage eines aktuellen HR-Auszugs, damit die Bonität der *WiWa Schoko GmbH* detailliert geprüft werden kann.

Cash-flow

Aufgabe B-19

Da sich die *WiWa Schoko GmbH* aufgrund der Aufnahme neuer finanzkräftiger Gesellschafter zusätzliches Eigenkapital in Höhe von 25,0 Mio. EUR verschafft hatte, entscheidet sich die *Nordbank AG* zur Einrichtung eines Firmenkontos für die *WiWa Schoko GmbH*. Im darauffolgenden Geschäftsjahr bittet Herr Bauer die *Nordbank AG* um die Finanzierung eines Investitionsvorhabens. Die *Nordbank AG* hat als Entscheidungshilfe für die Kreditentscheidung eine aufbereitete Erfolgsrechnung erarbeitet, die Ihnen untenstehend auszugsweise vorliegt.

WiWa Schoko GmbH - Strukturerfolgsrechnung		
	Berichtsjahr - TEUR	Vorjahr - TEUR
Gesamtleistung	85.936,0	83.005,0
Materialaufwand	55.411,0	53.050,0
Personalaufwand	23.019,0	22.755,0
Zuführung zu Pensionsrückstellungen	414,0	527,0
Abschreibungen auf Sachanlagen	1.530,0	1.522,0
Betriebsergebnis	5.562,0	5.151,0

Ermitteln Sie auf der Grundlage der erarbeiteten Erfolgsrechnung

a) den Cashflow im Berichtsjahr in TEUR.

TEUR

b) die Veränderung des Cashflow gegenüber dem Vorjahr in Prozent.

%

Aufgabe B-20

Welche der folgenden Aussagen treffen auf die Kennzahl „Umsatzrentabilität" zu?

A Die Umsatzrentabilität zeigt die Selbstfinanzierungskraft der *WiWa Schoko GmbH* unabhängig von Abschreibungen und Zuführungen zu den gesetzlichen Rücklagen.

B Die Umsatzrentabilität zeigt, wie viel Betriebsergebnis mit einem bestimmten Umsatz verdient wurde.

C Die Umsatzrentabilität zeigt, wie sich das in der *WiWa Schoko GmbH* eingesetzte Eigenkapital verzinst. Die Differenz zwischen dieser Kennzahl und dem Kapitalmarktzins ist die Risikoprämie für die Gesellschafter der *WiWa Schoko GmbH*.

D Die Umsatzrentabilität zeigt, wie viel EUR Umsatz für 100,00 EUR Gewinn erforderlich sind.

E Die Umsatzrentabilität zeigt, wie viel EUR Betriebsergebnis die *WiWa Schoko GmbH* mit 100,00 EUR Umsatz erwirtschaftet hat.

F Die Umsatzrentabilität zeigt die Rentabilität des insgesamt in der *WiWa Schoko GmbH* eingesetzten Kapitals unabhängig von der Kapitalstruktur.

Aufgabe B-21

Ermitteln Sie die Eigenkapitalrentabilität der *WiWa Schoko GmbH* für das laufende Geschäftsjahr. Zur Berechnung der Eigenkapitalhöhe beachten Sie bitte B-14 und B-19 (1. Satz).

%

Aufgabe B-22

Welche der nachstehenden Aussagen zur Eigenkapitalrentabilität ist zutreffend?

A Die Differenz zwischen der Eigenkapitalrentabilität und dem Kapitalmarktzins ist die Risikoprämie für die Gesellschafter der *WiWa Schoko GmbH*.

B Die Eigenkapitalrentabilität weist den prozentualen Anteil des Gewinns am laufenden Umsatz aus.

C Die Eigenkapitalrentabilität zeigt die Selbstfinanzierungskraft des Unternehmens, unabhängig von Abschreibungen und Zuführungen zu den gesetzlichen Rücklagen.

D Die Eigenkapitalrentabilität drückt aus, wie lange das Kapital im Unternehmen gebunden ist. Je höher die Kennzahl, desto häufiger wird das Kapital umgesetzt.

E Die Eigenkapitalrentabilität zeigt die Rentabilität des insgesamt im Unternehmen eingesetzten Kapitals unabhängig von der Kapitalstruktur.

Kosten- und Erlösrechnung

Basiswissen: Controlling (Kosten- und Erlösrechnung)

Definition	- engl. **to control = planen, steuern, kontrollieren** - **sinngemäß**: ein Konzept zur Durchsetzung von ertragsorientierten Unternehmensstrategien
Unternehmens-strategien	- kurzfristige Ziele werden **operative Ziele** genannt - langfristige Ziele werden **strategische Ziele** genannt (zur Erreichung strategischer Ziele sind geeignete operative Entscheidungen notwendig)

Erreichung von Unternehmens-zielen	- **Formulierung** verständlicher Ziele (z.B. Erhöhung der Einlagen um 10 %)
	- an diese Zielvorgabe ist ein **bestimmtes Budget** geknüpft
	- **Budgets** setzen sich wie folgt zusammen (vgl. Produktionsfaktoren -> AWL)
	  Kapital (= Deckung der Kosten z.B. für Marketingmaßnahmen)
	  Arbeit (= der Arbeitgeber legt eine Zahl an Arbeitsstunden fest, die max. für das Erreichen des Zieles eingesetzt werden dürfen)

Unternehmensziele

Unternehmensziele	
langfristige Ziele	**kurzfristige** Ziele
Beispiele - steigende Eigenkapitalrentabilität - innovatives Marktleistungsprogramm - effiziente Struktur der Geschäftsbereiche - Sicherheit der Einlagen	**Beispiele** - Zielvorgaben für den Verkauf von Bankdienstleistungen - marktgerechte Kalkulation von Marktzinsätzen - Information über den Ertrag einzelner Produkte/ einzelner Kunden/ einzelner Geschäftsstellen
Strategisches Controlling	**Operatives Controlling**

Unternehmensstrategie

Regelkreis		
Planung	**Steuerung**	**Kontrolle**
- Bereitstellung von **Informationen** - Formulierung von **Unternehmenszielen**	- Formulierung von **konkreten Zielvorgaben** für Abteilungen und Mitarbeiter - **lfd. Analyse** der aktuellen Unternehmenssituation	- **Kontrolle** der Zielerreichung durch ständige **Soll-Ist-Vergleiche**

Grundbegriffe der Kosten- & Erlösrechnung

Kosten, Erlöse, Leistungen

Kosten- und Erlösrechnung	Konzentration auf die Ergebnisse aus der **rein betrieblichen Tätigkeit**
Kosten	Unter Kosten wird der **Güter- und Dienstleistungsverbrauch** verstanden, der durch die Erstellung der **betrieblichen Leistungen** verursacht wird.
Erlöse	Durch den **Verkauf der Leistungen** am Markt entstehen Erlöse.
Leistungen	**Marktleistungen** einer Bank für seine Kunden: Kreditvergabe, Anlageberatung etc.
Betriebsergebnis	Differenz aus den Kosten und Erlösen

Aufwendungen und Kosten

Aufwendungen gemäß FiBu		den Zusatzkosten stehen in der Finanzbuchhaltung keine Aufwendungen gegenüber
neutrale Aufwendungen (betriebsfremd, periodenfremd oder außerordentlich)	Zweckaufwand = Grundkosten (Aufwendungen/ Kosten für den Betrieb)	Zusatzkosten (kalkulatorische Kosten, die keine Aufwendungen sind oder die Aufwendungen übersteigen)
die neutralen Aufwendungen werden vom Controlling nicht berücksichtigt	Kosten gemäß Controlling	

neutraler Aufwand	- **betriebsfremde Aufwendungen** z.B. Spenden, Aufwendungen für nicht betriebsnotwendiges Vermögen - **außerordentliche** (einmalige und unregelmäßige) **Aufwendungen**, z. B. Kassenfehlbeträge, Verkäufe unter Buchwert - **periodenfremde Aufwendungen**, z. B. Steuernachzahlungen
Grundkosten/ Zweckaufwand (betrieblicher Aufwand)	- **Zinsaufwand** - **Provisionen** für **Inanspruchnahme** von Bankdienstleistungen - **Abschreibung** auf Forderungen aufgrund **langjähriger Erfahrungen** (PWB) - **Abschreibungen** auf **Wertpapiere** - **Personalaufwand** einschließlich Sozialleistungen - Allgemeiner **Verwaltungsaufwand** /-kosten) - **Abschreibungen** für den **tatsächlichen Wertverlust** - **Kostensteuern**: Grundsteuer für betriebsnotwendige Immobilien, Gewerbesteuer, Kfz-Steuer
Zusatzkosten	- kalkulatorischer **Unternehmerlohn** (e. K., OHG, KG, KGaA) - kalkulatorische **Eigenkapitalzinsen** - kalkulatorische **Eigenmiete**

Erträge und Erlöse

Erträge gemäß FiBu		den Zusatzerlösen stehen in der Finanzbuchhaltung keine Erträge gegenüber
neutrale Erträge (betriebsfremd, periodenfremd oder außerordentlich)	Zweckertrag = Grunderlöse (Erträge/ Erlöse für den Betrieb)	Zusatzerlöse
die neutralen Erträge werden vom Controlling nicht berücksichtigt	Erlöse gemäß Controlling	

neutrale Erträge	- **betriebsfremde Erträge** z. B. Mieterträge - **außerordentliche Erträge**, z. B. Kassenüberschüsse, Verkauf von Sachanlagen über Buchwert - **periodenfremde Erträge**, z. B. Auflösung von Wertberichtigungen, Auflösung von Rückstellungen
Grunderlös/ Zweckertrag (betrieblicher Ertrag)	- **Zinserträge** - lfd. Erträge aus **Aktien, Beteiligungen und Anteilen** - **Provisionserträge** für Bankdienstleistungen - **Kursgewinne** aus Wertpapieren und Devisen
Zusatzerlöse	Beispiele sind selten: bei **Sonderkonditionen** für Mitarbeiter: Die Differenz zum allgemeinen Kundenzinssatz ist hier ein Zusatzerlös für die Kundenabteilung und gleichzeitig Zusatzkosten in **derselben Höhe** bei den **Personalkosten**! Dadurch gehen die Mindererlöse nicht zu Lasten der Leistungsabteilung, die diese Sonderkonditionen nicht gewährt hat, sondern zu Lasten des Personals.

Betriebs- und Wertkosten und -erlöse

Betriebskosten	- **Personalkosten** - **Maschinen** (u. a. Mieten, Abschreibung, Reparatur, Versicherungen) - **Telekommunikation** - **Material** (Papier, Vordruck, Verbrauchsmaterial ...)
Betriebserlöse	- **Entgelte/ Provisionen** (z. B. Umsatzprovision, Effekten-, Devisen-, Kreditkartenprovisionen, Kontoführungsgebühren ...)
Wertkosten	- **Zinskosten im Passivgeschäft** - **Risikokosten im Kreditgeschäft** (Abschreibungen auf Forderungen aufgrund langjähriger Erfahrung) - **Risikokosten im Auslands- und Effektengeschäft** (Kursverluste)
Werterlöse	- **Zinskosten im Aktivgeschäft** - **Erträge aus Aktien** (Dividenden, Bezugsrechte) - **Kursgewinne aus Wertpapier- und Devisengeschäften**

Einzel- und Gemeinkosten

(Stellen-) Einzelkosten	- direkte Zuordnung der Kosten zu einer bestimmten **Leistung** bzw. zu einer bestimmten **Kostenstelle** **Beispiele:** - Gehalt des Kreditsachbearbeiters - Sparzinsen
(Stellen-) Gemeinkosten	- **keine** direkte **Zuordnung** möglich - die Verteilung erfolgt in der Vollkostenrechnung nach einem **Schlüssel auf die einzelnen Kostenstellen** **Beispiele:** - Ausbildungsvergütungen - Buchhaltung - Facility Manager

Fixe und variable Kosten

Fixe Kosten	- vom **Beschäftigungsgrad unabhängige Kosten** **Beispiele:** - Mieten - Gehälter …
Variable Kosten	- vom **Beschäftigungsgrad abhängige Kosten** **Beispiele:** - Verbrauch von Kontoeröffnungsanträgen und Kreditantragsformulare - Zinsen …

Zinsertragsbilanz und Gesamtzinsspannenrechnung

Zinserlöse - Zinskosten	Zinserlöse - Zinskosten
= **Zinsüberschuss**	= **Bruttozinsspanne** (Zins- überschüsse p. a. der Bi- lanzsumme)
+ Betriebserlöse - Betriebskosten	- **Bedarfsspanne** (Differenz aus Betriebserlösen & -Kosten)
= **Betriebsergebnis**	= **Nettozinsspanne** (Betriebsergebnis in % p. a von der Bilanzsumme

1. Aufgaben und Grundbegriffe der Kosten- und Erlösrechnung

Lösungen ab Seite 224

Aufgabe C-1

Zinsen für Festgeld	800 TEUR
Zinsen für Debitoren	100 TEUR
Erträge aus der Auflösung von Rückstellungen im Kreditgeschäft	110 TEUR
Ertragssteuern	40 TEUR
Provisionserträge	80 TEUR
Mietwert der eigengenutzten Bankräume	500 TEUR
Abschreibung auf Forderungen	120 TEUR
(langjähriger Durchschnitt	90 TEUR)
Zinsen für ausgegebene Kredite	1.500 TEUR

Gewinn/ Verlust Betriebs- ergebnis

Berechnen Sie

a) den Gewinn/Verlust

	TEUR

b) das Betriebsergebnis

	TEUR

Aufgabe C-2

Aufwand Kosten

Entscheiden Sie, ob es sich bei den folgenden Sachverhalten um
1 neutralen Aufwand
2 Grundkosten
3 Zusatzkosten
4 weder um Aufwand noch Kosten

des laufenden Geschäftsjahres handelt. Geben Sie die entsprechende Ziffer an und den Betrag!

	Ziffer	Betrag	
A	____	_____	Die Kfz-Steuer für das laufende Jahr beträgt 19.800,00 EUR.
B	____	_____	Kauf eines PKWs für den Vorstand für 65.000 EUR.
C	____	_____	Die Bank verkauft gebrauchte Computer, Restbuchwert 24.000,00 EUR, für 20.000,00 EUR zuzüglich Umsatzsteuer.
D	____	_____	Die Bank erfasst für das eingesetzte Eigenkapital 990.000,00 EUR Zinsen.
E	____	_____	Pauschalwertberichtigung auf Forderungen 7.000 EUR, der langjährige Durchschnitt betrug 7.000 EUR.

Gewinn
Betriebs-
ergebnis

Aufgabe C-3

Im Rahmen des Jahresabschlusses ergeben sich für die *Nordbank* folgende Werte:

		Mio. EUR
Aufwendungen insgesamt:		24,0
davon:	betrieblich außergewöhnlich	2,5
	betrieblich periodenfremd	2,5
	betriebsfremd	2,0
Zusatzkosten		1,0
Erträge insgesamt:		28,0
davon:	betrieblich außergewöhnlich	1,5
	betrieblich periodenfremd	2,0
	betriebsfremd	0,5

a) Ermitteln Sie den Jahresüberschuss!

Mio. EUR

b) Ermitteln Sie das Betriebsergebnis!

Mio. EUR

Kosten- und
Erlösarten

Aufgabe C-4

Ordnen Sie die folgenden Vorgänge den richtigen Kosten- und Erlösarten zu:

Kosten- und Erlösarten

1 Betriebskosten   4 neutrale Aufwendungen

2 Werterlöse   5 Wertkosten

3 Betriebserlöse   6 neutrale Erträge

A Die *Nordbank AG* zahlt Löhne und Gehälter

B Die *Nordbank AG* belastet Lohn- und Gehaltskonten mit Kontoführungsgebühren.

C Die *Nordbank AG* stellt einen Kassenfehlbetrag fest.

D Die *Nordbank AG* schreibt Sparkunden Zinsen gut.

E Eine bereits abgeschriebene Forderung geht bei der *Nordbank AG* ein.

A	B	C	D	E

Aufgabe C-5

Ein PKW wurde im laufenden Geschäftsjahr von der *Nordbank AG* zu 30.000,00 EUR angeschafft. Es wir damit gerechnet, dass nach Ablauf der Nutzungsdauer für den Neuerwerb 35.000,00 EUR aufgewendet werden müssen.

- Steuerlich zulässige Abschreibung 6 Jahre.
- Innerbetrieblich wird mit einer Nutzungsdauer von 10 Jahren gerechnet.
- Die Abschreibung soll in beiden Fällen linear erfolgen.

a) Geben Sie für das 1. Nutzungsjahr die Höhe der bilanziellen Abschreibung an

| | EUR |

b) Geben Sie für das 1. Nutzungsjahr die Höhe der kalkulatorischen Abschreibung an

| | EUR |

c) Bei dem Differenzbetrag handelt es sich um

    A um Zusatzkosten

    B um neutrale Aufwendungen

    C um neutrale Erträge

| |

Aufgabe C-6

Welche der folgenden Posten werden *nicht* bei der Ermittlung des Betriebsergebnisses der *Nordbank AG* berücksichtigt?

A Kontoführungsgebühren für Girokonten

B Provisionen für den Verkauf von Reiseschecks

C Tilgung eines Darlehns

D Zinsen für Eigenkapital

E Ertrag aus dem Verkauf von PCs, die bereits vollständig abgeschrieben waren

F Aufwand für die Bildung von Pensionsrückstellungen

| | |

Aufgabe C-7

Ordnen Sie die Begriffe den Geschäftsfällen zu.

Begriffe

1 Grundkosten
2 Grunderlöse
3 Zusatzkosten

4 Neutrale Erträge
5 Neutrale Aufwendungen

Geschäftsfälle

A Belastung von Sparkonten mit Depotgebühren

B Ansatz eines kalkulatorischen Monatslohns für den geschäftsführenden Komplementär

C Zinszahlung einer Korrespondenzbank für ein fälliges, von der *Nordbank AG* angelegtes Termingeld

D Verkauf eines gebrauchten PKW über dem Buchwert

E Kursverlust aus dem Verkauf von Edelmetallen

F Eine Rückstellung wird aufgelöst. Der zu zahlende Betrag ist höher als die gebildete Rückstellung.

A	B	C	D	E	F

Grunderlöse   **Aufgabe C-8**

Aus den nachfolgenden Geschäftsfällen der *Nordbank AG* sollen die Grunderlöse ermittelt werden.

	TEUR	Grunderlöse
Belastung von KK-Kunden mit Sollzinsen	163.100	
Belastung von Kontoführungsgebühren	52.300	
Gutschrift von Zinsen für Spareinlagen	46.400	
Spenden an gemeinnützige Einrichtungen	1.500	
Kauf eines neuen PKWs für den Vorstand	180	
Überweisung der Prämie für die Kfz-Versicherung	1.200	
Inzahlungnahme eines bankeigenen PKWs beim Kauf des neuen PKWs zum Preis unter dem Buchwert. Differenzbetrag:	12	
Buchung von Sachanlagenaufwand	4.750	
Steuerrückzahlung für das vergangene Jahr	425	
Spar- und KK-Kunden werden mit Depotgebühren belastet	72.800	
Für eine einzelwertberichtigte Forderung geht ein höherer Betrag ein, als es die *Nordbank AG* erwartet hatte. Die Differenz beträgt:	120	
Summe Grunderlöse:		

Aufgabe C-9

Bei der Ermittlung der Kosten im Wert- und Betriebsbereich unterscheidet man fixe und variable Kosten.

Welche der folgenden Kosten sind

$\boxed{1}$ fixe Kosten, welche

$\boxed{2}$ variable Kosten?

A Abschreibung der Gebäude

B Gehälter der Bankmitarbeiter

C Benzin für die Bank-Pkws

D Telefonrechnung von Gesprächen über Call-by-Call-Provider

E Gebühren für die Flatrate

A	B	C	D	E

Aufgabe C-10

Nach der Zuordnungsmöglichkeit von Kosten zu einer Bankleistung unterscheidet man Einzelkosten und Gemeinkosten.

Entscheiden Sie, ob folgende Kosten

$\boxed{1}$ Einzelkosten oder

$\boxed{2}$ Gemeinkosten sind:

A Raumkosten der Buchhaltung

B Kinderpräsente zum Weltspartag

C Sponsoring der Nationalmannschaft

D Rechtanwaltskosten für zweifelhafte Debitoren

E Porto für das Versenden der Aktienfond-Werbung

A	B	C	D	E

Betriebs- und
Wertkosten/
-erlöse

Aufgabe C-11

In der Kostenrechnung der *Nordbank AG* sind Entscheidungen zu treffen, ob es sich bei den unten beschriebenen Vorgängen um

1 Betriebskosten

2 Wertkosten

3 Betriebserlöse

4 Werterlöse

5 Vorgänge ohne Auswirkungen auf die Kostenrechnung handelt:

A Zahlungen von Löhnen und Gehältern an die Belegschaft

B Provisionserträge aus Wertpapiergeschäften mit Kunden

C Steuernachzahlungen für das vorangegangene Geschäftsjahr

D Zinsgutschriften für an Kunden verkaufte eigene Sparbriefe

E Belastung von Depotgebühren

A	B	C	D	E

Basiswissen: Marktzinsmethode

Wesen	Banken können Finanzgeschäfte mit dem **Kunden** und/oder am **Geld- und Kapitalmarkt** (GKM) tätigen. Die Marktzinsmethode **vergleicht** beide Möglichkeiten und errechnet, ob das **Kundengeschäft** vorteilhafter ist als die alternative Möglichkeit auf dem Geld- und Kapitalmarkt.
Zweck	Das Kundengeschäft lohnt sich für die Bank, wenn sie im **Kundengeschäft** mehr erwirtschaftet als bei den **Alternativgeschäften am Geld- und Kapitalmarkt** (GKM).
Opportunitäts-zins	Der Opportunitätszinssatz ist der **vergleichbare GKM-Satz** zu einem Kundengeschäft bei **gleicher Laufzeit**.
Konditions-beitrag	- Der Konditionsbeitrag gibt an, um wie viel das Kundengeschäft von den **Zinsen** her betrachtet günstiger ist als das GKM-Geschäft. (Bei negativem Ergebnis ist das Kundengeschäft ungünstiger!) - **Konditionsbeitrag Aktiva** = Aktivgeschäft – Opportunitätszins - **Konditionsbeitrag Passiva** = Opportunitätszins – Passivgeschäft - der Konditionsbeitrag stellt den **Geschäftserfolg des Kundenbetreuers** dar.
Strukturbeitrag	- Entstehung durch **Fristentransformation** (= Durchbrechung der „**goldenen Bankregel**") kurzfristiges Geld kann langfristig ausgeliehen werden. - **Aktivkomponente** = GKM-Satz Aktiva – Geldmarktzinssatz für Tagesgeld - **Passivkomponente** = Geldmarktzinssatz für Tagesgeld – GKM-Satz Passiva - der **Strukturbeitrag** wird dem **Vorstand** zugerechnet.

Basiswissen: Produktkalkulation

Gegenstand	Zinsprodukte (Kredite + Einlagen)
Produkt-kalkulation im Aktivgeschäft	Alternativzinssatz für Anlagen am GKM in % p.a. + direkt zurechenbare Betriebskosten in % p.a. + Risikokosten in % p.a. + Eigenkapitalkosten in % p.a. **= Preisuntergrenze des Aktivproduktes in % p.a.**
Ermittlung des Deckungsbei-trages im Aktivgeschäft	Zinserlöse - Alternativzinsen für Anlage am GKM **= Deckungsbeitrag I** (Zinsüberschuss/ Zins-Konditionsbeitrag) + direkt zurechenbare Provisionserlöse - direkt zurechenbare Betriebskosten **= Deckungsbeitrag II** (Netto-Konditionsbeitrag) - Risikokosten - Eigenkapitalkosten* **= Deckungsbeitrag III** (Beitrag zum Betriebsergebnis)
Produktkalkula-tion im Passiv-geschäft	Alternativzinssatz für Anlagen am GKM in % - direkt zurechenbare Betriebskosten in % **= Preisobergrenze des Passivproduktes in %**
Ermittlung des Deckungsbei-trages im Aktivgeschäft	Alternativzinsen für Anlage am GKM - Zinskosten **= Deckungsbeitrag I** (Zinsüberschuss/ Zins-Konditionsbeitrag) + direkt zurechenbare Provisionserlöse - direkt zurechenbare Betriebskosten **= Deckungsbeitrag II** (Netto-Konditionsbeitrag) **= Deckungsbeitrag III** (Beitrag zum Betriebsergebnis)

Basiswissen: Kundenkalkulation

| Bewertung der gesamten Ge-schäftsverbin-dung zu einem Kunden | hier wird die **Rentabilität aller Aktiv- und Passivgeschäfte mit einem Kunden** betrachtet, die mit einem Kunden innerhalb einer Rechnungsperiode abge-schlossen wurden:
 Konditionsbeiträge aller Aktivgeschäfte
 + Konditionsbeiträge aller Passivgeschäfte
 = Deckungsbeitrag I (Zinsüberschuss/ Zins-Konditionsbeitrag)
 + direkt zurechenbare Provisionserlöse
 - direkt zurechenbare Betriebskosten
 = Deckungsbeitrag II (Netto-Konditionsbeitrag)
 - Risikokosten
 - Eigenkapitalkosten
 = Deckungsbeitrag III (Deckungsbeitrag des Kunden) |

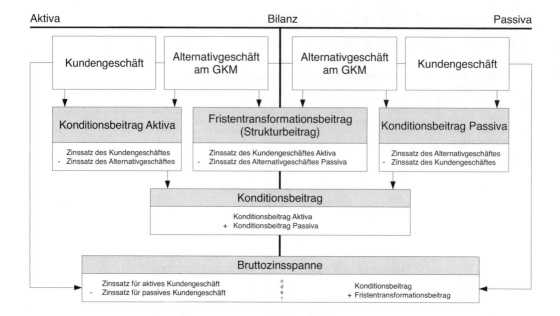

2.   Kalkulation der Kreditinstitute

a) Kalkulation im Wertbereich (Marktzinsmethode)

**Marktzins-
methode**

Aufgabe C-12

Die *Nordbank AG* hatte laut Zinsertragsbilanz u.a.

5.000 TEUR   Darlehen an Kunden zu durchschnittlich 11,5 % gewährt und
5.000 TEUR   Termineinlagen von Kunden zu durchschnittlich 5,25 % herein-
                     genommen.

Als Alternativanlage hätte sich am Geld- und Kapitalmarkt für die Kundendarle-
hen eine Anlage zu 9,25 % p.a. angeboten. Die Termineinlagen hätten am Geld-
und Kapitalmarkt zu 5,75 % p.a. beschafft werden können.

Berechnen Sie nach der Marktzinsmethode in Prozent

a) die Bruttozinsspanne

%

b) den gesamten Konditionsbeitrag

%

c) den gesamten Strukturbeitrag

%

Aufgabe C-13   Marktzins-
methode

Die *Nordbank AG* hat folgende Geschäfte zu den abgebildeten Konditionen abgeschlossen:

Aktiva	Volumen in TEUR	Kundenzinssatz in %	Marktzinssatz in %
kurzfristige Kundendarlehen	13.840	11,25	7,25
langfristige Kundendarlehen	24.710	7,50	5,50
Passiva			
Spareinlagen	16.050	1,25	3,25
Termineinlagen	22.500	3,25	4,25

Ermitteln Sie nach der Marktzinsmethode (Ergebnis auf zwei Stellen nach dem
Komma runden)

a) den aktiven Konditionenbeitrag

| % |

b) den passiven Konditionenbeitrag

| % |

c) die Bruttozinsspanne

| % |

d) den Strukturbeitrag

| % |

Aufgabe C-14   Betriebs-
ergebnis

Aus dem Jahresabschluss und dem internen Rechnungswesen der *Nordbank AG*
stammen für das letzte Jahr folgende Zahlen:

- Aufwendungen/Kosten   Mio. EUR
  - Aufwendungen (laut GuV)   30
    - davon neutrale Aufwendungen   2
  - kalkulatorische Zusatzkosten   4
  - in den Kosten enthaltene Wertkosten   22
- Erträge/Erlöse
  - Erträge (laut GuV)   69
    - davon neutrale Erträge   3
  - kalkulatorische Zusatzerlöse   1
  - in den Erlösen enthaltene Werterlöse   42
- sonstiges
  - durchschnittliche Bilanzsumme   800
  - durchschnittliche Indossamentsverbindlichkeiten   5

a) Ermitteln Sie das Betriebsergebnis in Mio. EUR!

| Mio. EUR |

b) Ermitteln Sie das Betriebsergebnis in Prozent der Bilanzsumme (auf 2 Dezimalstellen gerundet)!

%

c) Ermitteln Sie das Ergebnis im Betriebsbereich!

Mio. EUR

d) Ermitteln Sie das Geschäftsvolumen!

Mio. EUR

Marktzins-methode

Aufgabe C-15

Die *Nordbank AG* hat folgende Kundengeschäfte in EUR getätigt:

Aktiva	Volumen in TEUR	Kundenzinssatz in %	Zinserlös in TEUR	Marktzinssatz in %	Zinserlöse in TEUR	Konditionsbeitrag
KK-Kredit	13					
Darlehen (5 Jahre Laufzeit)	17					
Summe						
Durchschnittszinssatz						

Passiva	Volumen in TEUR	Kundenzinssatz in %	Zinskosten in TEUR	Marktzinssatz in %	Zinskosten in TEUR	Konditionsbeitrag
Sichteinlagen	10					
Spareinlagen	20					
Summe						
Durchschnittszinssatz						

Folgende Geldmarktsätze stehen zur Verfügung:

Tagesgeld zu	5,00 %
3-Monatsgeld zu	5,50 %
Festverzinsliche Wertpapiere mit einer Restlaufzeit von 5 Jahren zu	7,00 %

Ermitteln Sie:

a) den aktivischen Konditionenbeitrag

%

b) den passivischen Konditionenbeitrag

%

c) die Bruttozinsspanne

| %|

d) den Strukturbeitrag

| %|

Aufgabe C-16

Welche der folgenden Aussagen über den Konditionenbeitrag ist richtig?

A Den Konditionenbeitrag ermittelt man dadurch, dass man von den Zinserlösen einer Abrechnungsperiode die Zinskosten der gleichen Abrechnungsperioden subtrahiert.

B Errechnet man die Bruttozinsspanne in Prozent des Geschäftsvolumens, so erhält man den Konditionenbeitrag.

C Der Konditionenbeitrag ergibt sich daraus, dass mit dem Kunden für das Kreditinstitut günstigere Zinssätze erzielt werden können als auf dem Geld- und Kapitalmarkt.

D Der Konditionenbeitrag kommt dadurch zustande, dass das Kreditinstitut Fristentransformation dadurch betreibt, dass es täglich fälliges Geld auf dem Kapitalmarkt nicht als Tagesgeld sondern längerfristig anlegt.

| |

Aufgabe C-17

Die *Nordbank AG* weist für das vergangene Geschäftsjahr folgende Aufwendungen bzw. Kosten und Erträge bzw. Erlöse aus:

	Mio. EUR
Zinserlöse	49,0
Zinskosten	35,0
Kostensteuern	0,5
Gebühren- und Provisionserlöse	11,0
Provisionskosten für Fremdleistungen	2,0
Personalkosten	9,3
Sonstige Sachkosten einschl. kalkulatorischer Miete	5,0
kalkulatorische Abschreibungen auf Sachanlagen	2,9
neutrale Aufwendungen	2,1
neutrale Erträge	1,8

außerdem betrugen:

die Zuführung zu Gewinnrücklagen	2,0
die Ertragssteuern	1,0
die Bilanzsumme	528,0

a) Ermitteln Sie die Bruttozinsspanne in EUR und in Prozent!

| Mio. EUR | | % |

b) Ermitteln Sie die Provisionsspanne in EUR und in Prozent!

| Mio. EUR | | % |

c) Ermitteln Sie das kalkulatorische Betriebsergebnis in Euro und in Prozent der Bilanzsumme!

| Mio. EUR | | % |

Bruttozins-spanne

Aufgabe C-18

Die *Nordbank AG* tätigt folgende Geschäfte:

Aktivgeschäfte	Volumen in TEUR	Kunden-zinssatz	Markt-zinssatz
Kredit mit 10-jähriger Laufzeit	8.500	8 %	6,5 %
Kredit mit 6-jähriger Laufzeit	5.000	7,5 %	6,3 %
Kredit mit 3-jähriger Laufzeit	2.500	6,5 %	5,0 %
Passivgeschäfte			
Termineinlage mit 2-jähriger Laufzeit	7.000	3,5 %	4,5 %
Verbriefte Einlage mit 5-jähriger Laufzeit	5.000	5,0 %	6,0 %
Verbriefte Verbindlichkeit mit 8-jähriger Lz.	4.000	7,0 %	6,5 %

Ermitteln Sie die Bruttozinsspanne in %.

| % |

b) Kalkulation im Betriebsbereich (Standardeinzelkostenrechnung)

Standard-einzelkosten-rechnung

Aufgabe C-19

Frau Helene Meyer kaufte von der *Nordbank AG*, Hamburg, 1.000 Stück *Insignia*-Aktien.

Die Ausführung des Auftrags umfasste folgende Teilprozesse:

- 25 Bearbeitungsminuten für Beratung
- 18 Bearbeitungsminuten für Ausführung
- 5 Sekunden für EDV-Nutzung

Die *Nordbank AG* kalkuliert mit folgenden Standardkostensätzen:

- 1,00 EUR/Minute für Beratung
- 0,50 EUR/Minute für Ausführung
- 0,25 EUR/1 Sekunde für EDV-Nutzung

Weitere direkt zurechenbare Kosten:

1 Auftragsformular	0,25 EUR/Stück
1 Formular Kundenabrechnung	0,35 EUR/Stück
Pauschale für Porti und Telefon:	1,25 EUR

Berechnen Sie den Standardstückkostensatz für einen Kundenaktienkauf.

```
|            EUR            |
```

Aufgabe C-20

Standard-
einzelkosten-
rechnung

Frau Hildegard Wriedt beantragt bei der *Nordbank AG* einen standardisierten Kleinkredit in Höhe von 10.000,00 EUR. Kundenberater für das Geschäft mit Privatkunden ist Herr Peter Hübner. Einschließlich Nebenkosten betragen die Personalkosten für Herrn Hübner 60.000,00 EUR jährlich. Herr Hübner arbeitet im Jahr 200 Tage, bei einer täglichen Arbeitszeit von 8 Stunden.

Die *Nordbank AG* kalkuliert mit folgenden Leistungen für die Abwicklung des Antrags:

- 83 Minuten Bearbeitungszeit
- 88 Sekunden für EDV-Nutzung
- Die Kosten pro 1 Sekunde EDV-Nutzung werden mit 0,35 EUR angesetzt.

Außerdem fallen folgende direkt zurechenbare Kosten an:

1 Antragsformular	0,20 EUR
1 Formular zur Sicherheitenbestellung	0,10 EUR
1 Schufa-Mitteilung	0,10 EUR
1 Kreditaktenordner	0,70 EUR
1 Kreditbestätigungsformular	0,10 EUR
Pauschale für Porti und Telefon	5,00 EUR

Wie hoch sind die Standard-Stückkosten des Kleinkredits?

```
|            EUR            |
```

Aufgabe C-21

Standard-
einzelkosten-
rechnung

Zur Ermittlung der Betriebskosten wird in Kreditinstituten die prozessorientierte Standardeinzelkostenrechnung zugrunde gelegt. Entscheiden Sie, welche der nachfolgenden Aussagen diese Methode richtig beschreibt.

A Werden die in der Prozessorientierte Standardeinzelkostenrechnung ermittelten Kosten von Erlösen gedeckt, kann das Betriebsergebnis nicht negativ werden.

B Die Gesamtkosten des Kreditinstituts werden nach einem bestimmten Schlüssel auf Kostenstellen verteilt, die Produkte am Markt verkaufen. Die Gesamtkosten je Kostenstelle werden dann durch die Anzahl der erstellten Bankleistungen dividiert.

C Die sogenannten Overheadkosten bleiben unberücksichtigt.

D Bei jeder Erstellung einer Bankleistung werden die Kosten des Personals, der EDV-Nutzung und der verbrauchten Formulare etc. individuell gemessen.

E Es werden nur die Einzelkosten der Bankleistung berücksichtigt. Dabei unterscheidet man unter anderem Personal- und EDV-Kosten sowie Stückkosten für Büromaterial. Entstandene Gemeinkosten werden produktunabhängig kalkuliert.

siehe IHK-
Formelsamm-
lung Seite 187

c) Produkt- und Kundenkalkulation

Aufgabe C-22

**Deckungs-
beitrag**

Die *Nordbank AG* kalkuliert im Betriebsbereich mit der Deckungsbeitragsrechnung (Teilkostenrechnung als Einzelkostenrechnung). Für die Wertpapierverwaltung liegen folgende Angaben für die Verwaltung eines Kundendepots vor:

- Die Mitarbeiter arbeiten an durchschnittlich 210 Tagen im Jahr jeweils 8 Stunden.
- Die Personalkosten für jeden Mitarbeiter betragen 60.000,00 EUR pro Jahr.
- Arbeitsablaufstudien haben ergeben, dass die Verwaltung eines Kundendepots (Beratung, Vertragsabschluss, Betreuung) im Jahr durchschnittlich 90 Minuten erfordert.
- Pro Depot fallen direkt zurechenbare Anlagekosten für Tresore in Höhe von 25 EUR pro Jahr an.
- Für den Standardschriftverkehr (Depotauszüge, Porto) fallen pro Jahr 3 EUR je Depot an.

a) Wie hoch sind die standardisierten Personalkosten pro Depot?

	EUR

b) Wie hoch sind die gesamten Standardstückkosten pro Depot?

	EUR

c) Den Kunden werden quartalsweise Depotgebühren in Höhe von 25 EUR belastet. Welchen Deckungsbeitrag leistet ein Kundendepot?

	EUR

d) Der Deckungsbeitrag ist

    A der Anteil, mit dem ein Kundendepot am Erfolg eines Kreditinstitutes beteiligt ist.

    B der Anteil, mit dem ein Kundendepot an den Gesamtkosten beteiligt ist.

    C der Anteil, mit dem ein Kundendepot an der Deckung der Gemeinkosten und eventuell am Erfolg beteiligt ist.

e) Der Vorteil der Teilkostenrechnung gegenüber der Vollkostenrechnung ist, dass

  A eine willkürliche Gemeinkostenverrechnung vermieden wird.

  B die Gemeinkosten nach genau festgelegten Größen (Deckungsbeiträge) auf die Leistungen verteilt werden.

☐

Aufgabe C-23

Produkt-kalkulation

Führen Sie die Produktkalkulation für ein Darlehen durch!

Höhe des Darlehens	200.000,00 EUR
Laufzeit	5 Jahre
Kundenkondition	9,0 % p.a.
Kapitalmarktsatz für 5-jährige Anlagen	6,5 % p.a.
Eigenkapitalkostensatz	0,6 % p.a.
Risikokosten	0,5 % p.a.
direkt zurechenbare Betriebskosten	0,4 % p.a.
direkt zurechenbare Provisionserlöse	0,1 % p.a.

a) Ermitteln Sie den Deckungsbeitrag I in %!

	%

b) Ermitteln Sie den Deckungsbeitrag III in EUR als Beitrag zum Betriebsergebnis pro Jahr!

	EUR

Aufgabe C-24

Kunden-kalkulation

Die *Nordbank AG* ermittelt den Ergebnisbeitrag des Kontokorrentkontos *Friedrich Poley KG* für ein Geschäftsjahr:

Durchschnittssaldo Soll	42.000,00 EUR
Durchschnittssaldo Haben	8.000,00 EUR
Kundenzinssatz für Kontokorrentkredite	11,4 %
Kundenzinssatz für Sichteinlagen	0,5 %
Tagesgeldsatz	4,0 %
Risikokosten	0,5 %
Eigenkapitalkosten	0,4 %

Leistungen:		
Stück	**Leistung**	**Standard-Einzelkosten in EUR**
80	Bareinzahlung	2,50
120	Barauszahlung	1,50
630	Überweisungseingänge	1,00
720	Überweisungsausgänge	1,20
370	Scheckeinzüge	0,80
440	Scheckeinlösungen	0,75

Entgelte:		Provisionserlöse in EUR
Grundpreis je Monat		10,00
Buchungspreis je Posten		0,50
48 Kontoauszüge je		1,00

Welchen Deckungsbeitrag leistet das Kontokorrentkonto des Kunden *Friedrich Poley KG* als Beitrag zum Betriebsergebnis (Deckungsbeitrag III)?

	EUR

Preis-obergrenze

Aufgabe C-25

Der Kunde Arno Jung möchte eine Termineinlage in Höhe von 5.000.000,00 EUR für 6 Monate anlegen. Der Kundenzinssatz beträgt normalerweise 4,5 %.

Zu welchem Zinssatz könnten Sie die Einlage höchstens hereinnehmen, wenn die Betriebskosten mit 0,2 % veranschlagt werden und am Geld- und Kapitalmarkt für 6-monatige Kapitalbeschaffung 6 % zu zahlen sind?

	%

Kunden-kalkulation

Aufgabe C-26

Der Kunde Max Brinkhaus unterhält bei der *Nordbank AG* ein Giro- und ein Sparkonto. Die *Nordbank AG* rechnet damit, dass das Girokonto jährlich einen durchschnittlichen Sollsaldo von 3.000,00 EUR und folgende Bewegungen aufweisen wird:

Anzahl	Bewegungen	Kosten je Leistungseinheit
50	Einzahlungen	0,75 EUR
60	Auszahlungen	0,70 EUR
1	Dauerauftrag	2,85 EUR
45	Überweisungen	0,22 EUR
19	Serviceleistungen	1,15 EUR
Der Kundenzinssatz für KK-Kredite beträgt		9,00 %
GKM-Satz für Alternativanlage		3,25 %
Risikokosten		0,25 %
Eigenkapitalverzinsung		0,40 %
Die Kontoführungsgebühr beträgt pauschal je Monat		10,00 EUR

Beim Sparkonto rechnet sie mit einem durchschnittlichen Guthaben von 15.000,00 EUR und folgenden Bewegungen:

Anzahl	Bewegungen	Kosten je Leistungseinheit
10	Einzahlungen	0,95 EUR
7	Auszahlungen	0,90 EUR
4	Nachträge	0,40 EUR
1	Verpfändung	1,75 EUR

| Der Kundenzinssatz für Spareinlagen beträgt | 2,25 % |
| GKM-Satz für Alternativanlage | 4,85 % |

Wie hoch ist der Deckungsbeitrag III, den die Geschäftsverbindung mit dem Kunden der *Nordbank AG* erwarten lässt?

> EUR

Aufgabe C-27

Kundenkalkulation

Die *Nordbank AG* führt per 31.03. den Vierteljahresabschluss des Kontokorrentkontos *ZunnerSoftware OHG* durch. Die *Nordbank AG* berücksichtigt folgende Werte:

Sollzinszahl	143.232 #
Habenzinszahl	62.400 #
Buchungen im I. Quartal	160
Sollzinssatz p.a.	11,5 %
Habenzinssatz p.a.	0,5 %
Kontoführungsgebühr pro Buchungsposten	0,30 EUR

Die *Nordbank AG* kalkuliert für den Zahlungsverkehr mit 0,65 EUR Betriebskosten pro Buchungsposten.

Im Wertbereich kalkuliert sie nach der Marktzinsmethode mit den folgenden Sätzen:

Geld- und Kapitalmarktsätze im I. Quartal	
Kontokorrentkredite	4,0 % p.a.
Sichteinlagen	3,8 % p.a.

Ermitteln Sie im Rahmen einer Kontokalkulation für die *Nordbank AG* in EUR

a) die Betriebskosten

> EUR

b) die Betriebserlöse

> EUR

c) den passivischen Konditionsbeitrag

> EUR

d) den aktivischen Konditionsbeitrag

> EUR

e) den Erfolg im Wertbereich

> EUR

f) den Erfolg im Betriebsbereich

> EUR

g) den Gesamterfolg

> EUR

Preis-
untergrenze

Aufgabe C-28

Bei der *Nordbank AG* beantragt ein Kunde ein Darlehen über 250.000,00 EUR. Der Kredit soll in gleichen Jahresraten von 50.000,00 EUR in 5 Jahren getilgt werden.

Es werden folgende Daten bei der Kalkulation zugrunde gelegt:

Kapitalmarktsatz für 5-jährige Anlagen	4,00 % p.a.
Risikomarge	0,50 % p.a.
Eigenkapitalkostensatz	0,60 % p.a.
Mindestgewinnmarge	1,75 % p.a.
veranschlagte jährliche Betriebskosten	450,00 EUR

Berechnen Sie

a) die durchschnittliche Darlehenshöhe.

EUR

b) die Standardbetriebskosten in Prozent p.a.

%

c) den Zinssatz, der für die *Nordbank AG* die Preisuntergrenze bildet.

%

d) die tatsächliche Gewinnmarge in % p.a., wenn bei den Kreditverhandlungen mit dem Kunden ein Zinssatz von 8 % p.a. vereinbart wird.

%

Preis-
untergrenze

Aufgabe C-29

Bei Kreditverhandlungen mit dem Kunden muss der Sachbearbeiter wissen, bis zu welchem Zinssatz er dem Kunden entgegenkommen kann.

Wie wird dieser Zinssatz nach der Marktzinsmethode ermittelt?

A Zum durchschnittlichen Zinssatz der Passiva werden prozentual Bearbeitungskosten hinzugerechnet.

B Der Zinssatz ergibt sich aus dem Zinssatz für eine alternative Kapitalbeschaffung zuzüglich Risikokosten, Eigenkapitalkosten und Bearbeitungskosten.

C Der Zinssatz ergibt sich aus dem Zinssatz für eine alternative Kapitalbeschaffung abzüglich Risikokosten, Eigenkapitalkosten und Bearbeitungskosten.

D Der Zinssatz ergibt sich aus dem Zinssatz für eine alternative Kapitalanlage zuzüglich Risikokosten, Eigenkapitalkosten und Bearbeitungskosten.

E Der Zinssatz ergibt sich aus dem Zinssatz für eine alternative Kapitalanlage abzüglich Risikokosten, Eigenkapitalkosten und Bearbeitungskosten.

Aufgabe C-30

Bei der Vergabe von Krediten sind diese mit 8 % Eigenkapital zu unterlegen. Wie hoch ist der Eigenkapitalkostensatz, wenn das Eigenkapital mit 18 % verzinst werden soll?

%

Aufgabe C-31

Ermitteln Sie für die *Nordbank AG* den jeweiligen Deckungsbeitrag III

a) für einen zu gewährenden Kredit.

b) für eine hereinzunehmende Einlage.

Dazu stehen folgende Angaben zur Verfügung:

Geld- und Kapitalmarktsatz für eine alternative Kapitalanlage	6,0 %
Geld- und Kapitalmarktsatz für eine alternative Kapitalbeschaffung	3,5 %
Eigenkapitalkostensatz	0,6 %
Risikokostensatz	0,4 %
Bearbeitungskostensatz für Einlage	0,35 %
Bearbeitungskostensatz für die Kreditvergabe	0,45 %
mit dem Kunden vereinbarter Zinssatz für den Kredit	10 %
mit dem Kunden vereinbarter Zinssatz für die Einlage	2,5 %

a) Der Deckungsbeitrag III für den Kredit beträgt in % p.a.

%

b) Der Deckungsbeitrag III für die Einlage beträgt in % p.a.

%

Aufgabe C-32

Die *Nordbank AG* führt für den Kunden Hermann Meyer sowohl ein Kontokorrentkonto als auch ein Sparkonto mit vereinbarter Kündigungsfrist von 3 Monaten.

Kontokorrentkonto:

- Durchschnittlicher Sollsaldo im abgelaufenen Geschäftsjahr 2.000,00 EUR
- Dem Kunden berechnete Kontoführungsgebühren im abgelaufenen Geschäftsjahr 60,00 EUR
- Betriebskosten 35,00 EUR

Sparkonto:

- Durchschnittliches Guthaben im abgelaufenen Geschäftsjahr 3.000,00 EUR
- Durch Ein- und Auszahlungen im abgelaufenen Geschäftsjahr verursachte Bearbeitungskosten insgesamt 8,00 EUR
- Betriebskosten 15,00 EUR jährlich

Kalkulieren Sie unter Berücksichtigung folgender Angaben die Geschäftsverbindung mit dem Kunden

Geld- und Kapitalmarktsatz für eine alternative Geldanlage am GKM	5,00 %
Geld- und Kapitalmarktsatz für eine alternative Geldbeschaffung am GKM	3,25 %
Eigenkapitalkostensatz	0,50 %
Risikokostensatz	0,40 %
Zinssatz für den vom Kunden in Anspruch genommenen Dispositionskredit	13,00 %
Zinssatz für Sichteinlagen	0,50 %
Zinssatz für Spareinlagen mit vereinbarter Kündigungsfrist von 3 Monaten	1,50 %

Ermitteln Sie in EUR pro Jahr

a) die Eigenkapitalkosten.

EUR

b) die Risikokosten.

EUR

c) den Deckungsbeitrag I (Zinsüberschuss/Zinskonditionenbeitrag) für beide Konten zusammen.

EUR

d) den Deckungsbeitrag III (Deckungsbeitrag des Kunden) für beide Konten zusammen.

siehe IHK-
Formelsamm-
lung Seite 190

EUR

d) Gesamtbetriebskalkulation

Aufgabe C-33

Gesamt-
betriebs-
kalkulation

Die *Nordbank AG* ermittelte folgende Daten

	Mio. EUR
Zinsüberschuss	967
Handelsergebnis	79
Provisionsüberschuss	169
Bewertungsaufwand	14
Verwaltungsaufwand	746
durchschnittliche Bilanzsumme	45.000

Berechnen Sie

a) das Teilbetriebsergebnis

Mio. EUR

b) das Betriebsergebnis aus normaler Geschäftstätigkeit

Mio. EUR

c) die Bruttobedarfsspanne nach der IHK-Formelsammlung (siehe Infopool auf Seite 189), auf 2 Dezimalstellen gerundet.

%

Aufgabe C-34

Die Bilanzsumme der *Nordbank AG* beträgt am 31.12. 5 Milliarden EUR. Die Gewinn- und Verlustrechnung weist folgende Werte aus:

Gewinn- und Verlustrechnung der Nordbank AG per 31.12.

Aufwendungen	Mio. EUR	Erträge	Mio. EUR
Zinsaufwendungen	425	Zinserträge	530
Provisionsaufwendungen	53	Provisionserträge	180
Personalaufwand	106	Sonstige betriebliche Erträge	32
Andere Verwaltungsaufwendungen	64	Erträge aus Finanzgeschäften	14
Abschreibungen auf Sachanlagen	21	Außerordentliche Erträge	3
Sonstige betriebliche Aufwendungen	15		
Abschreibungen auf Forderungen	34		
Abschreibungen auf Wertpapiere	8		
Außerordentliche Aufwendungen	2		
Jahresüberschuss	31		
	759		759

Ermitteln Sie

a) das Teilbetriebsergebnis in Mio. EUR

	Mio EUR

b) das Betriebsergebnis in Mio. EUR

	Mio. EUR

c) die Bruttozinsspanne

	%

d) die Bruttobedarfsspanne

	%

e) die Nettogewinnspanne

	%

Bank- und Wirtschaftsrechnen

1. Dreisatz

Lösungen ab Seite 235

Aufgabe D-1

a) Herr Jürgen Wellmann kommt zu Ihnen an den Schalter und möchte für 800,00 EUR USD kaufen. Er erhält dafür 956,72 USD. Wie viel würde er für 1.300,00 EUR erhalten?

Dreisatz

	USD

b) Die *Nordbank AG* setzt für eine Werbeaktion 24 Auszubildende ein. Diese benötigen dazu 28 Tage. Wie viel Zeit benötigen sie, wenn noch 4 weitere Auszubildende eingesetzt werden?

c) Bei der *Nordbank AG* werden täglich 90 Kontoeröffnungsanträge von 4 Kundenberatern bearbeitet. Für die Bearbeitung eines Vertrages benötigt 1 Kundenberater durchschnittlich 8 Minuten zu 3 Stunden täglich. Durch den Rückgang von Kontoeröffnungsanträgen müssen täglich nur noch 80 Kontoeröffnungsanträge bearbeitet werden. Eine Umstellung des Systems bewirkt noch dazu, dass pro Kontoeröffnungsantrag nur noch 6 Minuten benötigt werden. Die Bearbeitungszeit wird auch um eine Stunde auf 4 Stunden erhöht. Wie viele der 4 Kundenberater können nun zu anderen Tätigkeiten herangezogen werden?

d) In einer Geschäftsstelle der *Nordbank AG* betreuen 14 Mitarbeiter 5.600 Kunden. Eine neu gegründete Filiale hat bisher 1.200 Kunden. Wie viele Angestellte sind zur Betreuung der Kunden notwendig?

e) Ein Händler bietet im Inland eine Maschine zum Preis von 7.380,00 EUR an. Zu welchem Preis kann er die Maschine in den USA anbieten, wenn der EUR zu 1,2364 USD notiert?

f) Ein Werbespot im Fernsehen kostet bei einer Dauer von 18 Sekunden 22.230,00 EUR. Wie viel EUR kostet ein Werbebeitrag mit einer Dauer von 14 Sekunden?

	EUR

g) Ein Importeur möchte eine Rechnung über 3.075.200 Yen begleichen. Es gelten folgende Kurse:
1 EUR = 1,2364 USD
1 USD = 110,580 Yen
Mit wie viel EUR wird der Importeur belastet (ohne Kosten)?

	EUR

2. Prozentrechnen

Prozent-rechnung

Aufgabe D-2

Die folgende Übersicht zeigt die Zusammensetzung des Kreditvolumens der *Nordbank AG*:

Summe der gewährten Kredite	1.278,9 Mio. EUR
davon entfielen auf	
- Wechselkredite	14,0 %
- Kredite an Kreditinstitute	3,2 %
- Forderungen an Kunden	82,8 %

Wie viel EUR entfallen auf die einzelnen Kreditpositionen?

	EUR	Wechselkredite
	EUR	Kredite an Kreditinstitute
	EUR	Forderungen an Kunden

Prozent-rechnung

Aufgabe D-3

Die Bilanzsumme der *Nordbank AG* erhöhte sich im vergangenen Geschäftsjahr um 2.406,2 Mio. EUR auf 22.101,9 Mio. EUR. Die Barreserve betrug zum Jahresschluss 2.336,3 Mio. EUR. Das sind 11,3 % der Gesamtverbindlichkeiten der Bank.

Die Wechselkredite erhöhten sich im Jahresvergleich um 3,4 % auf 3.838,5 Mio. EUR.

Von den angekauften Wechseln befanden sich am Bilanzstichtag 80,5 % im Bestand der Bank.

a) Um wie viel Prozent (auf eine Stelle hinter dem Komma runden) ist die Bilanzsumme gegenüber dem Vorjahr gestiegen?

	%

b) Wie viel EUR betragen die Gesamtverbindlichkeiten der Bank?

	EUR

c) Wie hoch ist der Betrag der angekauften Wechsel, die sich am Bilanzstichtag im Bestand der Bank befinden?

	EUR

Aufgabe D-4

Im Geschäftsbericht der *Nordbank AG*, Hamburg, ist zu lesen: „Durch die erfreuli-
che Geschäftsausweitung in den letzten vier Jahren ist das Verhältnis Eigenkapital
zur Bilanzsumme von 7,3 % vor vier Jahren auf 4,2 % im abgelaufenen Jahr zurück-
gegangen." Die Bilanzsumme der *Nordbank AG*, Hamburg, betrug vor
vier Jahren   56.383.000,00 EUR
am Ende des abgelaufenen Jahres   109.424.000,00 EUR

Wie hoch war das Eigenkapital

a) vor vier Jahren,

	EUR

b) am Ende des abgelaufenen Geschäftsjahres?

	EUR

Aufgabe D-5

Die Bilanzsumme der *Nordbank AG* stieg gegenüber dem letzten Geschäftsjahr
von 38.368.561,90 EUR auf 41.668.258,22 EUR. Im gleichen Zeitraum erhöhte
sich das Eigenkapital von 1.918.428,10 EUR auf 2.083.412,91 EUR. Ergebnisse
jeweils auf eine Stelle hinter dem Komma runden!

a) Um wie viel Prozent ist die Bilanzsumme gegenüber dem Vorjahr gestiegen?

	%

b) Um wie viel Prozent hat sich das Eigenkapital erhöht?

	%

c) Wie hoch ist der Anteil des Eigenkapitals an der Bilanzsumme dieses Jahres in
    Prozent?

	%

Aufgabe D-6

Die Verbindlichkeiten der *Nordbank AG* gegenüber Kreditinstituten sind im vergangenen Jahr um 85,05 Mio. EUR = 18,9 % gestiegen.

Wie hoch waren sie zu Beginn des Jahres?

	EUR

Aufgabe D-7

Die Forderungen der *Nordbank AG* an Kunden erhöhten sich von 489,9 Mio. EUR
um 130,0 Mio. EUR auf 619,9 Mio. EUR. Wie viel Prozent beträgt die Steigerung?
(Ergebnis auf eine Stelle hinter dem Komma runden)

	EUR

Prozent-
rechnung

Aufgabe D-8

Die Barreserve der *Nordbank AG* betrug 7,2 %, das Eigenkapital in Höhe von 5,4 Mio. EUR machte 4,8 % der Bilanzsumme aus.

a)   Wie hoch war die Barreserve dieses Kreditinstituts?

| EUR |

b)   Wie hoch war die Bilanzsumme des Kreditinstituts?

| EUR |

3.   Zinsrechnen

Zinsrechnen

Aufgabe D-9

Bei den Zinsrechnungsaufgaben ist kein Steuerabzug (Abgeltungsteuer, Solidaritätszuschlag) zu berücksichtigen. Die Anleger haben ausreichende Freistellungsaufträge erteilt.

a) Bei einem Geldmarktkredit von 5 Mio. EUR mit der Laufzeit vom 25.07.20.. bis zum 05.08.20.. wurden 6.569,44 EUR Zinsen gezahlt.
Welcher Zinssatz wurde vereinbart (Zinsberechnung act/360)?

| % |

b) Ein Kredit zu einem Zinssatz von 9 % wurde am 18.08.20.. einschließlich 302,40 EUR Zinsen mit 17.102,40 EUR zurückgezahlt.
An welchem Tag wurde der Kredit bereitgestellt (Zinsberechnung 30/360)?

| |

c) Eine Geldanlage zu einem Zinssatz von 7 % brachte vom 10.03.20.. bis zum 10.11.20.. 869,25 EUR Zinsen.
Wie viel Euro wurden angelegt (Zinsberechnung act/act)?

| EUR |

d) Ein am 01.04.20.. gewährtes Darlehn mit einem Zinssatz von 8 % wird am 19.09.20.. einschließlich Zinsen mit 23.495,60 EUR getilgt.
Wie hoch war das Darlehn (Zinsberechnung 30/360)?

| EUR |

4. Abrechnung von Kontokorrentkonten und Festgeldkonten

Aufgabe D-10

Kontokorrent-
abrechnung

Folgendes Kontokorrentkonto ist zum 31.03. abzurechnen!

Konditionen:

- 9 % Sollzinsen für genehmigte Kredite
- 12 % Sollzinsen für nicht genehmigte Kredite (Es wurde dem Kunden kein Kreditlimit eingeräumt)
- 0,5 % Habenzinsen (Es gibt kein Mindestguthaben)
- 0,25 EUR Kontoführungsgebühren je Buchungsposten
- 4,00 EUR Kontoführungsgrundgebühr je Monat

KONTOINHABER: Michael Weber
Anschrift: Haintwiete 12, 22587 Hamburg

Buchungs-Datum	alter Saldo Soll	alter Saldo Haben	Vorgang	Wert	Umsatz Soll	Umsatz Haben	neuer Saldo Soll	neuer Saldo Haben
02.01.10			Saldovortrag	31.12.09		12.000,00		12.000,00
07.01.10		12.000,00	Barabhebung	07.01.10	7.000,00			5.000,00
12.02.10		5.000,00	Überweisungsauftrag	12.02.10	4.000,00			1.000,00
16.03.10		1.000,00	Scheckeinreichung	20.03.10		9.000,00		10.000,00
17.03.10		10.000,00	Überweisungsauftrag	17.03.10	8.000,00			2.000,00

Wert	Betrag	Tage	Zinszahlen genehmigter Kredit	Zinszahlen nicht genehmigter Kredit	Zinszahlen Guthaben

Abrechnung vom			bis	Soll	Haben
% Sollzinsen für genehmigte Kredite					
% Sollzinsen für nicht genehmigte Kredite					
% Habenzinsen ab		EUR			
Kreditlimit		EUR			
EUR Kontoführungsgebühr je Buchungsposten					
EUR Kontoführungsgrundgebühr je Monat					
Sonstiges					
Summe					
- Habenzinsen					-
= Saldo					

Kontokorrent-abrechnung

Aufgabe D-11

Folgendes Kontokorrentkonto ist zum 31.12. in EUR abzurechnen!

Wert	Betrag	Tage	Zinszahlen		Guthaben
			genehmigter Kredit	nicht genehmigter Kredit	
30.09.	-6.430,00				
04.10.	8.700,00				
	2.270,00				
09.10.	13.420,00				
	15.690,00				
13.11.	-20.000,00				
	-4.310,00				
15.11.	-3.680,00				
	-7.990,00				
21.12.	6.400,00				
	-1.590,00				

Wert	Betrag	Tage	Zinszahlen		Guthaben
			genehmigter Kredit	nicht genehmigter Kredit	
28.12.	-2.160,00				
	-3.750,00				
31.12.					

Abrechnung vom 30.09. bis 31.12.		Soll	Haben
12,50 %	Sollzinsen für genehmigte Kredite		
16,50 %	Sollzinsen für nicht genehmigte Kredite		
	Kreditlimit 5.000,00 EUR		
0,50 %	Habenzinsen ab 10.000,00 EUR		
0,25 EUR	Kontoführungsgebühr je Buchungsposten		
1,50 EUR	Kontoführungsgrundgebühr je Monat		
	Sonstiges	6,87	
	Summe		
	- Habenzinsen		
	Saldo		

Aufgabe D-12

Kontokorrent-
abrechnung

a) Die Kundin Vera Kunert legt 200.000,00 EUR Wert 15. August 20.. als Festgeld
    für 30 Zinstage bei der *Nordbank AG* an. Nach Ablauf der Festlegungsfrist soll die
    Einlage als Sichteinlage fortgeführt werden. Wegen eines Grundstückkaufes ver-
    fügt Frau Kunert Wert 25. September 20.. über das Gesamtguthaben einschließ-
    lich sämtlicher Zinsen. Das Konto wird aufgelöst. Wie viel Euro beträgt die von
    Ihnen einbehaltene Abgeltungsteuer einschließlich Solidaritätszuschlag, wenn
    Frau Kunert keinen Freistellungsauftrag gestellt hat und keine Angabe über ihre
    Kirchensteuerpflicht vorliegt?

    Konditionen:
    Festgeld 3,0 % p.a.
    Sichteinlage 0,5 % p.a.

EUR

b) Ein Festgeldguthaben über 144.000,00 EUR mit einer Laufzeit von 30 Tagen
    wurde am 21. Oktober zu einem Zinssatz von 3 % p.a. hereingenommen. Ein
    Freistellungsauftrag liegt der Bank nicht vor. Wie viel EUR Zinsen wurden auf
    diesem Konto am 22. November gutgeschrieben?

EUR

c) Eine GmbH legt bei der *Nordbank AG* auf den Namen der Firma einen Betrag für
    12 Monate zu einem Zinssatz von 2,5 % p.a. als Festgeld an. Nach Ablauf der 12
    Monate wurde der Betrag mit den gutgeschriebenen Zinsen für weitere 90 Tage
    mit einem Zinssatz von 2,0 % p.a. angelegt. Für die 90 Tage erhält die GmbH
    36,90 EUR Zinsen auf ihrem Festgeldkonto gutgeschrieben. Danach wird es zu
    Gunsten des laufenden Kontos der GmbH bei der *Nordbank AG* aufgelöst.

    Berechnen Sie den ursprünglichen Festgeldbetrag (Berechnungsmethode
    30/360; Abgeltungsteuer und Solidaritätszuschlag bleiben unberücksichtigt)!

EUR

5.   Abrechnung von Sparkonten und Sparbriefen

Sparbriefe   ## Aufgabe D-13

siehe
§§ 43 – 45 EStG   Frau Susanne Schult hatte vor 5 Jahren bei der *Nordbank AG* einen abgezinsten Sparbrief zum Nominalbetrag von 14.000,00 EUR bei einem Zinssatz von 4,25 % p. a. erworben, der jetzt fällig wird.

a) Zu welchem Preis hatte Frau Schult den Sparbrief erworben? Verwenden Sie die Abzinsungstabelle aus Frage c).

EUR

b) Welchen Betrag erhält Frau Schult gutgeschrieben, wenn kein Freistellungs-auftrag vorliegt und Kirchensteuer nicht anfällt?

EUR

c) Frau Schult möchte für den Gutschriftsbetrag aufgezinste Sparbriefe der *Nordbank AG* mit einer Laufzeit von 6 Jahren erwerben, derzeitiger Zinssatz für Sparbriefe 4,75 %. Ermitteln Sie den Rückzahlungsbetrag dieses Sparbriefes.

Zinssatz in %	Laufzeit in Jahren	
	5	6
4,25	1,231347	1,283679
4,50	1,246182	1,302260
4,75	1,261160	1,321065
5,00	1,276282	1,340096

EUR

Vorschusszins-   ## Aufgabe D-14
berechnung

a) Der Kunde Benjamin Herzog eröffnet Wert 15.07. ein Sparkonto mit einer ver-einbarten Kündigungsfrist von 12 Monaten, Einzahlung 10.000 EUR. Wert 27.11. des gleichen Jahres wird dieser Betrag ordnungsgemäß gekündigt. Herr Herzog verfügt jedoch bereits Wert 23.03. des Folgejahres über den gekündig-ten Betrag. Für wie viele Tage dürfen Vorschusszinsen berechnet werden?

Tage

b) Die *Nordbank AG* führt auch für Frau Herzog ein Sparkonto mit einer Kündi-gungsfrist von drei Monaten. Frau Herzog hat keinen Freistellungsauftrag er-teilt. Das Konto weist am 31.12.2009 folgende Werte auf:

Kontoguthaben vor Zinskapitalisierungen	6.200,00 EUR
Habenzinsen	118,30 EUR
Vorfälligkeitsentgelt	5,82 EUR

Ermitteln Sie für den Abschluss des Kontos für den 31.12.2009:

1. die Abgeltungsteuer:

EUR

2. den Solidaritätszuschlag:

EUR

3. die 9 %ige Kirchensteuer:

EUR

4. den neuen Kontostand:

EUR

Gehen Sie davon aus, dass Frau Herzog bei der *Nordbank AG* in Hamburg eine Sparanlage unterhält.

Vergleiche Basiswissen: Besteuerung von Wertpapieren ab Seite 127.

c) Für eine Spareinlage mit einer Kündigungsfrist von 3 Monaten wurden 826,45 EUR Zinsen, Wert 31. Dezember 2010, gutgeschrieben. Am 27. Februar 2011 verfügt der Kunde ohne vorherige Kündigung über 4.826,45 EUR seiner Spareinlage. Auf welchen Betrag berechnen Sie für diese Verfügung Vorschusszinsen, wenn Ihr Kreditinstitut die 90-Tage-Methode anwendet?

EUR

d) Herr Fabian Hoffmann hatte am 30. Juli 2010 ein Sparkonto mit folgenden Daten eröffnet:

Vertragssumme	5.000,00 EUR
Kündigungsfrist	3 Monate
Kündigungssperrfrist	15 Monate
Ende der Sonderzinsvereinbarung	31.07.2016

Für die Dauer der Sonderzinsvereinbarung gelten die folgenden Konditionen:

Gültig ab (Wert)	Zinssatz in %
31.07.2010	4,00
31.07.2011	3,75
31.07.2012	3,50
31.07.2013	3,00
31.07.2014	2,50
31.07.2015	2,00

Wie hoch sind die Zinsen, die Herr Hoffmann Wert 31. Dezember 2011 erhält, wenn auf dem Sparkonto keine Ein- bzw. Auszahlungen erfolgen und der erteilte Freistellungsauftrag jeweils ausreichend ist (Berechnungsmethode 30/360 Tage)?

EUR

Aufgabe D-15

Spar-abrechnung

Für das nachfolgende Sparkonto mit vereinbarter Kündigungsfrist von einem Jahr liegt der *Nordbank AG* kein Freistellungsauftrag des Kunden Klaus Riek vor:

Wert	Text	EUR-Betrag	Konditionen
31.12.2009	Saldovortrag	10.000,00	2 % Zinsen p.a.
30.06.2010	Abhebung ohne Kündigung	2.000,00	2,5 $^0/_{00}$ Vorfälligkeitsentgelt

Wie viel EUR Abgeltungsteuer einschließlich Solidaritätszuschlag (ohne Kirchensteuer) muss die *Nordbank AG* aufgrund der Zinsgutschrift per 31.12.2010 einbehalten?

> [_____ EUR]

Vorschuss-zinsen

Aufgabe D-16

Frau Renne hat bei der Eröffnung am 19. Juni 2009 eine Spareinlage mit dreimonatiger Kündigungsfrist gewählt. Am 18. Juli 2009 wandelt sie die dreimonatige in eine zwölfmonatige Kündigungsfrist um. Das Guthaben beträgt 8.000,00 EUR. Wie informieren Sie Frau Renne in Bezug auf jetzt bzw. künftig entstehende Vorschusszinsen?

Aussagen

A   Frau Renne kann vorschusszinsfrei nach vorheriger Kündigung frühestens am 20. Juli 2010 über die Einlage verfügen.

B   Frau Renne kann vorschusszinsfrei nach vorheriger Kündigung am 19. Juli 2010 über die Einlage verfügen.

C   Bei der Umwandlung werden für 2.000,00 EUR (Freibetrag) keine Vorschusszinsen berechnet.

D   Zur Umwandlung des Kontos bedarf es der Löschung des alten Kontos unter Berechnung von Vorschusszinsen und der Errichtung eines neuen Kontos.

E   Frau Renne kann vorschusszinsfrei nach vorheriger Kündigung frühestens am 19. Juni 2010 über die Einlage verfügen.

> [_____]

Vorfälligkeits-entgelt

Aufgabe D-17

Sie sollen einem Sparkunden die unterschiedliche Berechnung des Preises bei vorzeitiger Verfügung über Spareinlagen erklären. Sie veranschaulichen den Unterschied anhand einer ungekündigten Auszahlung in Höhe von 5.000,00 EUR von einem Sparkonto mit dreimonatiger Kündigungsfrist.

Alternative A:
Vorfälligkeitsentgelt: 2,5 Promille

Alternative B:
Vorschusszinsen: ¼ des Zinssatzes für Spareinlagen (2 % p.a.) für die gesamte Kündigungsfrist

Für beide Alternativen ist der Freibetrag nach der Rechnungslegungsverordnung zu beachten.

Ermitteln Sie den Unterschied in EUR zwischen beiden Berechnungsmethoden.

> [_____ EUR]

Aufgabe D-18

Sonja Leese eröffnet ein Sparkonto bei der *Nordbank AG*. Es wird eine Kündigungsfrist von drei Monaten, sowie eine Kündigungssperrfrist von 9 Monaten vereinbart. Liegt eine Spareinlage im Sinne der Rechnungslegungsverordnung vor?

Aussagen

A Nein, da eine Kündigungssperrfrist vereinbart wurde.

B Nein, da die Höhe des Zinssatzes nicht verbindlich vereinbart wurde.

C Ja, wenn der Mindestanlagebetrag von 2.000,00 EUR erreicht wurde.

D Ja, da die Rückzahlung der Einlage vor Fälligkeit möglich ist.

E Ja, da eine Mindestkündigungsfrist von drei Monaten eingehalten wurde.

Situation zu den Aufgaben D-19 bis D-21

Herr Bauer hat vor einigen Jahren ein Sondersparkonto bei Ihnen eröffnet. Monatlich wird ab dem 01.01.2008 (Beginn des ersten Sparjahres) ein Betrag von 200,00 EUR eingezahlt. Die Sparkasse zahlt neben dem jeweils gültigen Zinssatz, zurzeit 3,0 %, am Ende eines Kalenderjahres eine verzinsliche Prämie auf die vertragsgemäß geleisteten Sparbeiträge des jeweils abgelaufenen Sparjahres, und zwar erstmals nach Ablauf des 3. Sparjahres. Sie beträgt nach 3 Jahren 3 %, nach 4 Jahren 4 %.

Aufgabe D-19

Herr Bauer spricht Anfang Dezember 2010 bei Ihnen vor, weil ihm die Prämiengestaltung nicht verständlich ist. Bestimmen Sie die Höhe der verzinslichen Prämie für das Jahr 2010 in EUR!

| | EUR |

Aufgabe D-20

Wie viel Euro beträgt der Prämiengutschriftsbetrag für das Jahr 2010, wenn der Kunde seinen Freistellungsauftrag bereits vollständig in Anspruch genommen hat (Solidaritätszuschlag ist zu berücksichtigen)?

Prämien	72,00 EUR
- 25 % Abgeltungsteuer auf 72 EUR	
- 5,5 % Solidaritätszuschlag auf 18 EUR	
= Gutschrift	

| | EUR |

Aufgabe D-21

Auf welchem Konto und auf welcher Kontoseite bucht Ihr Kreditinstitut die Zahlung der Prämie? Setzen Sie vor die Kennziffer des richtigen Kontos den Kennbuchstaben

A   wenn eine Sollbuchung vorliegt bzw.
B   wenn eine Habenbuchung vorliegt!

Konto

1. Provisionsaufwand
2. Provisionserträge
3. Zinsaufwand
4. Zinserträge
5. Kostensteuern
6. Sozialsonderleistungen

Kennbuchstabe	
Konto	

**Zins-
berechnung**

Situation zu den Aufgaben D-22 bis D-24

Frau Saß legt Valuta 31.01.2009 einen Betrag von 10.000,00 EUR mit einem jährlich steigenden Zinssatz an. Im ersten Anlagejahr erhält sie 3 % Zinsen, im zweiten Anlagejahr 4,0 % Zinsen. Die Zinssätze sind Festzinssätze (Zinskapitalisierung jeweils am 31. Dezember). Es wird eine 12-monatige Kündigungssperrfrist mit anschließender 3-monatiger Kündigungsfrist vereinbart.

Aufgabe D-22

Wie hoch ist die Zinsgutschrift am 31. Dezember 2010 (Abgeltungsteuer wird nicht berücksichtigt; Zinsmethode 30/360)?

	EUR

Aufgabe D-23

Zu welchem Zeitpunkt kann Frau Saß frühestens ohne Zinsverlust über die Anlage verfügen?

A   31.01.2010
B   01.02.2010
C   30.04.2010
D   02.05.2010
E   31.12.2010

Aufgabe D-24

Der Kunde Frank Severin eröffnete Wert 15. Januar ein Sparkonto mit einer vereinbarten Kündigungsfrist von 6 Monaten und zahlte gleichzeitig 25.000,00 EUR ein.
Wert 26. August des gleichen Jahres wurde dieser Betrag ordnungsgemäß gekündigt.
Der Kunde verfügt jedoch bereits Wert 26. September des gleichen Jahres über den
gekündigten Betrag. Für wie viele Tage dürfen Sie Vorschusszinsen berechnen?

	Tage

Aufgabe D-25

Die 47-jährige Privatkundin der *Nordbank AG* Yvonne Seidel (ledig) hatte im Januar 2010 vom zuständigen Nachlassgericht in Ingolstadt einen größeren Betrag
zugesprochen bekommen. Frau Seidel möchte 25.000,00 EUR in einen aufgezins-
ten Sparbrief und den Restbetrag in einen abgezinsten Sparbrief mit dem Anlage-
zielbetrag 25.000,00 EUR anlegen. Die Anlagedauer soll 5 Jahre betragen.

Zurzeit bietet die *Nordbank AG* folgende Konditionen für Sparbriefe an:

	Laufzeiten in Jahren		
	4	**5**	**6**
Aufgezinste Sparbriefe Typ A Verzinsung in %	4,00	4,25	4,50
Abgezinste Sparbriefe Typ N Verzinsung in %	4,00	4,25	4,50

Zinssatz in %	Laufzeit in Jahren		
	4	5	6
4,00	1,169858	1,216653	1,265319
4,25	1,181148	1,231347	1,283679
4,50	1,192519	1,246182	1,302260
4,75	1,203971	1,261160	1,321065
5,00	1,215506	1,276282	1,340096

a) Ermitteln Sie für Frau Seidel den Gesamtbetrag der Anlage in Sparbriefen.

	EUR

b) Über welchen Betrag kann Frau Seidel voraussichtlich am Ende der Laufzeit verfügen, bei einer Abgeltungsteuer von 25 % und einem Solidaritätszuschlag von
   5,5 %. Gehen Sie davon aus, dass Frau Seidel keinen Freistellungsauftrag erteilt hat.

Gesamtbetrag der Anlage	Gutschriftsbetrag am Ende der Laufzeit
EUR	EUR

6. Renditeberechnung und Effektivverzinsung

Rendite-
berechnung

Aufgabe D-26

Der Depotkunde Theo Gers erwarb bei einem Kapitalmarktzinsniveau von 6 %
eine Bundesanleihe im Nennwert von 10.000,00 EUR mit einer Restlaufzeit von
10 Jahren und einer Nominalverzinsung von 5,5 % p.a. Die Zinsen sind jährlich
zahlbar (Jahreskupon). Der Erwerbskurs betrug 104,56 %.

a) Ermitteln Sie für Herrn Gers die Rendite für diese Bundesanleihe. Gehen Sie
   davon aus, dass Herr Gers die Bundesanleihe bis zur Endfälligkeit hält. Verwenden Sie die nachstehende vereinfachte Formel zur Effektivzinsberechnung:

Effektivzinsformel:

$$P_{eff} = \frac{\left[P_{nom} + \left(\dfrac{R_k - E_k}{J}\right)\right] \times 100}{E_k}$$

P_{eff}	= Effektivverzinsung/Rendite
P_{nom}	= Nominalverzinsung
J	= Anlagedauer (Restlaufzeit) in Jahren
E_k	= Erwerbskurs
R_k	= Rückzahlungskurs

[   ] %

Nach 3 Jahren veräußert Herr Gers die Anleihe an der Börse. Käufer der Papiere
ist Herr Torben Kugler. Die Kapitalmarktzinsen sind inzwischen gestiegen und
betragen für entsprechende Anleihen mit einer Restlaufzeit von 7 Jahren 8 % p.a.
Die Renditeerwartung von Herrn Kugler ist eine Marktrendite von 8 %.

b) Ermitteln Sie für Herrn Kugler den Kurs der Bundesanleihe, wenn eine Marktrendite von 8 % unterstellt wird. Verwenden Sie bei der Kursermittlung die
   nachstehende Formel:

Erwerbskurs:

$$E_k = \frac{(P_{nom} \times J) + R_k}{\left(\dfrac{P_{eff} \times J}{100}\right) + 1}$$

[   ] %

c) Darüber hinaus plant Herr Gers, 15.000,00 EUR in Pfandbriefen anzulegen. Er
   möchte sich über die Höhe der Effektivverzinsung (Rendite) des folgenden
   Pfandbriefes informieren:

Nominalwert	15.000,00 EUR
Zinssatz	4,625 % p.a.
Kaufkurs	97,50 %
Restlaufzeit	6 Jahre

Berechnen Sie die Effektivverzinsung (Rendite). (Kosten und steuerliche Aspek-
te bleiben unberücksichtigt. Zwischenergebnisse mit 3 Stellen nach dem Komma
berücksichtigen, das Ergebnis ist kaufmännisch auf 2 Stellen nach dem Komma
zu runden. Verwenden Sie die Effektivzinsformel aus Aufgabe a)!)

[   ] %

Aufgabe D-27

Frau Juliane Schuster hatte am 23.01.2007 (Donnerstag) für 10.000,00 EUR nominal die 4,5 %ige Bundesanleihe mit einer Laufzeit vom 01.10.2002 – 01.10.2012 zum Kurs von 101,41 % erworben, Zinsvaluta war der 26.01.2007.

a) Ermitteln Sie den Anlagebetrag (ohne Gebühren) für Frau Schuster.

EUR

b) Welche Rendite erzielt Frau Schuster mit dieser Anlage? Gehen Sie davon aus, dass Frau Schuster die Bundesanleihe bis zur Endfälligkeit hält (Berechnungsmethode act/act; berücksichtigen Sie, dass 2008 und 2012 Schaltjahre sind).

%

Basiswissen: Besteuerung von Wertpapieren

Infos zur Abgeltungsteuer

Kapitalerträge unterliegen einer pauschalen Abgeltungsteuer von 25 %. Die Kreditinstitute halten von den Kapitalerträgen eine Kapitalertragsteuer (KESt) von 25 % zuzüglich 5,5 % Solidaritätszuschlag (SolZ) und ggf. Kirchensteuer (KiSt) ein. Die Steuern werden an das Bundeszentralamt für Steuern (BZSt) ohne Namensnennung des Depotinhabers bzw. Kontoinhabers abgeführt. Damit ist die Steuerpflicht des Anlegers abgegolten. Unbeschränkt steuerpflichtig sind natürliche Personen, die ihren Wohnsitz oder gewöhnlichen Aufenthalt in der Bundesrepublik Deutschland haben, d.h. alle inländischen und ausländischen Einkünfte unterliegen der deutschen Einkommensteuer. Ein gewöhnlicher Aufenthalt liegt vor, wenn der ununterbrochene Aufenthalt im Inland länger als sechs Monate dauert. Ausländer, die ihren Wohnsitz nicht in der Bundesrepublik haben aber inländische Einkünfte, z.B. Kapitalerträge erzielen, unterliegen nicht der Abgeltungsteuer. Im Rahmen der außenwirtschaftsrechtlichen Legitimationsprüfung ermittelt die Bank den devisenrechtlichen (Gebietsansässiger/Gebietsfremder) und damit auch den steuerrechtlichen Status (Steuerinländer/Steuerausländer) eines Konto- und Depotinhabers. Diese Feststellung ist erforderlich, da Steuerausländer von der Abgeltungsteuer befreit sind.

Beispiel

Ein Anleger erhält aufgrund eines Aktienbestandes von 2000 Stück Energieaktien 2,00 EUR Dividende pro Aktie. Ein Freistellungsauftrag wurde nicht erteilt.

Bruttodividende 2000 Stück x 2,00 EUR	4.000,00 EUR
./. 25 % Abgeltungsteuer	1.000,00 EUR
./. 5,5 % SolZ	55,00 EUR
Gutschriftsbetrag	3.945,00 EUR
Steuerabzug	1.055,00 EUR

Steuerpflichtige Kapitalerträge:

- Zinsen aus Kontoguthaben und festverzinslichen Wertpapieren
- Dividenden
- Ausschüttungen von Investmentfonds
- Vereinnahmung von Zwischengewinnen. Zwischengewinne sind die im Fondsvermögen vereinnahmten Zinsen sowie die aufgelaufenen aber noch nicht vereinnahmten Stückzinsen. Sie werden täglich ermittelt und separat ausgewiesen, da bei der Rückgabe von Anteilen die im Rücknahmepreis enthaltenen Zwischengewinne steuerpflichtig sind.

Erträge aus Zertifikaten

- Veräußerungsgewinne bei Finanzinstrumenten (Wertpapiere, Optionen usw.) unabhängig von der Besitzdauer
- Stillhalterprämien bei Optionsgeschäften
- Erträge aus Lebensversicherungen, die im vollen Umfang steuerpflichtig sind (Laufzeit unter 12 Jahren oder Auszahlung vor dem 60. Lebensjahr).
- Kapitalerträge sind zu versteuern, wenn sie dem Anleger zufließen. Veräußerungsgewinne sind bei Realisierung des Gewinns steuerpflichtig: Verkauf an der Börse, Rückgabe an den Emittenten oder Fälligkeit der Wertpapiere.

Beispiel

Ein Kunde legte für 30 Tage ein Festgeld über 10.000 EUR zum Zinssatz von 2,3 % p.a. an. Am Ende der Festlegungsfrist wurde das Festgeld einschließlich Zinsen für 15 Tage auf dem Girokonto zu 0,75 % p.a. verzinst, bevor es dann anschließend vom Kunden zur Begleichung einer Rechnung verwendet wurde. Ein Freistellungsauftrag liegt der Bank nicht vor. Ermitteln Sie den Gutschriftsbetrag am Ende der Festlegungszeit sowie den Saldo auf dem Girokonto vor Begleichung des Rechnungsbetrages.

2,3 % Zinsen für 30 Tage 10.000 EUR Anlagebetrag	19,17 EUR
Zwischensumme	10.019,17 EUR
./. 25 % Abgeltungsteuer	4,79 EUR
./. 5,5 % SolZ	0,26 EUR
Gutschriftsbetrag auf Girokonto	**10.014,12 EUR**
+ 0,75 % Zinsen für 15 Tage Anlagebetrag 10.014,12 EUR	3,13 EUR
Zwischensumme	10.017,25 EUR
./. 25 % Abgeltungsteuer auf 3,13 EUR	0,78 EUR
./. 5,5 % SolZ	0,04 EUR
Neuer Saldo auf Girokonto	**10.016,43 EUR**

Sparer-Pauschbetrag und Freistellungsauftrag

Kapitalerträge sind nur steuerpflichtig, soweit sie den Sparer-Pauschbetrag von 801 EUR für Alleinstehende und 1.602 EUR für Zusammenveranlagte Eheleute übersteigen. Das Freistellungsvolumen kann der Anleger auf mehrere Kreditinstitute bzw. Investmentgesellschaften verteilen. Zusammen veranlagte Eheleute können nur gemeinsam einen Freistellungsauftrag erteilen. Der nicht ausgeschöpfte Teil des Freistellungsbetrages verfällt am Jahresende. Die Bank muss dem Bundeszentralamt für Steuern die Daten des Freistellungsauftrages (Name, Anschrift, Geburtsdatum) und die Höhe der freigestellten Kapitalerträge melden.

Beispiel

Ein Depotkunde erhält aufgrund einer Dividendenzahlung 1.250 EUR Dividende. Ein Freistellungsauftrag von 500,00 EUR ist zu berücksichtigen.

Bruttodividende	1.250,00 EUR
./. FSA	500,00 EUR
Zwischensumme	750,00 EUR
./. 25 % Abgeltungsteuer von 750 EUR	187,50 EUR
./. 5,5 % SolZ	10,31 EUR
Zwischensumme	552,19 EUR
+ FSA von	500 EUR
= Dividendengutschrift	**1.052,19 EUR**

Veranlagungswahlrecht

Der Anleger hat ein Veranlagungswahlrecht. Insbesondere für Steuerpflichtige mit einem Steuersatz von unter 25 % ist es vorteilhaft, die Kapitalerträge in seiner Einkommensteuererklärung anzugeben und zu seinem persönlichen Einkommensteuersatz versteuern. Das Finanzamt erstattet dann die Differenz zwischen dem persönlichen Steuersatz und der einbehaltenen KESt von 25 % (Günstigerprüfung). Als Nachweis ist dann eine Jahressteuerbescheinigung der Bank erforderlich.

Nichtveranlagungsbescheinigung (NV-Bescheinigung)

Bei Vorlage einer NV-Bescheinigung zahlt die Bank die Kapitalerträge ohne Steuerabzug aus. Die NV-Bescheinigung kann beim Finanzamt für 3 Jahre beantragt werden und ist betraglich nicht begrenzt. Für Anleger, die nicht zur Einkommensteuer veranlagt werden und Kapitalerträge über den Sparer-Pauschbetrag hinaus erzielen, ist diese Bescheinigung zweckmäßig.

Kursgewinne

Kursgewinne bei Wertpapier-, Options- und Termingeschäften sind als positive Kapitalerträge steuerpflichtig. Ein Kursgewinn ist die Differenz zwischen dem beim Erwerb gezahlten Kaufpreis und dem bei der Veräußerung erzielten Veräußerungserlös unter Berücksichtigung der An- und Verkaufskosten. Veräußerungsverluste können als negative Kapitalerträge, z.B. gezahlte Stückzinsen beim Kauf von Anleihen und gezahlte Zwischengewinne beim Erwerb von Investmentfondsanteilen, mit positiven Kapitalerträgen verrechnet werden.

Beispiel

Ein Kunde erteilte zu Beginn des Jahres 2009 der *Nordbank AG* einen Freistellungsauftrag in Höhe von 801 EUR. Der Kunde ist konfessionslos und ledig. Am 10.04.2009 erhält der Kunde eine Zinsgutschrift über 1.550 EUR. Am 05.10.2009 gibt der Kunde einen Teil seiner Investmentzertifikate an den Investmentfonds zum Rückgabepreis von 14.208,00 EUR zurück, Veräußerungsverlust 950,00 EUR. Welchen Betrag überweist die *Nordbank* an das Bundeszentralamt für Steuern?

Zinsgutschrift am 10.04.	1.550,00 EUR
./. FSA 801 EUR	801,00 EUR
Zwischensumme	749,00 EUR
./. 25 % Abgeltungsteuer	187,25 EUR
./. 5,5 % SolZ	10,29 EUR
Zwischensumme	551,46 EUR
+ FSA 801 EUR	801,00 EUR
Zinsgutschrift	1.352,46 EUR
05.10.2009 Rückgabepreis	14.208,00 EUR
+ 25 % KESt-Erstattung von 950,00 EUR	237,50 EUR
+ 5,5 % SolZ-Erstattung von 237,50 EUR	13,06 EUR
Gutschrift	14.458,56 EUR
Überweisung an Bundeszentralamt für Steuern	
10.4. KESt	187,25 EUR
+ SolZ	10,29 EUR
Zwischensumme	197,54 EUR
./. 05.10. KESt-Erstattung	237,50 EUR
./. SolZ-Erstattung	13,06 EUR
Zwischensumme	250,56 EUR
Überweisung an des Bundeszentralamt für Steuern	**0 EUR**
Saldo auf dem Allgemeinen Verlustverrechnungskonto	**53,02 EUR**

Verlustverrechnungstöpfe

Negative Kapitalerträge, die nicht sofort mit positiven Kapitalerträgen des laufenden Jahres verrechnet werden können, werden in Verlustverrechnungstöpfen erfasst und mit späteren positiven Kapitalerträgen verrechnet.

Regel 1

Veräußerungsverluste aus Aktiengeschäften dürfen nur mit Gewinnen aus Aktiengeschäften verrechnet werden. Veräußerungsgewinne aus Aktiengeschäften können mit allen anderen negativen Kapitalerträgen (Verluste aus Aktiengeschäften, Verluste bei der Rückgabe von Investmentanteilen, gezahlte Stückzinsen) verrechnet werden.

Regel 2

Andere negative Kapitalerträge (Veräußerungsverluste bei der Rückgabe von Investmentanteilen, gezahlte Stückzinsen, Zwischengewinne) können mit allen positiven Kapitalerträgen (Zinserträge, Dividenden, Veräußerungsgewinne bei Aktien) verrechnet werden.

Die Bank führt demnach zwei unterschiedliche Verlustverrechnungstöpfe:

- Aktienverlustverrechnungstopf

- Allgemeiner Verlustverrechnungstopf

Die Salden der Verlustverrechnungstöpfe werden am Ende des Jahres auf das nächste Jahr übertragen. Erhält der Kunde eine Verlustbescheinigung seines Kreditinstituts für seine Einkommensteuererklärung, verfällt sein Verlustverrechnungstopf und wird nicht auf das nächste Jahr übertragen. Die Verlustverrechnung hat Vorrang vor der Belastung des Freistellungsauftrags.

Beispiel

Ein Kunde hatte der *Nordbank AG* zu Beginn des Jahres 2009 einen FSA erteilt von 500,00 EUR. Er erhält am 10.04.2009 einen Zinsertrag von 200,00 EUR. Ein Veräußerungsgewinn in Höhe von 250,00 EUR wurde am 28.06.2009 erzielt. Am 05.10.2009 ergab sich für den Kunden ein Veräußerungsverlust durch die Rückgabe von Investmentanteilen in Höhe von 950,00 EUR.

Welcher Betrag wird im Verlustverrechnungstopf für den Kunden erfasst?

Freistellungsauftrag	500,00 EUR
./. Zinsen am 10.04.2009	200,00 EUR
Zwischensumme FSA	300,00 EUR
./. Veräußerungsgewinn	250,00 EUR
Zwischensumme FSA	50,00 EUR
05.10.2009 Veräußerungsverlust	950,00 EUR
FSA	50,00 EUR
Erfassung auf dem Allgemeinen Verlustverrechnungskonto	950,00 EUR
Am Jahresende verfällt der FSA in Höhe von	50,00 EUR
Übertragung auf den Verlustverrechnungstopf des nächsten Jahres	950,00 EUR

Beispiel

Ein Kunde hatte der *Nordbank AG* einen FSA in Höhe von 801 EUR zu Beginn des Jahres 2009 erteilt. Am 10.04.2009 erzielte der Kunde einen Veräußerungsverlust aus dem Verkauf von Aktien in Höhe von 2.350,00 EUR. Am 05.10.2009 erzielte der Kunden einen Veräußerungsgewinn in Höhe von 4.000,00 EUR. Ermitteln Sie den Steuerbetrag, den die *Nordbank AG* an das Bundeszentralamt für Steuern abführen muss.

FSA 01.01.2009	801,00 EUR
10.04.2009 Veräußerungsverlust von	2.350,00 EUR
Erfassung im Aktienverlustverrechnungstopf	2.350,00 EUR
05.10.2009 Veräußerungsgewinn	4.000,00 EUR
./. Bestand im Aktienverlustverrechnungstopf	2.350,00 EUR
Zwischensumme	1.650,00 EUR
./. FSA	801,00 EUR
Zwischensumme	849,00 EUR
./. 25 % Abgeltungsteuer	212,25 EUR
./. 5,5 % SolZ	11,67 EUR
Zwischensumme	625,08 EUR
+ FSA	801,00 EUR
Gutschrift	1.426,08 EUR
Steuerabführung an BZSt	223,92 EUR

Ermittlung von Veräußerungsgewinnen

Hat der Depotkunde mehrere Veräußerungsgeschäfte in einer Wertpapiergattung über ein Depot abgewickelt, ist der Veräußerungsgewinn (aber auch der Veräußerungsverlust) nach der FiFo-Methode (first in – first out) zu ermitteln. Die zuerst erworbenen Wertpapiere werden danach auch zuerst wieder veräußert.

Abgeltungsteuer und Kirchensteuer

Wenn man einer Religionsgemeinschaft angehört, die Kirchensteuer verlangt, ist die Kirchensteuer eine Pflichtsteuer, die zusätzlich zur Abgeltungsteuer gezahlt werden muss. Die Kirchensteuer beträgt 8 % in Bayern und Baden-Württemberg. In allen anderen Bundesländern 9 %, prozentual berechnet von der Höhe der Abgeltungsteuer. Da man allerdings die Kirchensteuer als Sonderausgabe absetzen kann, ist die genaue Berechnungsgrundlage der Kirchensteuer nicht 9 % von 25 %, sondern die 25 % Abgeltungsteuer abzüglich des möglichen Sonderausgabenabzuges.

Da die Kirchensteuer bei der Einkommensteuer als Sonderausgabe abzugsfähig ist, errechnet sich die Abgeltungsteuer nach folgender Formel:

$$Abgeltungsteuer = \frac{Kapitalerträge}{4 + \left(\dfrac{Kirchensteuersatz}{100} \right)}$$

Bei 9 % Kirchensteuer ergibt dies die Berechnungsgrundlage von 24,45 %.

Bei 8 % Kirchensteuer ist die Berechnungsgrundlage 24,51 %.

Falls man zu den Steuerpflichtigen gehört, die 9 % Kirchensteuer zu zahlen haben, ergibt sich dann folgende zu zahlende Gesamtsumme (bei schon abgezogenen Sonderausgaben): Für 100,00 EUR Zinsen, Dividenden oder Kursgewinne 24,45 EUR Abgeltungsteuer, 1,34 EUR Solidaritätszuschlag (berechnet von 24,45 EUR) und 2,20 EUR Kirchensteuer, also insgesamt 27,98 EUR.

Falls man zu den Steuerpflichtigen gehört, die 8 % Kirchensteuer zu zahlen haben, ergibt sich dann folgende zu zahlende Gesamtsumme (bei schon abgezogenen Sonderausgaben): Für 100,00 EUR Zinsen, Dividenden oder Kursgewinne 24,51 EUR Abgeltungsteuer, 1,34 EUR Solidaritätszuschlag (berechnet von 24,51 EUR) und 1,960 EUR Kirchensteuer, also insgesamt 27,81 EUR.

Beispiel

Ein Kunde der *Nordbank AG* legte 2009 einen Betrag über 10.000,00 EUR für ein Jahr mit einem Zinssatz von 4 % p.a. an. Der Kunde hatte seiner Bank in Hamburg die Angabe gemacht, dass er kirchensteuerpflichtig sei. Berechnen Sie den Zinsertrag für diese Anlage unter Berücksichtigung der 9 %igen Kirchensteuer für diesen Kunden. Ein Freistellungsauftrag liegt der Bank nicht vor.

4 % Zinsen auf 10.000 EUR für 1 Jahr	400,00 EUR
./. 24,45 % Abgeltungsteuer	97,80 EUR
./. 5,5 % Solidaritätszuschlag auf die Abgeltungsteuer von 97,80 EUR	5,37 EUR
./. 9 % Kirchensteuer auf die Abgeltungsteuer von 97,80 EUR	8,80 EUR
= Gutschriftsbetrag	**288,03 EUR**

7. Besteuerung von Wertpapieren

Besteuerung von Wandelanleihen

Aufgabe D-28

Der Kunde Georg Plate hat für nominal 27.500 EUR Wandelanleihen der *Vodafone Fin.* (ausländischer Emittent) aus einer Erbschaft zugesprochen bekommen. In „Die Welt" findet Herr Plate folgende Kursnotiz zu diesem Wert:

Zins	Name	Rating	Laufzeit	20.01.2010	+/- %	Rendite %
1,000	Vodafone Fin.	BBB +	10/2012	104,75 G	0,00	6,74

Herr Plate möchte von Ihnen wissen, mit welchem Zinsertrag er bei einem Freistellungsbetrag von 100 EUR beim nächsten Zinstermin rechnen kann. Ermitteln Sie für Herrn Plate den Zinsertrag unter Einbeziehung eines Freistellungsbetrages von 100,00 EUR. Berücksichtigen Sie, dass bei Erträgen aus Wandelanleihen ausländischer Emittenten bei Auszahlung im Inland die Abgeltungsteuer von 25 % zuzüglich 5,5 % Solidaritätszuschlag anfällt. Der Kunde gehört keiner Religionsgemeinschaft an.

EUR

Besteuerung von Wandelanleihen

Aufgabe D-29

Herr Klaus Schirrer hat nominal 25.500,00 EUR Wandelanleihen der *Continental AG* von 2010 in seinem Depot. Da in Kürze der nächste Zinstermin ansteht, möchte er von Ihnen wissen, mit welchem Zinsertrag er rechnen kann. Ein Freistellungsauftrag liegt Ihnen nicht vor. Der Kunde gehört keiner Religionsgemeinschaft an.

Zins	Emittent	Laufzeit	Kurs 13.02.2010
2 %	Continental 2010	2015	103,50 b

EUR

Aufgabe D-30

Im Börsenblatt finden Sie unter der Rubrik „Wandelanleihen (F)" die Eintragung:

Zins	Emittent	Laufzeit	01.04.2020
3 %	Allianz Fin.	2008/2013	105,50 b

Der Depotkunde Werner Ehring besitzt nominal 20.000,00 EUR dieser Wandelanleihe. Welche Steuern muss das depotführende Kreditinstitut bei der Zinsgutschrift an diesen Kunden einbehalten, wenn kein Freistellungsauftrag vorliegt?

Steuern

A Körperschaftsteuer von 25 %

B Kirchensteuer von 8 % oder 9 %

C Solidaritätszuschlag von 5,5 %

D Umsatzsteuer von 19 %

E Abgeltungsteuer von 25 %

F Persönlicher Einkommensteuersatz des Kunden

Aufgabe D-31

Der Kunde Hans Joachim Wöhler hat den nachstehenden Genussschein in seinem Depot:

Emittent	Coup. %	Kurs (%) 29.01.2010	Rendite %
Commerzbank	4,006	85,00	6,01

Herr Wöhler hat 15.000,00 EUR Nennwert dieser Genussscheine in seinem Depot. Ein Freistellungsauftrag liegt der Depotbank nicht vor.

a) Ermitteln Sie für Herrn Wöhler die Coupongutschrift am 29.01.2010 sowie Kupongutschrift am 29.01.2010 unter Berücksichtigung der 9 %igen Kirchensteuer sowie

	EUR

b) die anzurechnenden Steuern.

	EUR

Aufgabe D-32

Das Ehepaar Buschlüter hat nominal 22.500,00 EUR der nachstehenden Industrieanleihe in seinem Depot.

Zins	Name	Rating	Laufzeit	Kurs	Rendite
5,750 %	BASF	AA-	09/2012	106,20 G	3,12 %

Ermitteln Sie die Kontogutschrift am fälligen Zinstermin für das Ehepaar Buschlüter. Beachten Sie, dass ein Freistellungsauftrag in Höhe von 1.000,00 EUR vorliegt, der bis auf 225,50 EUR bereits ausgenutzt ist. Berücksichtigen Sie bei dieser Aufgabe eine 8 %ige Kirchensteuer.

| EUR |

Besteuerung von Optionsanleihen

Aufgabe D-33

Im Handelsblatt finden Sie die nachstehenden Optionsanleihen o.O.:

Zins	Emittent	Laufzeit	Kurs 12.02.2010
5,5 %	Allianz o.O.	2012	103,05 bG
6 %	Pongs&Zahn 01 o.O.	2014	76,60 G

Die Depotkundin Claudia Harke hat jeweils nominal 12.500,00 EUR der o.a. Optionsanleihen in ihrem Depot.

Ermitteln Sie für Frau Harke die Summe der Zinsgutschriften, wenn ein Freistellungsauftrag in Höhe von 500 EUR vorliegt.

| EUR |

Besteuerung von Aktien

Aufgabe D-34

Der Depotkunde Walter Jackisch hat 400 Stück Stahlbau-Aktien in seinem Depot. Ein Freistellungsauftrag liegt der Bank bisher nicht vor. Herr Jackisch teilt Ihnen mit, dass er in der Zeitung gelesen habe, dass die Gesellschaft für das abgelaufene Geschäftsjahr eine Bardividende in Höhe von 0,80 EUR je Aktie den Aktionären vorschlagen möchte. Da er noch einen Freistellungsbetrag von 100,00 EUR frei habe, möchte er von Ihnen wissen, ob es sich für ihn lohne, der Bank einen Freistellungsauftrag in dieser Höhe zu erteilen.

Welchen Gutschriftsbetrag erhält Herr Jackisch, wenn er der *Nordbank AG*…

a) keinen Freistellungsauftrag erteilt hat?

| EUR |

b) einen Freistellungsauftrag in Höhe von 100,00 EUR erteilt hat?

| EUR |

Dividendenbesteuerung

Aufgabe D-35

Der Depotkunde der *Nordbank AG*, Herr Sebastian Braess, erhält am 26.11.2009 das nachfolgende Bezugsangebot der *K+S AG* zum Bezug neuer Aktien. Herr Braess besitzt 500 Stück dieser Aktien.

Herr Braess erteilt der *Nordbank AG* rechtzeitig den Auftrag, seine Bezugsrechte am 03.12.2009 (Donnerstag) bestens zu verkaufen. Die Bezugsrechte wurden zu 2,82 EUR verkauft. Herr Braess gehört keiner Religionsgemeinschaft an. Ein Freistellungsauftrag liegt der *Nordbank AG* nicht vor. In den Verlustverrechnungstöpfen gibt es keine Bestände, die bei der Abrechnung zu berücksichtigen sind.

a) Erstellen Sie die Abrechnung unter Berücksichtigung von 14,00 EUR Provision und 2,50 EUR Maklercourtage.

> | EUR |

b) Ermitteln Sie die Geldvaluta.

> | EUR |

c) Angenommen, Herr Braess hat auf das Bezugsrechtsangebot der *K+S AG* nicht reagiert. Wie verhält sich die *Nordbank AG*, wenn ihr bis zum Schluss des Bezugsrechtshandels keinerlei Weisungen des Kunden Braess vorgelegen hätten?

> | |

d) An welchem Tag könnte Herr Braess spätestens noch sein Bezugsrecht ausüben?

> | |

e) Wie viele junge Aktien könnte der Depotkunde mit seinem Aktienbestand beziehen?

> | |

Bezugsrechte	
Der Aktionär hat ein gesetzliches Bezugsrecht nach dem Aktiengesetz	- Ausgabe von jungen Aktien - Ausgabe von Wandelanleihen - Ausgabe von Optionsanleihen - Ausgabe von Genussrechten
Ausschluss des gesetzlichen Bezugsrechts	- Beschluss der Hauptversammlung mit ¾ des vertretenen Grundkapitals - Ein Ausschluss des Bezugsrechts ist zulässig, wenn die Kapitalerhöhung gegen Einlagen 10 % des Grundkapitals nicht übersteigt und der Ausgabepreis der Aktien den Börsenkurs maximal 5 % unterschreitet (§ 186 Abs. 3 AktG).
Konsortialbanken	Als Ausschluss des Bezugsrechts ist es nicht anzusehen, wenn die Emission von einem Bankenkonsortium mit der Verpflichtung übernommen wird, sie den Aktionären zum Bezug anzubieten.
Bezugsverhältnis	Es ist das Verhältnis, in dem der Aktionär aufgrund des Bestandes an alten Aktien neue Aktien bzw. Wandel- bzw. Optionsanleihen beziehen kann. Es ergibt sich aus der Relation: Bisheriges Grundkapital : Nennwert des Emissionsvolumens bzw. Anzahl Alter Aktien : Anzahl junger Aktien
Bezugsangebot enthält:	- Bezugsfrist (mindestens 14 Tage) - Bezugskurs = Ausgabepreis Das Bezugsangebot an die Aktionäre ist vom Vorstand der AG in den Gesellschaftsblättern zu veröffentlichen.

Bezugsrechtshandel	Beginn: 1. Tag der Bezugsfrist
	Ende: 2 Börsentage vor Ablauf der Bezugsfrist
	Die beiden letzten Tage der Bezugsfrist dienen der Erfüllung der am letzten Handelstag abgeschlossenen Geschäfte.
	Der Bezugsrechtshandel ermöglicht den Aktionären den Kauf bzw. Verkauf fehlender bzw. überschüssiger Bezugsrechte.
	Die alten Aktien notieren mit Beginn des Bezugsrechtshandels „ex Bezugsrecht".
Berechtigungsnachweis für den Bezug junger Aktien	Ein vom Aktienbogen zu trennender Gewinnanteilsschein, der zur Ausübung des Bezugsrechts in der erforderlichen Anzahl bei den im Bezugsangebot genannten Bezugsstellen einzureichen ist.
Bedeutung der Bezugs-rechtsausübung	Das Bezugsrecht ermöglicht dem Aktionär, seinen prozentualen Anteil am Grundkapital aufrechtzuerhalten und den Kursverlust auszugleichen, der aufgrund des Bezugsrechtsabschlags bei den alten Aktien mit Beginn des Bezugsrechtshandels entsteht.
Bezugsrechtserlöse	Der Verkauf von Bezugsrechten ist steuerpflichtig:
	25 % Abgeltungsteuer
	5,5 % Solidaritätszuschlag

Bezugsangebot

K+S Aktiengesellschaft Kassel

ISIN DE0007162000 / WKN 716200

Aufgrund der Ermächtigung gemäß § 4 Abs. 4 der Satzung der K+S AG hat der Vorstand am 25. November 2009 mit Zustimmung des Aufsichtsrats beschlossen, das Grundkapital von EUR 165.000.000,00 um EUR 26.400.000,00 auf EUR 191.400.000,00 durch Ausgabe von 26.400.000 neuen, auf den Inhaber lautenden Aktien ohne Nennbetrag (Stückaktien), jeweils mit einem anteiligen Betrag des Grundkapitals von EUR 1,00 je Stückaktie (die „Neuen Aktien"), gegen Bareinlagen zu erhöhen. Die Neuen Aktien sind mit voller Gewinnanteilberechtigung ab dem 01.01.2009 ausgestattet. Der Bezugspreis beträgt EUR 26,00.

Die Deutsche Bank AG, Frankfurt am Main („Deutsche Bank") und Morgan Stanley Bank AG, Frankfurt am Main („Morgan Stanley") (zusammen die „Globalen Koordinatoren") sowie BNP PARIBAS als Senior Co-Lead Manager, HSBC Trinkaus & Burkhardt AG und ABN AMRO Bank N.V. (London Branch) zusammen die „Co-Lead Managers" und, gemeinsam mit den Globalen Koordinatoren, die „Konsortialbanken" haben sich aufgrund eines Aktienübernahmevertrags (der „Aktienübernahmevertrag") vom 26.11.2009 verpflichtet, (i) die Neuen Aktien den Aktionären der K+S AG, vorbehaltlich der nachstehenden unter dem Abschnitt „Wichtige Hinweise" genannten Bedingungen im Verhältnis 25:4 im Wege des mittelbaren Bezugsrechts zum Bezug anzubieten, (ii) die Neuen Aktien zu zeichnen und (iii) den Aktionären die gezeichneten Aktien entsprechend ihrer Bezugsausübung nach vollzogener Eintragung der Durchführung der Kapitalerhöhung im Handelsregister zuzuteilen. Auf jede alte Aktie der K+S AG entfällt ein Bezugsrecht.

Die Neuen Aktien werden den Aktionären zum Bezugspreis von EUR 26,00 je Neue Aktie zum Bezug angeboten. Etwaige nicht bezogene Neue Aktien können durch die Globalen Koordinatoren im Markt verwertet werden. Eine etwaige Verwertung hat bestmöglich, mindestens jedoch zum Bezugspreis zu erfolgen.

Die Eintragung der Durchführung der Kapitalerhöhung in das Handelsregister wird voraussichtlich am 09.12.2009 erfolgen.

Die Bezugsrechte aus den alten Aktien, die sämtlich in Girosammelverwahrung gehalten werden, werden nach dem Stand vom 26. November 2009, abends, durch die Clearstream Banking AG, Neue Börsenstr. 1, 60487 Frankfurt am Main (die „Clearstream Banking AG"), den Depotbanken automatisch eingebucht.

Wir bitten unsere Aktionäre, ihr Bezugsrecht aus den Neuen Aktien zur Vermeidung des Ausschlusses von der Ausübung ihres Bezugsrechts in der Zeit

vom 27.11.2009 bis einschließlich 10.12.2009

über ihre Depotbank bei einer der unten genannten Bezugsstellen während der üblichen Schalterstunden auszuüben. Nicht fristgemäß ausgeübte Bezugsrechte verfallen wertlos.

Bezugsstellen sind die inländischen Niederlassungen der Deutsche Bank AG.

Entsprechend dem Bezugsverhältnis von 25:4 können für jeweils 25 alte Aktien der Gesellschaft 4 Neue Aktien zum Bezugspreis bezogen werden.

Bezugspreis

Der Bezugspreis je bezogener Neuer Aktie beträgt EUR 26,00. Der Bezugspreis für die Neuen Aktien ist spätestens am 10.12.2009 zu entrichten.

Börslicher Bezugsrechtshandel

Im Zusammenhang mit dem Angebot der Neuen Aktien findet ein börslicher Bezugsrechtshandel statt. Die Bezugsrechte (ISIN: DE000A1A6Z69 / WKN: A1A6Z6) für die Neuen Aktien werden in der Zeit vom 27.11.2009 bis einschließlich 08.12.2009 im Regulierten Markt an der Frankfurter Wertpapierbörse gehandelt. Ein Ausgleich für nicht ausgeübte Bezugsrechte findet nicht statt. Nach Ablauf der Bezugsfrist verfallen die nicht ausgeübten Bezugsrechte wertlos. Vom 27.11.2009 an werden die alten Aktien der Gesellschaft an den deutschen Wertpapierbörsen jeweils „ex Bezugsrecht" notiert.

Die Deutsche Bank kann geeignete Maßnahmen ergreifen, um für einen geordneten Bezugsrechtshandel Liquidität zur Verfügung zu stellen, wie den Kauf und Verkauf von Bezugsrechten auf Neue Aktien. Dabei behält sich die Deutsche Bank vor, Absicherungsgeschäfte in Aktien der Gesellschaft oder entsprechenden Derivaten vorzunehmen. Solche Maßnahmen und Absicherungsgeschäfte können den Börsenkurs bzw. Marktpreis der Bezugsrechte und der Aktien der Gesellschaft beeinflussen. Es ist jedoch nicht gesichert, dass sich ein aktiver Bezugsrechtshandel an der Frankfurter Wertpapierbörse entwickeln und während des Zeitraums des Bezugsrechtshandels genügend Liquidität vorhanden sein wird.

In Übereinstimmung mit der deutschen Marktpraxis erfolgt für die Bezugsrechte nur eine tägliche Preisfeststellung. Der Börsenkurs der Bezugsrechte hängt u.a. von der Kursentwicklung der Aktie der K+S AG ab, kann jedoch auch deutlich stärkeren Preisschwankungen unterliegen.

Wichtige Hinweise

Die Konsortialbanken sind berechtigt, unter bestimmten Umständen vom Aktienübernahmevertrag zurückzutreten oder die Durchführung des Bezugsangebots zu verlängern. Zu diesen Umständen zählt insbesondere der Eintritt eines der folgenden Ereignisse:

- eine erhebliche Veränderung oder erwartete Veränderung im Grundkapital der Gesellschaft, Veränderungen oder erwartete Veränderungen im konsolidierten langfristigen Verbindlichkeiten der Gesellschaft oder einer ihrer Tochtergesellschaften seit dem Stichtag des letzten im Prospekt enthaltenen geprüften Abschlusses, die (zusammengenommen) die Vermögens-, Finanz- und Ertragslage der K+S Gruppe beeinträchtigen könnten und die nicht im Prospekt offen gelegt wurden;
- die Aussetzung des Handels (aus anderen als technischen Gründen) an der Frankfurter, Londoner oder New Yorker Wertpapierbörse;
- Die Verhängung eines generellen Moratoriums über kommerzielle Bankaktivitäten in Frankfurt am Main, London oder New York oder nicht unerhebliche Unterbrechungen bei Wertpapiersettlement-, Zahlungs- oder Buchungsdiensten in Europa und den Vereinigten Staaten von Amerika;
- ein Ausbruch oder eine Eskalation von Feindseligkeiten, Unglücken oder Krisen, die die Finanzmärkte der Bundesrepublik Deutschland, Großbritannien oder der Vereinigten Staaten von Amerika beeinflussen können;
- eine wesentliche nachteilige Änderung in den nationalen oder internationalen finanziellen, politischen oder wirtschaftlichen Rahmenbedingungen, Devisenwechselkursen oder Devisenkontrollen.

Die Verpflichtung der Konsortialbanken endet ferner, wenn die Durchführung der Kapitalerhöhung nicht bis zum 10.12.2009, 12 Uhr MEZ, in das Handelsregister des Amtsgerichts Kassel eingetragen ist und sich Deutsche Bank und Morgan Stanley als Globale Koordinatoren und die K+S AG nicht auf einen späteren Termin einigen können. Sollte die Zulassung der Neuen Aktien zum Börsenhandel nicht bis einschließlich 11.12.2009 bzw. zu einem von der Gesellschaft und den Konsortialbanken vereinbarten späteren Zeitpunkt für Lieferung und Abrechnung der Neuen Aktien erfolgt sein, besteht ebenfalls ein Rücktrittsrecht.

Im Falle des Rücktritts der Konsortialbanken vom Aktienübernahmevertrag vor Eintragung der Durchführung der Kapitalerhöhung in das Handelsregister entfällt das mittelbare Bezugsrecht der Aktionäre. Eine Rückabwicklung von Bezugsrechtshandelsgeschäften durch die die Bezugsrechtsgeschäfte vermittelnden Stellen findet in einem solchen Fall nicht statt. Anleger, die Bezugsrechte über eine Börse erworben haben, würden dementsprechend in diesem Fall einen Totalverlust erleiden. Sofern die Konsortialbanken nach Eintragung der Kapitalerhöhung in das Handelsregister vom Aktienübernahmevertrag zurücktreten, können die Aktionäre und Erwerber von Bezugsrechten, die das Bezugsrecht ausgeübt haben, die Neuen Aktien zum Bezugspreis erwerben.

Im Falle eines Rücktritts der Konsortialbanken vom Aktienübernahmevertrag nach Abwicklung des Bezugsangebots, was bis zum 16.12.2009, 12:00 Uhr MEZ, möglich ist, würde sich dieser Rücktritt nur auf nicht aufgrund des Bezugsangebots bezogene Neue Aktien beziehen. Aktienkaufverträge über nicht bezogene Neue Aktien stehen daher unter Vorbehalt. Sollten zu dem Zeitpunkt der Stornierung von Aktieneinbuchungen bereits Leerverkäufe erfolgt sein, trägt der Verkäufer dieser Aktien das Risiko, seine Lieferverpflichtung nicht durch Lieferung Neuer Aktien erfüllen zu können.

Verbriefung der Neuen Aktien

Die Neuen Aktien werden in einer Globalurkunde verbrieft, die bei der Clearstream Banking AG Frankfurt am Main, hinterlegt wird. Der Anspruch der Aktionäre auf Verbriefung ihres jeweiligen Anteils ist satzungsmäßig ausgeschlossen. Die im Rahmen des Bezugsangebots bezogenen Neuen Aktien und die im Rahmen der Privatplatzierungen erworbenen Neuen Aktien werden voraussichtlich am 14.12. bzw. am 15./16.12.2009 durch Girosammeldepotgutschrift zur Verfügung gestellt, es sei denn, die Bezugsfrist wurde verlängert. Die Neuen Aktien sind, wie alle Aktien der K+S AG, auf den Inhaber lautende Stückaktien, mit den gleichen Rechten ausgestattet wie alle anderen Aktien der Gesellschaft und vermitteln keine darüber hinausgehenden Rechte oder Vorteile.

Provision

Für den Bezug von Neuen Aktien wird von Depotbanken eine banktübliche Provision berechnet.

Börsenhandel der Neuen Aktien

Die Zulassung der Neuen Aktien zum Regulierten Markt an der Frankfurter Wertpapierbörse mit gleichzeitiger Zulassung zum Teilbereich des Regulierten Marktes mit weiteren Zulassungsfolgepflichten (Prime Standard) an der Frankfurter Wertpapierbörse und zum Regulierten Markt an den Regionalbörsen wird voraussichtlich am 26. November 2009 beantragt werden und voraussichtlich am 10. Dezember 2009 erfolgen. Es ist vorgesehen, sämtliche Neuen Aktien am 11. Dezember 2009 in die an der Frankfurter Wertpapierbörse sowie an den Regionalbörsen bestehende Notierung der Aktien der K+S AG einbeziehen zu lassen.

Verwertung nicht bezogener Aktien/Privatplatzierungen

Die Neuen Aktien, die nicht aufgrund des Bezugsangebots bezogen worden sind, werden über die Börse verkauft oder Anlegern in der Bundesrepublik Deutschland und außerhalb der BRD (mit Ausnahme von Japan) im Rahmen von Privatplatzierungen qualifizierten Anlegern zum Erwerb angeboten (die „Privatplatzierungen" und zusammen mit dem Bezugsangebot das „Angebot"). In den USA werden die Neuen Aktien nur sog. Qualified Institutional Buyers nach Rule 144A zum U.S. Securities Act von 1933 in der jeweils gültigen Fassung ("Securities Act") angeboten.

Bekanntmachung

Der Prospekt ist am 26.11.2009 auf der Internetseite der K+S AG (http://www.k-plus-s.com) veröffentlicht worden. Gedruckte Exemplare des Prospekts werden in Deutschland unter anderen bei der K+S AG und bei den vorgenannten Bezugsstellen zur kostenlosen Ausgabe bereitgehalten.

Verkaufsbeschränkungen

Die Neuen Aktien und die Bezugsrechte sind und werden weder nach den Vorschriften des Securities Act noch bei den Wertpapieraufsichtsbehörden von Einzelstaaten der USA registriert. Die Neuen Aktien und die Bezugsrechte dürfen in den USA weder angeboten noch verkauft oder direkt oder indirekt dorthin geliefert werden, außer in Ausnahmefällen aufgrund einer Befreiung von den Registrierungserfordernissen des Securities Act.

Kassel, im November 2009

K+S AG

Der Vorstand

8. Wertpapierabrechnung und Verpfändung von Wertpapieren

Aufgabe D-36

Aktienkauf-abrechnung

a) Frau Susanne Knop ist Depotkundin der *Nordbank AG*. Sie erkundigt sich nach den Kosten einer Geldanlage in Aktien. Am Beispiel der *Nordex AG*-Aktie informieren Sie Frau Knop. Der Börsenpreis der Aktie beträgt 17,50 EUR.

Konditionenübersicht	
Provision	0,75 % vom Kurswert, mindestens 20,00 EUR
Courtage	0,8 Promille vom Kurswert

Sie weisen Frau Knop darauf hin, dass der Wertpapierauftrag aus Kostengründen ein gewisses Mindestvolumen aufweisen sollte.

a1) Ermitteln Sie die Anzahl der *Nordex*-Aktien, die Frau Knop mindestens ordern sollte, um eine überproportional hohe Belastung durch die Mindestprovision zu vermeiden. Frau Knop erteilt den Kaufauftrag über 200 *Nordex*-Aktien zum Börsenpreis von 17,50 EUR. Sie überprüfen, ob das Kontoguthaben zur Ausführung der Order ausreicht.

a2) Mit wie viel EUR wird das Konto unter Berücksichtigung der in der Ausgangssituation genannten Konditionen belastet?

EUR

b) Ein Kunde der *Nordbank AG* beantragt ein Verbraucherdarlehen über 30.000,00 EUR. Zur Besicherung bietet der Kunde der *Nordbank* die Verpfändung seines Wertpapierdepots an. Der Kunde besitzt Bundesanleihen im Wert von nominal 100.000,00 EUR. Der Beleihungssatz für inländische Anleihen beträgt bei der *Nordbank AG* 80 % vom Kurswert. Bei Abschluss des Pfandvertrags werden die Bundesanleihen mit 103,00 % an der Börse notiert.

Verpfändung von Wertpapieren

Ermitteln Sie den Nennwert der Bundesanleihen, den der Kunde verpfänden muss, um das Darlehen zu besichern. Runden Sie das Ergebnis auf volle 100,00 EUR auf.

EUR

9.   Stückzinsberechnung

Aufgabe D-37

Frau Sabine Saß hat für je nominal 10.000 EUR Bundesobligationen und Bundesanleihen in ihrem Depot bei der *Nordbank AG*.

Am Freitag, dem 10. September 2010 (Schlusstag), erteilt sie der *Nordbank* rechtzeitig den Auftrag, ihren Bestand an Bundesobligationen an der Frankfurter Wertpapierbörse zu verkaufen. Kursnotierungen jetzt:

Zins	Laufzeit	Zinstermin	Kursnotie-rung am 10.09.2010	Kursnotie-rung am 01.10.2010	Rendite
5,50 %	v. 1999/2030	04.01.	99,68 b	99,35 b	5,517
4,25 %	S 133/2012	10.02.	99,12 b	99,02 b	4,506

a) Wann werden Frau Saß die Stückzinsen über die Abrechnung der Bundesobligationen verrechnet?

b) Ermitteln Sie die Zinsgutschrift für Frau Saß. Ein Freistellungsauftrag liegt Ihnen nicht mehr vor.

   | | EUR |

c) Am Dienstag, dem 28. September 2010 erteilt Frau Saß der *Nordbank AG* den
   Auftrag, 10.000,00 EUR nominal Bundesanleihen von 1999 zu verkaufen. Der
   nächste Zinstermin ist der 04.01.2010. Ermitteln Sie

   (1) die Geldvaluta und   (2) die Zinsvaluta.

d) Welche Zinsgutschriften erhält Frau Saß im Jahr 2010? Bei der ersten Zinsgutschrift liegt noch ein Freistellungsbetrag von 500 EUR vor. Frau Saß hatte die
   Bundesanleihen mit Zinslauf vom 22.10.2009 erworben.

   1. Zinsgutschrift | | EUR   2. Zinsgutschrift | | EUR

Aufgabe D-38

Am Donnerstag, 10. Mai 2010, führte die *Nordbank AG* im Auftrag des Depot-
kunden Rainer Bittermann eine Wertpapier-Verkaufsorder aus.

Verkauf 20.000,00 EUR 4,25 % öffentliche Pfandbriefe, Emission 2008, 25. Februar gzj.

Kurs	100,500 %	20.100,00 EUR
Provision	0,500 %	100,50 EUR
Maklergebühr	0,075 %	15,00 EUR

a) Nennen Sie das Datum (TT.MM.) für die Wertstellung der Gutschrift auf dem Konto von Herrn Bittermann.

```
┌──────────────────┐
│                  │
└──────────────────┘
```

b) Ermitteln Sie die Herrn Bittermann zustehenden Stückzinsen in EUR (act./act.).

```
┌──────────────────┐
│                  │
└──────────────────┘
```

Aufgabe D-39

Sie sind Anlageberater/in bei der *Nordbank AG*. Der Kunde Manfred Schierbaum möchte 15.000 EUR in Anleihen anlegen. Sie stellen Herrn Schierbaum folgende Anleihen vor:

	Bundesanleihe	Unternehmensanleihe
Emittent	Bundesrepublik Deutschland	Insignia
Nominalzins	5 %	6 %
Laufzeit	2001-2011	2001-2011
Zinstermin	04.07.gzj.	21.03. gzj.
Währung	Euro	Euro
Aktueller Kurs	99,40 %	100,45 %
Rendite	5,09 %	5,92 %

Herr Schierbaum entschließt sich zum Kauf der Unternehmensanleihe von *Insignia* im Nennwert von 15.000 EUR und erteilt am Freitag, 15. Mai 2009, eine Kauforder, Limit 100,45 %.

Um entsprechend disponieren zu können, möchte Herr Schierbaum von Ihnen wissen, wann und in welcher Höhe die Kontobelastung erfolgt. Unterstellen Sie dabei, dass die Order am 15. Mai 2009 zu 100,45 % ausgeführt wird (Stückzinsberechnung: act/365).

Folgende Kosten sind zu berücksichtigen:

- 0,5 % Provision vom Kurswert, mindestens aber vom Nennwert

- 0,75 $^0/_{00}$ Courtage vom Nennwert

```
┌──────────────────┐
│                  │  Datum der Kontobelastung
└──────────────────┘
```

```
┌──────────────────┐
│             EUR  │  Höhe der Kontobelastung
└──────────────────┘
```

10. Rechnen mit Bezugsrechten

Aufgabe D-40

a) In der Zeitung „Die Welt" finden Sie folgende Anzeige:

Software AG

- Wertpapier-Kenn-Nr. 544 900 -

Aufforderung zur Entgegennahme von Berichtigungsaktien

Die ordentliche HV unserer Gesellschaft hat am 12. Juni d. J. beschlossen, das Grundkapital aus Gesellschaftsmitteln von 80 Mio. EUR um 16 Mio. EUR auf 96 Mio. EUR durch Umwandlung von anderen Gewinnrücklagen in Grundkapital zu erhöhen.

Es werden 16 Mio. Stück neue, auf den Inhaber lautende, nennbetragslose Aktien mit einem rechnerischen Anteil von je 1,00 EUR am Grundkapital ausgegeben. Die neuen Aktien stehen den Aktionären entsprechend ihrem Aktienbesitz zu. Die neuen Aktien sind ab dem 1. Januar d.J. dividendenberechtigt.

Zur Entgegennahme der Berichtigungsaktien bitten wir die Aktionäre unserer Gesellschaft, den als Berechtigungsnachweis dienenden Gewinnanteilschein Nr. 20 der alten Aktie vom 2. Juni an bei einer der nachstehend aufgeführten Banken während der üblichen Schalterstunden zur Entgegennahme der neuen Aktien einzureichen:

Nordbank AG Sparkasse Kiel Fördebank AG

Aktionäre, deren Aktien im Depot einer Bank verwahrt werden, haben wegen der Entgegennahme der Berichtigungsaktie nichts zu veranlassen. Soweit jedoch auf ihren Bestand Teilrechte anfallen, werden die Aktionäre gebeten, ihrer Depotbank wegen der Auf- oder Abrundung auf eine Stückaktie einen entsprechenden Auftrag zu erteilen. Die Ausgabestellen sind bereit, den An- und Verkauf von Teilrechten nach Möglichkeit zu vermitteln.

Die Berichtigungsaktien sind zum Handel an der Wertpapierbörse in Frankfurt am Main zugelassen. Sie sind ab dem 2. Juli gleich den alten Aktien lieferbar und in die jeweilige Börsennotierung einbezogen. Vom gleichen Tag an werden die alten Aktien „ex Berichtigungsaktien" gehandelt.

Der Depotkunde Rainer Bittermann besitzt 3.078 Aktien der *Software AG*, die er in einem Depot bei der *Nordbank AG* hinterlegt hat. Die *Software AG*-Aktie zeigt folgenden Kursverlauf:

01.07.	02.07.	03.07.	04.07.
324,00 EUR	272,00 EUR exBA	273,00 EUR	272,50 EUR

Berechnen Sie

1) das Berichtigungsverhältnis,

2) den Berichtigungsabschlag,

3) die ihm zustehenden Berichtigungsaktien sowie

4) die Anzahl der überschüssigen Teilrechte.

Herr Bittermann möchte seinen Aktienbestand unter Zukauf weiterer Teilrechte vergrößern.

5) Berechnen Sie den Kaufpreis für die notwendige Anzahl Teilrechte, um eine weitere Berichtigungsaktie zu beziehen (Transaktionskosten 15,00 EUR auf der Basis der Kurse vom 04.07.).

```
┌─────────────┐
│             │
└─────────────┘
```

b) Die Hauptversammlung der *Elektronik AG* hat im laufenden Geschäftsjahr am 10. April beschlossen, das Grundkapital der Gesellschaft durch die Ausgabe von „Gratisaktien" mit einem rechnerischen Anteil am Grundkapital von jeweils 1,00 EUR um 13 Mio. EUR auf 65 Mio. EUR durch die Umwandlung von gesetzlichen Rücklagen in gezeichnetes Kapital zu erhöhen. Die alten Aktien werden vor Beginn der Bezugsfrist an der Börse mit 83,00 EUR notiert.

1) Ermitteln Sie das Bezugsverhältnis der Berichtigungsaktien („Gratisaktien") für die Altaktionäre dieser Gesellschaft.

```
┌─────────────┐
│             │
└─────────────┘
```

2) Wie können Aktionäre ihre Bezugsberechtigung nachweisen?

```
┌─────────────┐
│             │
└─────────────┘
```

3) Ermitteln Sie den Berichtigungsabschlag, den der Kurs der alten Aktie nach Ausgabe der Berichtigungsaktien erfährt.

```
┌─────────────┐
│         EUR │
└─────────────┘
```

4) Der Depotkunde Michael Stegemann hat 650 Aktien der *Elektronik AG* in seinem Bestand. Wie viele „Gratisaktien" werden seinem Depot gutgeschrieben?

```
┌─────────────┐
│             │
└─────────────┘
```

5) Die Berichtigungsaktien werden von der Depotbank von der Konsortialbank abgefordert und dem Depot des Kunden beigefügt. Wie kann sich Herr Stegemann bezüglich der verbleibenden Teilrechte entscheiden?

```
┌─────────────┐
│             │
└─────────────┘
```

Aufgabe D-41

Kapital-erhöhung aus Bareinlagen

a) Die Hauptversammlung der *FHW Neukölln AG* hat im laufenden Geschäftsjahr am 10. April beschlossen, das Grundkapital der Gesellschaft durch die Ausgabe von Stückaktien mit einem rechnerischen Anteil am Grundkapital von jeweils 1,00 EUR um 13 Mio. EUR auf 78 Mio. EUR zu erhöhen. Diese Aktien werden den Aktionären zum Preis von 50,00 EUR angeboten. Sie haben weder einen Dividendenvorteil noch einen Dividendennachteil. Die Bezugsrechte auf diese Aktien werden in der Zeit vom 13. Mai 20.. (Montag) bis zum 27. Mai 20.. (Montag) einschließlich an den deutschen Börsenplätzen gehandelt. Die alten Aktien werden vor Beginn der Bezugsfrist an der Börse mit 83,00 EUR notiert.

1) Berechnen Sie
   1. das Bezugsverhältnis.

   ┌─────────────────┐
   │   │
   └─────────────────┘

   2. den rechnerischen Wert des Bezugsrechts.

   ┌─────────────────┐
   │   │
   └─────────────────┘

2) Der Bezugsrechtshandel findet in der Zeit vom 13. Mai bis zum 27. Mai 20.. statt. An welchem Tag wird die Aktie mit dem Kurszusatz „ex BR" notiert? Nennen Sie das Datum (TT.MM).

   ┌─────────────────┐
   │   │
   └─────────────────┘

   Der Depotkunde Rainer Bittermann besitzt 500 Stück der FHW-Aktien. Er hat von der Gesellschaft ein Schreiben erhalten, in dem er aufgefordert wird, sein Bezugsrecht wahrzunehmen und sich an der Kapitalerhöhung zu beteiligen.

3) Erklären Sie Herrn Bittermann bezüglich der Ausübung des Bezugsrechts die finanziellen Auswirkungen seiner möglichen Verhaltensalternativen:

   1. Herr Bittermann nimmt an der Kapitalerhöhung nicht teil.

   2. Herr Bittermann nimmt im Maße seines derzeitigen Aktienbestandes an der Kapitalerhöhung teil.

   3. Herr Bittermann möchte aus dem Erlös eines Teils des Verkaufs seiner Bezugsrechte junge Aktien der FHW beziehen, ohne aber eigene finanzielle Mittel einsetzen zu müssen (Rechnung ohne Berücksichtigung von Abgeltungsteuer und Solidaritätszuschlag).

b) Herr Prill hat von seiner Depotbank, der *Nordbank AG*, die Nachricht über eine Kapitalerhöhung der *Bechtle AG* erhalten. Die jungen Stammaktien werden zum Bezugspreis von 23,00 EUR emittiert. Durch die Kapitalerhöhung wird das Grundkapital von 1,2 Milliarden EUR auf 1,3 Milliarden EUR erhöht. Der letzte Börsenkurs der alten *Bechtle*-Aktien vor dem Bezugsrechtshandel beträgt 38,00 EUR. Das Geschäftsjahr der *Bechtle AG* entspricht dem Kalenderjahr. Die letzte Hauptversammlung fand am 8. Mai 2009 statt. Die voraussichtliche Dividende beträgt für das laufende Jahr 2,40 EUR. Die jungen Aktien sind ab 1. Juni 2009 dividendenberechtigt.

Berechnen Sie

1) das Bezugsverhältnis.

   ┌─────────────────┐
   │   │
   └─────────────────┘

2) den rechnerischen Wert des Bezugsrechts (das Ergebnis ist kaufmännisch auf 2 Stellen nach dem Komma zu runden).

   ┌─────────────────┐
   │   │
   └─────────────────┘

Aufgabe D-42

Die Hauptversammlung der *Sitax Neukölln AG* hat im laufenden Geschäftsjahr am 10. April beschlossen, das Grundkapital der Gesellschaft durch die Ausgabe von Stückaktien mit einem rechnerischen Anteil am Grundkapital von jeweils 1,00 EUR um 13 Mio. EUR auf 78 Mio. EUR zu erhöhen. Diese Aktien werden den Aktionären zum Preis von 50,00 EUR angeboten. Die jungen Aktien sind für das laufende Geschäftsjahr zu einem Viertel dividendenberechtigt. Für die alten Aktien ist eine Bardividende in Höhe von 0,80 EUR vorgesehen.

Die alten Aktien werden vor Beginn der Bezugsfrist an der Börse mit 83,60 EUR notiert.

Berechnen Sie

a) das Bezugsverhältnis.

b) den rechnerischen Wert des Bezugsrechts.

11. Investmentrechnen

Aufgabe D-43

Die Kundin Juliane Schuster will 3.000,00 EUR in dem Aktienfonds der *NORD-INVEST WEKANORD* anlegen. Sie bittet Sie, ihr zu erklären, wie der Preis für einen Anteil dieses Aktienfonds zustande kommt. Am folgenden Beispiel für den *WEKANORD*-Fonds wollen Sie ihr das erklären.

Der *WEKANORD*-Fonds hat folgendes Fondsvermögen:

Stück	Vermögenswerte	Preis pro Stück in EUR	Kurswert in EUR
20.000	BASF-Aktien	25,20	
20.000	RWE-Aktien	30,10	
10.000	MAN-Aktien	40,50	
90.000	weitere Aktien		5.841.000,00

Zum Fondsvermögen gehört ein Bankguthaben von 300.000,00 EUR. Es sind 200.000 Stück Fondsanteile im Umlauf.

Auszug aus den Fondsbedingungen:

- Ausgabeaufschlag 3 % des Anteilwertes (Ergebnis auf volle 0,10 EUR aufrunden)

- Rücknahme zum Anteilwert abzüglich 0,3 % Rücknahmekosten (Ergebnis auf volle 0,10 EUR abrunden)

Berechnen Sie:

a) den Inventarwert und den Anteilwert für einen *WEKANORD*-Anteil.

b) den Ausgabepreis für einen *WEKANORD*-Anteil.

```
┌─────────────────────┐
│                     │
└─────────────────────┘
```

c) den Rücknahmepreis für einen *WEKANORD*-Anteil.

```
┌─────────────────────┐
│                     │
└─────────────────────┘
```

12. Wertpapiere mit Sonderrechten und Dax-Futures

Options-anleihen

Aufgabe D-44

a) Der Depotkunde Karl-Heinz Renne hat nominal 10.000,00 EUR Optionsge-nussscheine in seinem Depot. Die Optionsgenussscheine haben folgende Aus-stattungsmerkmale:

Optionsrecht	Jedem Genussschein im Nennbetrag von 1.000,00 EUR sind 4 auf den Inhaber lautende Optionsscheine beigefügt. Je 2 Optionsscheine berechtigen den Inhaber zum Bezug von 10 auf den Inhaber lautenden Aktien der *Nordbank AG*.
Bezugspreis	Der Bezugspreis je *Nordbank*-Aktie beträgt 30,00 EUR.

Am 19.01.2010 notiert die *Nordbank AG*-Aktie 43,00 EUR. Der Optionsschein der *Nordbank AG* wird mit 79,00 EUR notiert.

a1) Berechnen Sie für einen Optionsschein

1. den rechnerischen (inneren) Wert,

```
┌─────────────────────┐
│            EUR       │
└─────────────────────┘
```

2. das Aufgeld in EUR,

```
┌─────────────────────┐
│            EUR       │
└─────────────────────┘
```

3. den Zeitwert des Optionsscheins

```
┌─────────────────────┐
│            EUR       │
└─────────────────────┘
```

4. den Hebel.

```
┌─────────────────────┐
│            EUR       │
└─────────────────────┘
```

INFO
Innerer Wert Call = (Aktueller Aktienkurs – Basispreis) : Bezugsverhältnis
Aufgeld Call = (Aktueller Kurs des Optionsscheins x Bezugsverhältnis) + Preis des Basiswertes – aktueller Aktienkurs = Absolutes Aufgeld
Zeitwert = Kurs des Optionsscheins - positiver innerer Wert des Optionsscheins
Hebel = Aktienkurs : (Optionsscheinkurs x Bezugsverhältnis)

---

a2) Interpretieren Sie den von Ihnen ermittelten Hebel.

a3) Prüfen Sie, ob Herr Renne zum jetzigen Zeitpunkt zum Erwerb von *Nord-bank*-Aktien die Optionsscheine nutzen oder deren Verkaufserlös zum Kauf von *Nordbank*-Aktien an der Börse verwenden sollte (ohne Transaktionskosten). Erläutern Sie Herrn Renne den Rechenweg und welche Alternative empfehlen Sie Herrn Renne?

b)

Nordbank AG Verkaufsmitteilung
Die Nordbank AG in Hamburg bietet freibleibend zum Kauf an: 5.000.000 Stück Optionsscheine zum Erwerb von Stammaktien der Software AG
Emittentin: Nordbank AG Hamburg **Verkaufspreis:** Die Verkaufspreise werden fortlaufend festgelegt. Der anfängliche Verkaufspreis beträgt 2,00 EUR je Optionsschein. **Mindestzeichnung:** 1.000 Optionsscheine oder ein Vielfaches hiervon **Optionsrecht:** Die Emittentin gewährt dem Inhaber von 8 Optionsscheinen das Recht, nach Maßgabe der Optionsbedingungen jederzeit innerhalb der Optionsfrist Zahlung des Differenzbetrages zu verlangen, um die der Eröffnungskurs des Basiswertes am Ausübungstag den Ausübungspreis übersteigt. **Ausübungspreis:** Der Ausübungspreis beträgt 60,00 EUR. **Optionsfrist/Optionsausübung:** Die Optionsrechte können in der Zeit vom 25.06.2009 bis zum 25.06.2010 10.00 Uhr Ortszeit in Frankfurt am Main ausgeübt werden. **Börsennotierung:** Die Einbeziehung der Optionsscheine in den Freiverkehr der Frankfurter Wertpapierbörse ist vorgesehen.

b1)   Wie viel EUR erzielt die Emittentin der Optionsscheine, wenn die gesamte Emission zum anfänglichen Kurs verkauft wird?

> EUR

b2)   Ab welchem Kurs des Basiswertes beginnt für den Erwerber die Gewinnzone (ohne Nebenkosten)? Am 10.03.2010 notiert die Software AG Aktie 78,00 EUR, der Optionsschein 2,95 EUR.

>

b3)   Berechnen Sie für einen Optionsschein

1. den rechnerischen (inneren) Wert,

> EUR

2. das Aufgeld in EUR,

> EUR

3. den Hebel.

> EUR

b4) Ein Anleger kauft 5.000 Optionsscheine über die Börse zu 3,20 EUR. Er hat
     in der Optionsfrist die Entscheidung zu treffen über

       -   Ausübung der Option,
       -   Verkauf der Optionsscheine,
       -   Verfall der Option.

     Wozu raten Sie dem Kunden, wenn die Entscheidung auf der Basis folgender
     Kurse ohne Berücksichtigung von Nebenkosten getroffen werden muss?

	Software-Aktie	Optionsschein
1.	82,00 EUR	0,60 EUR
2.	59,00 EUR	0,10 EUR
3.	104,00 EUR	5,75 EUR

Dax-Future   **Aufgabe D-45**

a) Irene Hamm hat am 26.04.2010 einen DAX-Future zu folgenden Konditionen
    verkauft:
    Basiswert   DAX (Deutscher Aktienindex)
    Kontraktwert   25,00 EUR je DAX Punkt
    Fälligkeit   18.06.2010
    DAX-Stand am 26.04.2010   5.250 Punkte
    Bei Fälligkeit des Kontrakts am 18.06.2010 notiert der DAX mit 5.973 Punk-
    ten. Die Erfüllung des Kontrakts erfolgt durch Barausgleich (cash settlement).
    Ermitteln Sie die Höhe des Barausgleichs in EUR.

Gewinn	
Verlust	

b) Marco Feldmann hat am 26.04.2010 einen DAX-Future zu folgenden Konditi-
    onen gekauft:
    Basiswert   DAX (Deutscher Aktienindex)
    Kontraktwert   25,00 EUR je DAX Punkt
    Fälligkeit   18.06.2010
    DAX-Stand am 26.04.2010   5.250 Punkte
    Bei Fälligkeit des Kontrakts am 18.06.2010 notiert der DAX mit 6.180 Punk-
    ten. Die Erfüllung des Kontrakts erfolgt durch Barausgleich (cash settlement).
    Ermitteln Sie die Höhe des Barausgleichs in EUR.

Gewinn	
Verlust	

13. Stückzinstopfberechnung

Aufgabe D-46   *Stückzinstopf*

Herr Walter Bühl ist Depotkunde der *Nordbank AG*. Für Herrn Bühl ergaben sich innerhalb eines Steuerjahres die folgenden Zahlen:

	Wertpapierkäufe:	
01.02.	2.000,00 EUR	7 % Pfandbrief der Eurohypo AG + 1.8. ff. Stückzins 70,00 EUR
01.04.	6.000,00 EUR	6 % Bundesanleihe J/J + 1.7. ff. Stückzins 90,00 EUR
16.04.	4.000,00 EUR	5 % Bundesanleihe J/J – 1.7. ff. Stückzins 70,00 EUR
01.11.	9.000,00 EUR	8 % Pfandbrief der DGHyp AG + 1.2. ff. Stückzins 540,00 EUR
	Wertpapierverkäufe:	
01.06.	5.000,00 EUR	6 % Pfandbrief der Eurohypo AG + 1.3. ff. Zins 75,00 EUR
	Zinsgutschriften:	
01.03.	8.000,00 EUR	6 % Städteanleihe 1.3. Zins 480,00 EUR
01.07.	10.000,00 EUR	6 % Pfandbrief der Nordbank AG J/J Zins 300,00 EUR
01.08.	2.000,00 EUR	5 % Landesanleihe 1.8. Zins 100,00 EUR

Alle Wertpapiere wurden unter Berechnung der deutschen Zinsmethode emittiert. Ein Freistellungsauftrag über 750,00 EUR lag der *Nordbank AG* vor.

a) Mit welchem Betrag können die vereinnahmten Zinsen von Herrn Bühl im Laufe des Abrechnungsjahres mit den gezahlten Stückzinsen im Stückzinstopf verrechnet werden?

	EUR

b) Mit welchem Betrag wird der Freistellungsbetrag von Herrn Bühl im Laufe des Abrechnungsjahres belastet?

	EUR

c) Welchen restlichen Zinsertrag muss Herr Bühl im Rahmen seiner Einkommensteuererklärung versteuern?

Datum des Kaufs/ Verkaufs oder der Zinsgutschrift	Betrag in EUR für Zinsen/ Stückzinsen + / -	Bemessungsgrundlage für Abgeltungsteuer in EUR	Gezahlte Stückzinsen in EUR	Verrechnete Stückzinsen in EUR
31.12.	Ende des Stückzinsverrechnungszeitraumes (Stückzinstopf)			

14. Rechnen im Kreditgeschäft

a) Konsumentendarlehen

Anschaffungs-
darlehen

Aufgabe D-47

Jürgen Seebald, ledig, 32 Jahre, kaufmännischer Angestellter, benötigt zum Kauf einer neuen Wohnungseinrichtung einen Kredit in Höhe von 15.000,00 EUR. Im Norderstedter Anzeiger liest er folgendes Zeitungsinserat:

> **Nordbank AG Hamburg**
> Worauf warten? Erfüllen Sie sich Ihre Wünsche jetzt!
> Wir machen Ihnen den Weg frei für Privatdarlehen bis zu 25.000,00 EUR
> Laufzeit bis 72 Monate, Zinssatz 0,40 % p.M. fest,
> einmalige Bearbeitungsgebühr 2 % vom Nettokreditbetrag
> Wenden Sie sich an unsere Kundenberater

Die *Nordbank* empfiehlt den Abschluss einer Restschuldversicherung.

Herr Seebald erklärt, dass er für die Bedienung des Kredits monatlich nicht mehr als 300,00 EUR aufbringen möchte.

a) Ermitteln Sie die kürzest mögliche Laufzeit dieses Kredits, die dem Wunsch von Herrn Seebald entspricht. (Aufrundung auf volle Monate).

b) Erstellen Sie für Herrn Seebald einen Tilgungsplan, aus dem die Höhe der Monatsrate hervorgeht. Die Raten sollen auf volle EUR lauten. Die erste Rate ist die Ausgleichsrate.

EUR

c) Berechnen Sie den Effektivzinssatz nach der Uniformmethode.

%

d) Erläutern Sie Herrn Seebald, warum der Effektivzinssatz nicht – wie vom Kunden vermutet – 0,4 x 12 = 4,8 % p.a. beträgt.

Konsumenten-
darlehen

Aufgabe D-48

Frau Susanne Heinrich ist Neukundin der *Nordbank AG*. Sie hat vor kurzem ein Girokonto bei der *Nordbank* einrichten lassen. Sie beantragt nun zur Finanzierung eines Pkw ein Darlehen in Höhe von 20.000,00 EUR. In einem Gespräch erklärt sie, dass sie auf Grund ihrer Einkommenssituation eine monatliche Rate von höchstens 570,00 EUR tragen könne. Ermitteln Sie für Frau Heinrich anhand der nachstehenden Tabellen folgende Daten für das Kreditangebot:

a) Laufzeit des Darlehens in Monaten

b) Gesamtzinsen

c) Bearbeitungskosten

> [   ]

d) Effektivverzinsung des Darlehens in % (auf 2 Stellen nach dem Komma runden!)

> [   ] %

$$P_{eff} = \frac{\left[P_{nom} + \left(\dfrac{R_k - E_k}{J} \right) \right] \times 100}{E_k}$$

P_{eff}	= Effektivverzinsung/Rendite
P_{nom}	= Nominalverzinsung
J	= Anlagedauer (Restlaufzeit) in Jahren
E_k	= Erwerbskurs
R_k	= Rückzahlungskurs

Raten für Darlehen von 7.500 bis 25.000 EUR - Zinssatz 8,75 % p.a.				
	30 Monate	36 Monate	42 Monate	47 Monate
Darlehen in EUR	Rate in EUR	Rate in EUR	Rate in EUR	Rate in EUR
10.000,00	380,00	324,00	283,00	258,00
12.500,00	475,00	404,00	354,00	322,00
15.000,00	570,00	485,00	425,00	386,00
20.000,00	760,00	647,00	566,00	515,00
25.000,00	950,00	808,00	708,00	643,00

Gesamtzinsen und Bearbeitungskosten, die in den monatlichen Raten enthalten sind					
Darlehen	Bearbeitungs-kosten	30 Monate	36 Monate	42 Monate	47 Monate
in EUR	in EUR	Gesamtzin-sen in EUR	Gesamtzin-sen in EUR	Gesamtzin-sen in EUR	Gesamtzin-sen in EUR
10.000,00	200,00	1.193,00	1.431,00	1.678,00	1.877,00
12.500,00	250,00	1.491,00	1.793,00	2.095,00	2.350,00
15.000,00	300,00	1.789,00	2.151,00	2.513,00	2.824,00
20.000,00	400,00	2.385,00	2.866,00	3.355,00	3.762,00
25.000,00	500,00	2.982,00	3.586,00	4.190,00	4.709,00

Aufgabe D-49 *Annuitäten*

Die *Nordbank AG* bietet einem Bauherrn ein Annuitätendarlehen in Höhe von 200.000,00 EUR zu folgenden Konditionen an:

Auszahlung: 100 %

Zinssatz: 5,0 % p.a. für 3 Jahre fest

Tilgung: 2,0 % p.a. zuzüglich ersparter Zinsen

Ermitteln Sie für den Kunden die monatliche Kreditrate (auf 2 Stellen nach dem Komma runden).

> [EUR   ]

b) Baufinanzierung

Aufgabe D-50

Herr Plötz ist Kunde der *Nordbank AG*. Herr Plötz möchte ein Zweifamilienhaus mit zwei Pkw-Stellplätzen erwerben, das vermietet werden soll.

Für die Ermittlung des Beleihungswertes stehen Ihnen die folgenden Angaben zur Verfügung:

Alter des Wohngebäudes	Baujahr 1982
Kaufpreis des bebauten Grundstücks	350.000,00 EUR
Wohnfläche je Wohnung	85 qm
Monatliche Vergleichsmiete pro qm	8,50 EUR
Monatliche Miete je Stellplatz	25,00 EUR
Bewirtschaftungskosten pauschal	25 % der Jahresbruttomiete
Kapitalisierungszinssatz	5 %

Sie führen die Beleihungswertermittlung nach dem Ertragswertverfahren durch.

a) Ermitteln Sie den Jahresreinertrag des Objekts.

> |_____ EUR_____|

b) Ermitteln Sie den Verzinsungsbetrag des Bodenwertes bei einem angenommenen Bodenwert von 150.000 EUR und einem Liegenschaftszinssatz von 2 %. Verzinsungsbetrag des Bodenwertes = Bodenwert x Liegenschaftszinssatz in Prozent

> |_____ EUR_____|

c) Errechnen Sie den Ertragswert des Objekts bei einer Restnutzungsdauer des Objekts und einem Kapitalisierungsfaktor von 12,462210.

> |_____ EUR_____|

Aufgabe D-51

Dem Kreditberater der *Nordbank AG* liegt ein Darlehensantrag für eine Baufinanzierung der Eheleute Wellmann vor. Die Antragsteller geben an, dass sie den Kauf eines Baugrundstücks sowie den Bau eines Einfamilienhauses durch einen Architekten planen. Zur Ermittlung des gesamten Finanzierungsbedarfs liegen dem Kreditberater die nachstehenden Informationen vor.

- Das nicht erschlossene Grundstück kostet laut notariell beurkundetem Kaufvertrag 82.500,00 EUR. Der Preis beträgt 150,00 EUR pro qm.
- Die Erschließungskosten betragen 30,00 EUR pro qm.
- Grunderwerbsteuer von 3,5 % muss noch bezahlt werden.
- Die Notar- und Gerichtskosten belaufen sich auf 1.200,00 EUR.
- Die Höhe der veranschlagten Baukosten einschl. Nebenkosten betragen 190.000,00 EUR.
- Die Eheleute verfügen über Sparguthaben in Höhe von 56.000,00 EUR; davon sollen 16.000,00 EUR als Reserve verbleiben.
- Ein Bausparvertrag wurde vor 6 Jahren abgeschlossen. Bausparsumme 60.000,00 EUR, Bausparguthaben 28.000,00 EUR, Zuteilung voraussichtlich in zwei Jahren.

Ermitteln Sie

a) die Erschließungskosten für das gesamte Grundstück.

| EUR |

b) die Grunderwerbsteuer.

| EUR |

c) den Darlehensbetrag zur Zwischenfinanzierung (Festdarlehen).

| EUR |

d) den Betrag des Annuitätendarlehens für den verbleibenden Finanzierungsbedarf.

| EUR |

Aufgabe D-52   Bau-
finanzierung

Ihre Kunden Jens und Martina Gottlieb (verheiratet, 2 Kinder: 6 und 9 Jahre alt) planen den Erwerb eines Einfamilienhauses für Selbstnutzung. Es handelt sich um ein im Jahr 2003 vollständig modernisiertes Haus (Baujahr 1965). Der Verkäufer Theo Gers fordert einen Kaufpreis von 320.000,00 EUR. Die Immobilie wird den Eheleuten Gottlieb direkt von Theo Gers angeboten.

Familie Gottlieb und Herr Gers haben sich über den Erwerb des Hauses geeinigt. Die *Nordbank AG* hat folgende Daten ermittelt:

Voraussichtlicher Gesamtaufwand	350.000,00 EUR
Frei verfügbare Eigenmittel	104.000,00 EUR
Zugeteilter Bausparvertrag (zu 40 % angespart) über	40.000,00 EUR

Der weitere Finanzierungsbedarf soll durch Darlehen der *Nordbank AG* geschlossen werden.

a) Ermitteln Sie die Darlehenssumme der *Nordbank AG*.
   Die *Nordbank AG* hat einen Beleihungswert von 290.000,00 EUR ermittelt. Die Haushaltsrechnung für die Familie Gottlieb hat ein frei verfügbares Resteinkommen von 1.630,00 EUR für die Finanzierung ergeben.

Darlehen	Konditionen
Annuitätendarlehen der *Nordbank AG*	Darlehen bis 60 % des Beleihungswertes: - 6 % p.a. Zinsen - 1,5 % p.a. anfängliche Tilgung - 10 Jahre Zinsfestschreibung Darlehen bis 80 % des Beleihungswertes: - 6,25 % p.a. Zinsen - 2,0 % p.a. anfängliche Tilgung - 10 Jahre Zinsfestschreibung
Bauspardarlehen	- 4,5 % p.a. Zinsen - 6 $^0/_{00}$ monatliche Gesamtleistung von der Bausparsumme

| EUR |

b) Errechnen Sie die Beleihungsgrenze für erstrangige und nachrangige Darlehen für dieses Objekt.

      erstrangig | EUR | nachrangig | EUR |

c) Berechnen Sie die monatlichen Annuitäten der Baudarlehen für die Eheleute Gottlieb.

| EUR |

d) Entscheiden und begründen Sie unter Angabe des Rechenweges, ob die monatliche Gesamtbelastung tragbar ist.

Bau-
finanzierung

Aufgabe D-53

Das Ehepaar Frank und Sylvia Graupner möchte ein Grundstück erwerben und darauf ein Einzelhaus mit Einliegerwohnung errichten. In einer Selbstauskunft gibt das Ehepaar Graupner die nachstehenden Daten an:

Selbstauskunft	Frank Graupner	Sylvia Graupner
Geburtsdatum	12.10.1965	18.03.1971
Beruf	Speditionskaufmann	Notarfachgehilfin
Arbeitgeber	Kühne AG	Anwaltssozietät Schmitt Lorsbach Wischnewski & Partner
Beschäftigt seit	Februar 1993	August 1997
Nettoeinkünfte p.m.	2.450,00 EUR	1.450,00 EUR
Freie Eigenmittel	101.000,00 EUR	
Monatliche Haushaltsausgaben	1.600,00 EUR	

Über das Bauvorhaben liegen folgende Daten vor:

Objektdaten	
Grundstücksgröße	600 qm
Umbauter Raum	1.100 cbm
Grundstückspreis	150,00 EUR/qm
Baukosten	275,00 EUR/cbm
Nebenkosten (Maklergebühr, Grunderwerbsteuer von 3,5 %, Gerichtskosten usw.)	22.500,00 EUR
Wohnungsgrößen	1. 136 qm
	2. 55 qm
Ortsübliche Kaltmiete	7,00 EUR/qm

a) Ermitteln Sie die gesamten Kosten für die Baumaßnahme einschließlich Grundstück. Die Finanzierung soll unter Einbeziehung der vorhandenen Eigenmittel des Ehepaars in Form von zwei Annuitätendarlehen erfolgen. Ein erstrangig abgesichertes Hypothekendarlehen in maximaler Höhe soll durch ein nachrangig gesichertes Hypothekendarlehen ergänzt werden. Die *Nordbank* legt die Beleihungsgrenze für Hypothekendarlehen entsprechend den gesetzlichen Regelungen.

| EUR |

b) Ermitteln Sie unter Berücksichtigung des reinen Bau- und Bodenwertes die Beleihungsgrenze für das Hypothekendarlehen.

EUR

c) Wie hoch ist der Eigenkapitalanteil des Ehepaars Graupner am Objekt?

EUR

d) Errechnen Sie die Monatsraten für die beiden Baudarlehen und ermitteln Sie das frei verfügbare Einkommen der Familie Graupner unter Berücksichtigung der monatlichen Haushaltsausgaben und der Mieteinnahmen für die Einliegerwohnung.

Konditionen	Hypothekendarlehen	Restfinanzierung
Sicherung	Erstrangig	Nachrangig
Zinsbindung	10 Jahre	6 Jahre
Zinssatz p.a.		
- nominal	4,91 %	6,0 %
- anfänglich effektiv	5,29 %	6,29 %
Auszahlung	100 %	100 %
Tilgung	1 %	1 %

Monatsrate erstrangiges Darlehen

EUR

Monatsrate nachrangiges Darlehen

EUR

Frei verfügbares Einkommen

EUR

Aufgabe D-54

Ertragswertermittlung

Die Wohnungsgesellschaft *Schaum GmbH* möchte ein Wohnobjekt mit 16 Wohnungen erwerben, die vermietet werden sollen. Zur Deckung des Finanzierungsbedarfs benötigt sie einen Kredit von 800.000,00 EUR. Für die Ermittlung des Beleihungswertes stehen Ihnen die folgenden Angaben zur Verfügung:

Baujahr des Wohnhauses:	2005
Bodenwert:	350.000,00 EUR
Herstellungskosten:	1.230.000,00 EUR
Baunebenkosten:	110.000,00 EUR
Risikoabschlag vom Herstellungswert:	30 %
Wohnfläche je Wohnung:	48 qm
Vergleichsmiete pro qm:	monatlich 11,00 EUR
Bewirtschaftungskosten:	30 % der Jahresnettomiete
Kapitalisierungszinsfuß:	5 %

Ermitteln Sie im Rahmen der Beleihungswertermittlung (auf volle 10.000 EUR abrunden)

a) den Sachwert.

EUR

b) den Ertragswert. Die Restnutzungsdauer des Objekts wird mit 30 Jahren ange-
    setzt, bei einem Kapitalisierungsfaktor von 15,372451. Bei der Verzinsung des
    Bodenwertes ist ein Liegenschaftszinssatz von 4 % anzusetzen.

EUR

c) die Beleihungsgrenze von 60 %, bis zur der das Objekt beliehen werden kann.

EUR

c) Firmenkredit

Firmenkredit

Aufgabe D-55

Die *Anlagenbau Beck KG* hat zwei Gabelstapler im Wert von je 18.000,00 EUR von
der Firma *Jungheinrich AG* in Hamburg erworben. Die Gabelstapler sollen durch einen Investitionskredit von der *Nordbank AG* in Hamburg finanziert werden.

Kreditkonditionen der *Nordbank AG*

Kreditart	Zinssatz	Tilgung	Laufzeit
Investitionskredit (Til-gungsdarlehen)	8,0 % p.a.	25 % jährlich, eine Kreditrate pro Jahr	4 Jahre

Am 15.03.20.. wird der Kaufvertrag über die Gabelstapler abgeschlossen, die Lieferung erfolgt am 20.03.20...

Der Kaufvertrag enthält u.a. folgenden Textabschnitt:

Der Rechnungsbetrag ist fällig innerhalb von 90 Tagen nach Lieferung der Ware.
Bei Zahlung innerhalb von 10 Tagen gewähren wir 3 % Skonto.

Berechnen Sie den Vorteil der Skontoausnutzung in EUR gegenüber der Zahlung
am Ende des Zahlungszieles. Verwenden Sie bei der Berechnung die deutsche
kaufmännische Zinsmethode. Die Rechnung über 36.000,00 EUR wird am letzten
Tag der Skontofrist bezahlt.

EUR

d) Berechnung von Pfändungsfreigrenzen

**Pfändungs-
freigrenzen**

Aufgabe D-56

Zur Beurteilung des Sicherungswertes einer Gehaltsabtretung sollen Sie für das
folgende Einkommen eines Kreditnehmers den pfändbaren Betrag anhand des
§ 850 c ZPO ermitteln. Der Kreditnehmer hat keine Unterhaltsverpflichtungen gegenüber anderen Personen.

Auszug aus § 850 c ZPO

Pfändungsfreigrenzen für Arbeitseinkommen

(1) Arbeitseinkommen ist unpfändbar, wenn es, je nach Zeitraum, für den es gezahlt wird, nicht mehr als 985,15 EUR monatlich … beträgt.

(2) Übersteigt das Arbeitseinkommen den Betrag, bis zu dessen Höhe es … nach Abs. 1 unpfändbar ist, so ist es hinsichtlich des überschießenden Betrages zu einem Teil unpfändbar, und zwar in Höhe von drei Zehnteln.

Einkommen des Kreditnehmers	
Bruttolohn:	3.180,00 EUR
Abzüge für Lohnsteuer und Sozialversicherung	1.240,00 EUR
Nettolohn	1.940,00 EUR

Ermitteln Sie den derzeit pfändbaren Betrag des Einkommens des Kreditnehmers.

EUR

e) Bilanzanalyse

Aufgabe D-57 Bilanzanalyse

Zur Beurteilung der Kreditwürdigkeit eines Firmenkunden sind anhand des vorliegenden aufbereiteten Jahresabschlusses einige Kennzahlen zu ermitteln.

Aufbereitete Bilanz der Biosaft AG zum 31.12.2009

AKTIVA	TEUR	PASSIVA	TEUR
Anlagevermögen		Eigenkapital	
Immaterielle Vermögensgegenstände	17,0	Gezeichnetes Kapital	
Sachanlagen	1.658,0	Kapitalrücklagen	548,0
Finanzanlagen	150,0	Gewinnrücklagen	899,0
		Bilanzgewinn	145,0
Umlaufvermögen			
Vorräte	557,0	Rückstellungen (kurzfristig)	28,0
Forderungen aus Lieferungen und Leistungen	129,0		
	174,0		
Kassenbestand, Guthaben bei Kreditinstituten		Verbindlichkeiten	
		Verbindlichkeiten gegenüber Kreditinstitu-	824,0
		- darunter langfristig 790 TEUR	
		- darunter kurzfristig 34 TEUR	
		Verbindlichkeiten aus Lieferungen und Leistungen	65,0
Summe der Aktiva	2.685,0	Summe der Passiva	2.685,0

Aufbereitete Gewinn- und Verlustrechnung der *Biosaft AG* zum 31.12.2009:

TEUR	
Gesamtleistung	1.354,0
Materialaufwand	636,0
Personalaufwand	319,0
Planmäßige Abschreibungen auf Sachanlagen	43,0
Betriebssteuern	15,0
Sonstige ordentliche Aufwendungen	90,0
Zinserträge	1,0
Zinsaufwendungen	48,0
Betriebsergebnis	204,0

a) Ermitteln Sie den Anlagendeckungsgrad I und II.

$$\text{Anlagendeckung I} = \frac{\text{Eigenkapital} \times 100}{\text{Anlagevermögen}}$$

$$\text{Anlagendeckungsgrad II} = \frac{(\text{Eigenkapital} + \text{langfristiges Fremdkapital}) \times 100}{\text{Anlagevermögen}}$$

Runden Sie die Ergebnisse auf eine volle Stelle nach dem Komma.

```
┌─────────────────────┐
│                     │
└─────────────────────┘
```

b) Ermitteln Sie die Gesamtkapitalrentabilität.

$$\text{Gesamtkapitalrentabilität} = \frac{(\text{Betriebsergebnis} + \text{Zinsaufwand}) \times 100}{\text{Bilanzsumme}(\text{zum Jahresende})}$$

Runden Sie das Ergebnis auf eine volle Stelle nach dem Komma.

```
┌─────────────────────┐
│                     │
└─────────────────────┘
```

c) Ermitteln Sie den Cashflow und die Cashflow-Rate.

Cashflow =   Betriebsergebnis + ordentliche Abschreibungen +
              Zuführungen zu den langfristigen Rückstellungen

$$\text{Cashflow Rate} = \frac{\text{Cashflow} \times 100}{\text{Gesamtleistung}}$$

Runden Sie das Ergebnis auf eine volle Stelle nach dem Komma.

```
┌─────────────────────┐
│                     │
└─────────────────────┘
```

d) Ermitteln Sie die Umsatzrentabilität.

$$\text{Umsatzrentabilität} = \frac{\text{Betriebsergebnis} \times 100}{\text{Gesamtleistung}}$$

```
┌─────────────────────┐
│                     │
└─────────────────────┘
```

e) Ermitteln und beurteilen Sie das Debitorenziel für den Firmenkunden. Das Debitorenziel vergleichbarer Unternehmen liegt bei 42 Tagen.

Debitorenziel (Kundenziel) =

$$\frac{\text{Forderungen aus Lieferungen und Leistungen (zum Jahresende)} \times 365}{\text{Umsatzerlöse}}$$

Runden Sie das Ergebnis auf volle Tage.

```
┌─────────────────────┐
│                     │
└─────────────────────┘
```

f) Ermitteln und beurteilen Sie das Kreditorenziel des Firmenkunden. Das Kreditorenziel vergleichbarer Unternehmen liegt bei 30 Tagen.

Kreditorenziel (Lieferantenziel) =

$$\frac{\text{Verbindlichkeiten aus Lieferungen und Leistungen (zum Jahresende)} \times 365}{\text{Materialaufwand bzw. Wareneinsatz}}$$

Runden Sie das Ergebnis auf volle Tage.

```
┌─────────────────────┐
│                     │
└─────────────────────┘
```

g) Ermitteln Sie die Eigenkapitalquote.

$$\text{Eigenkapitalquote} = \frac{\text{Eigenkapital} \times 100}{\text{Bilanzsumme}}$$

Runden Sie das Ergebnis auf eine volle Stelle nach dem Komma.

f) Leasingfinanzierung

Aufgabe D-58 PKW-Leasing

Die 24-jährige Claudia Spielvogel ist Sachbearbeiterin bei der Hauptverwaltung der Deutschen Bundesbank Hamburg und ist dort in der Pressestelle für Auskünfte zu Bundeswertpapieren zuständig. Für den Stadtverkehr hat Frau Spielvogel erwogen, sich demnächst einen Smart City Coupé zu kaufen, Neupreis 15.980,00 EUR. Zur Finanzierung des Pkw holt Frau Spielvogel diverse Angebote ein.

1. Leasing-Angebot der *Mercedes-Benz Leasing GmbH*

Laufzeit (Monate)	36
Gesamtlaufleistung (km)	45.000
Leasingfaktor (%)	2.05
Kaufpreis Smart (inkl. Mwst.)	15.980,00 EUR
36 monatliche Raten (exkl. Mwst.)	282,90 EUR
Mwst.	45,26 EUR
Monatliche Gesamtrate (inkl. Mwst.)	328,17 EUR
Restwert (bzgl. Kaufpreis) in %	47,00
Zuzüglich Transportkosten	800,00 EUR

2. Finanzierungs-Angebot der *Mercedes-Benz Finanz GmbH*

Laufzeit (Monate)	36
Gesamtlaufleistung (km)	45.000
Kaufpreis Fahrzeug (brutto)	15.980,00 EUR
36 monatliche Raten	273,32 EUR
1 Schlussrate	7.510,60 EUR
Gesamtdarlehensbetrag	17.350,12 EUR
Kreditkosten	1.370,12 EUR
Effektiver Jahreszins p.a.	3,90
Nominalzinssatz p.a.	3,82
Rückkaufpreis (bzgl. Kaufpreis) in %	47,00
Zuzüglich Transportkosten	800,00 EUR

3. Finanzierung über ein Anschaffungsdarlehen bei der *Nordbank AG*

Laufzeit (Monate)	36
Kaufpreis abzüglich Rabatt	15.000,00 EUR
Zinssatz in % p.a.	7,5
Effektiver Jahreszins in % p.a.	9,26
Monatliche Rate	476,00 EUR
Bearbeitungskosten (einmalig fällig, Bestandteil des effektiven Jahreszinses)	2 %

Für welches Angebot sollte sich Frau Spielvogel entscheiden?

Begründen Sie Ihre Entscheidung! Gehen Sie bei Ihrer Begründung auch auf die Angebote ein, die Sie nicht in Anspruch nehmen wollen.

Firmenleasing **Aufgabe D-59**

Die *Cepacco GmbH* hatte am 01.10… einen Leasingvertrag über die Nutzungs- überlassung eines Sanitätsfahrzeuges zu folgenden Bedingungen mit der *NordLea- sing GmbH* abgeschlossen:

Leasingbedingungen	
Vertragsart	Teilamortisationsvertrag mit Andienungsrecht
Anschaffungskosten	78.500,00 EUR
Leasingrate	2,05 %
Betriebsgewöhnliche Nutzungsdauer	48 Monate
Restwert	28 %

a) Ermitteln Sie die monatliche Leasingrate für die *Cepacco GmbH*.

> _____ EUR

b) Ermitteln Sie den geschätzten Restwert am Ende der betriebsgewöhnlichen Nutzungsdauer.

> _____ EUR

c) Nach einem Jahr muss der Leasingvertrag wegen eines Totalschadens von der *NordLeasing GmbH* zurück abgewickelt werden. Die Kaskoversicherung hat einen Zeitwert von 85 % für den Wagen festgesetzt und in dieser Höhe den Schaden übernommen. Prüfen Sie, ob und ggf. in welcher Höhe noch Ansprü- che gegen die *Cepacco GmbH* aus dem Leasingvertrag verbleiben. Gehen Sie von einer Restlaufzeit des Leasingvertrages von 35 Monaten aus bei einem Monatszinssatz von 0,5 %. Der Schrottwert des Sanitätswagens wurde mit 1.000 EUR festgestellt.

> _____ EUR

Der Barwertfaktor für die Berechnung der abdiskontierten zukünftigen 35 Leasing- raten ist nach der nachfolgenden Formel zu ermitteln:

$$\text{Barwertfaktor} = \frac{(1+i)^n - 1}{i(1+i)^n}$$

Der Barwert des Restwertes ist nach der nachfolgenden Formel zu ermitteln:

$$\text{Barwertfaktor} = \frac{1}{(1+i)^n}$$

$i = 0{,}005$

$n = $ Laufzeit in Monaten, also 35

Aufgabe D-60

Die *Kora GmbH* beabsichtigt die Anschaffung eines Firmenfahrzeugs für die Geschäftsführung. Der Pkw soll 42.000,00 EUR kosten und über die *NordLeasing* oder die *HansaLeasing* bzw. *AutoLeasing GmbH* finanziert werden. Die Geschäftsführung will den Pkw zweieinhalb Jahre lang nutzen. Nutzungsdauer laut AfA-Tabelle 5 Jahre.

Konditionen der *NordLeasing GmbH*	
Vertragsart	Teilamortisations-Vertrag mit Mehrerlösbeteiligung
Grundmietzeit	40 – 90 % der betriebsgewöhnlichen Nutzungsdauer
Leasingfaktor	2,18 % pro Monat
Restwert	16.800,00 EUR
Kilometerleistung	20.000 km pro Jahr

Konditionen der *HansaLeasing GmbH*	
Vertragsart	Teilamortisations-Vertrag mit Mehrerlösbeteiligung
Grundmietzeit	40 – 90 % der betriebsgewöhnlichen Nutzungsdauer
Verzinsung	9,5 % p.a.
Restwert	30 %
Kilometerleistung	20.000 km pro Jahr

Lösungshinweis für Angebot *Hansaleasing*: Zur Berechnung des Leasingfaktors bzw. der monatlichen Leasingrate müssen Sie zunächst als Kostenfaktor die Abschreibungsbeträge für die Nutzungszeit berücksichtigen. Mit den Abschreibungsbeträgen holt sich die Leasinggesellschaft die Anschaffungskosten abzüglich des Restwertes während der Nutzungsdauer vom Leasingnehmer zurück. Danach sind die Zinskosten von 9,5 % auf das durchschnittlich für die Investition zur Verfügung gestellte Kapital dem Leasingnehmer zu berechnen.

Das durchschnittliche gebundene Kapital beträgt:

$$\frac{\text{Anfangskapital} - \text{Restwert} + \text{letzte Tilgungsrate}}{2}$$

Das Anfangskapital minus Restwert beträgt 29.400,00 EUR und die letzte Tilgungsrate beträgt 980,00 EUR. Zum Schluss muss der Restwert zu 9,5 % verzinst werden und diese Zinskosten dem Leasingnehmer berechnet werden.

Die Summe der angeführten Kosten wird dann ins Verhältnis zu den Anschaffungskosten gesetzt und mit 100 multipliziert. Es ergibt sich der entsprechende Leasingfaktor.

Konditionen der *AutoLeasing GmbH*	
Vertragsart	Teilamortisations-Vertrag mit Restwertausgleich
Vertragslaufzeit	2 ½ Jahre
Anzahlung	10.000,00 EUR
Restwert	20 %
Kilometerleistung	20.000 km pro Jahr
Leasingrate	99,00 EUR pro Monat

a) Ermitteln Sie für die 3 Angebote – soweit nicht bereits vorhanden – den Leasingfaktor und die monatliche Leasingrate (Mehrwertsteuer bleibt unberücksichtigt!) sowie die jeweiligen Restwerte.

Leasingfaktor	EUR mtl. Leasingrate

b) Prüfen Sie, ob die drei Angebote den Vorschriften des Leasingerlasses entsprechen. Prüfen Sie die 3 Angebote insbesondere daraufhin, ob mit den Leasingraten und dem Restwert sich die Investition amortisiert.

NordLeasing   **HansaLeasing**   **AutoLeasing**

c) Welchen Leasingfaktor muss die *NordLeasing GmbH* einem leasingerlasskonformen Angebot mindestens zugrunde legen, wenn die Grundmietzeit 3 Jahre betragen soll und die Leasinggesellschaft die zusätzlichen Kosten und den Gewinn mit einem Aufschlag von 10 % von den Anschaffungskosten berücksichtigt und der Restwerterlös mit 30 % der Anschaffungskosten angesetzt werden soll? Die Mehrwertsteuer bleibt unberücksichtigt.

d) Angenommen am Ende der Grundmietzeit erbringt der Firmenwagen nicht wie geschätzt 30 % sondern 40 % der Anschaffungskosten. Prüfen Sie, ob und ggf. in welcher Höhe der *Kora GmbH* Ansprüche gegen die *NordLeasing* aus dem Mehrerlös zustehen.

g) Factoring

Factoring

Aufgabe D-61

Zur Refinanzierung des Kfz-Leasinggeschäfts verkauft die *NordLeasing GmbH* im Jahresdurchschnitt 1/6 ihrer gewerblichen Leasingforderungen in Höhe von 30 Mio. EUR an die *ABC-Factoring-Bank AG* in Hamburg. Der Jahresumsatz (gewerbliche Leasingverträge) der *NordLeasing GmbH* beträgt 180 Mio. EUR.

Die *ABC-Factoring-Bank* bietet der *NordLeasing* die nachstehenden Konditionen zur Refinanzierung an:

Konditionen für den Forderungsverkauf:

Factoringgebühr	Sollzinsen	Habenzinsen	Auszahlung bei Ankauf	Bardepot
1,5‰ auf den Jahresumsatz	12 % p.a. auf die Summe der angekauften Leasingraten	6 % p.a. auf das Bardepot	90 % des Forderungsbetrages	10 % des Forderungsbetrages
Bonitätsprüfungsgebühr einmalig 0,15‰ auf die angekauften Leasingraten				

a) Ermitteln Sie den Liquiditätsgewinn für die *NordLeasing GmbH* durch den Forderungsverkauf!

b) Errechnen Sie die Factoringkosten, die die *ABC-Factoring-Bank* der *NordLeasing GmbH* in Rechnung stellt.

Info: Bardepot

Durch den Verkauf der Forderungen vor deren Fälligkeit erhält der Factoringkunde sofort liquide Mittel. Ihm werden vom Factor 80 % bis 90 % der Rechnungssummen abzüglich der Factoringgebühr ausgezahlt. Die restlichen 10 % bis 20 % werden auf einem Sperrkonto, dem sog. Bardepotkonto gebucht. Sie dienen dem Factor als Sicherheit für etwaige Reklamationen und Abzüge (Skonti, Rabatte) des Abnehmers. Bei Zahlung des Abnehmers an die Factoringgesellschaft wird auch dieser Rest dem Anwender gutgeschrieben. Buchhalterisch ist Factoring ein Aktivtausch.

h) Devisen und Sorten

Aufgabe D-62

Terminkursberechnung

Ein deutscher Exporteur erwartet aus einem Exportgeschäft mit einem brasilianischen Importeur einen Betrag von 225.000,00 USD. Das Exportgeschäft wurde am 16.01.20.. abgeschlossen. Der Betrag ist laut Kontrakt am 16.07.20.. fällig. Der deutsche Exporteur möchte sich auf der Kursbasis vom 16.01.20.. mit einem Kurssicherungsgeschäft vor dem Kursrisiko schützen.

Konditionen der *Nordbank AG* am 16.01.20..	
Devisenkassakurse	Geldkurs/Briefkurs
1 EUR	1,2840 / 1,2900 USD

Die *Nordbank AG* berücksichtigt bei der Kalkulation des Terminkurses den aktuellen Kassakurs vom 16.01.20.. sowie die Zinssätze für 6-Monatsgelder in den USA von 5,00 % p.a. und in Euroland von 3,00 % p.a.

Berechnen Sie

a) den Terminkurs (auf 4 Stellen nach dem Komma runden) und

b) die Gutschrift in EUR ohne Spesen.

Aufgabe D-63

Devisenumrechnung

a) Die *Jungheinrich AG* in Norderstedt hat mit einem argentinischen Bauunternehmen einen Kontrakt über die Lieferung von zwei Baukränen abgeschlossen. Der CIF-Preis für die Baukräne beträgt 265.000,00 USD.

Bei Ausnutzung des Akkreditivs betragen die Kurse für einen EUR

Geld 1,2520 USD
Brief 1,2550 USD.

Ermitteln Sie die Gutschrift auf dem Konto der *Jungheinrich AG*. (Weitere Umrechnungskosten bleiben unberücksichtigt!)

b) Ein Hamburger Exporteur rechnet in 6 Monaten mit der Zahlung von 500.000,00
   USD. Er möchte sich auf der Kursbasis vom 16.09.20.. mit einem Kurssiche-
   rungsgeschäft vor dem Kursrisiko schützen. Die *Nordbank AG* berücksichtigt bei
   der Kalkulation des Terminkurses den aktuellen Kassakurs vom 16.09.20.. in
   Höhe von 1,1600 USD für 1 EUR sowie die Zinssätze für 6-Monatsgelder in den
   USA von 2,00 % p.a. und in Euroland von 3,00 % p.a.

Berechnen Sie für das Termingeschäft mit dem Exporteur den

1) Terminkurs,

EUR

2) Gutschriftsbetrag in EUR (ohne Spesen).

EUR

15. Preisermittlung nach dem Meistausführungsprinzip

**Kurs-
ermittlung**

Aufgabe D-64

Dem Skontroführer Herrn Jürgen Liebig liegen zu Beginn des Börsenhandels an
der Frankfurter Wertpapierbörse die nachstehenden Kauf- und Verkaufsaufträge in
der *Touristik-Aktie* zur Eröffnungskursermittlung vor:

Kaufaufträ-ge/ Stück-zahl	Kurslimit	Verkaufsauf-träge/ Stückzahl	Kurslimit	Bei einem Kurs von … finden … Umsätze statt.
3000	Billigst	8000	Bestens	
4500	64,10	3000	64,80	
3000	64,20	5000	64,70	
6000	64,50	8000	64,50	
4000	64,70	3000	64,20	
2000	64,80	3000	64,10	

Ermitteln Sie den Eröffnungskurs für die *Touristik-Aktie*.

EUR

**Kurs-
ermittlung**

Aufgabe D-65

Dem Skontroführer Herrn Jürgen Liebig liegen zu Beginn des Börsenhandels an
der Frankfurter Wertpapierbörse die nachstehenden Kauf- und Verkaufsaufträge in
der *Touristik*-Aktie zur Eröffnungskursermittlung vor:

Kaufaufträge/ Stückzahl	Kurslimit	Verkaufsauf-träge/ Stück-zahl	Kurslimit	Bei einem Kurs von … finden … Umsätze statt.
7500	Billigst	8000	Bestens	
2500	13,05	5500	13,80	
2700	13,20	4500	13,75	
2500	13,35	500	13,70	
4700	13,60	5700	13,60	
4000	13,70	3000	13,20	
2000	13,80	3000	13,10	

Ermitteln Sie den Eröffnungskurs für die *Software AG*-Aktie.

> [EUR   ]

16. Kosten

Aufgabe D-66

Marktpreis-
ermittlung

a) Die *Möbel Unger AG* ermittelt folgende Planzahlen für das Jahr 2011:

Fixe Kosten	156 Mio. EUR
Variable Kosten je Wohnzimmerschrank	2.500,00 EUR
Kalkulierter Absatz	200.000 Schränke

Welchen Marktpreis je Wohnzimmerschrank muss die *Möbel Unger AG* aufgrund dieser Zahlen mindestens erzielen, um kostendeckend produzieren zu können?

> [EUR   ]

b) Die *ComTech GmbH* ist ein mittelständisches Unternehmen in Norderstedt, das Alarm- und Sicherheitstechnik produziert und vertreibt. Die Unternehmung kann zurzeit 10 Alarmanlagen alternativ mit folgenden Mengenkombinationen Arbeit und Kapital herstellen:

Kombination	A	B	C	D	E
Arbeit (in Einheiten)	8	7	6	5	4
Kapital (in Einheiten)	3	9	12	15	21

Die Kosten für eine Einheit des Faktors Arbeit belaufen sich auf 50,00 EUR pro Einheit. Eine Einheit des Faktors Kapital kostet 10,00 EUR

b1) Ermitteln Sie die kostengünstigste Faktorkombination.

> [   ]

b2) Aufgrund neuer technischer Entwicklungen kann die gleiche Menge nunmehr jeweils mit einem Viertel des Kapitaleinsatzes produziert werden. Ermitteln Sie unter dieser Voraussetzung die kostengünstigste Faktorkombination.

> [   ]

c) Die *Nordbank AG* will ein neues Sparprodukt auf den Markt bringen. Es gelten folgende Daten:

Marktanteil
und Gewinn-
schwelle

Daten zum Sparprodukt	
Marktvolumen im 1. Jahr	120.000 Verträge
Geschätztes Marktpotential	250.000 Verträge
Absatz der *Nordbank AG* im 1. Jahr	12.500 Verträge
Erlös je Vertrag	950,00 EUR
Variable Kosten je Vertrag	350,00 EUR
Fixkosten der *Nordbank AG* pro Jahr	7.850.000,00 EUR

c1) Ermitteln Sie den Marktanteil der *Nordbank AG* in %.

> [%   ]

c2) Ermitteln Sie die Marktsättigung im 1. Jahr für den Gesamtmarkt in %.

| % |

c3) Wie hoch ist der gegenwärtige Betriebserfolg der *Nordbank AG*?

| |

c4) Bei welcher Vertragszahl erreicht die *Nordbank AG* den Break-even-Point (Gewinnschwelle)?

| |

Kosten

d) Die Kapazität eines Möbelherstellers beträgt 20.000 Stühle monatlich. Die Gesamtkosten betragen bei einer Produktion von 16.000 Stühlen 985.000,00 EUR und bei einer Produktion von 17.500 Stühlen 1.063.000,00 EUR. Der Verkaufspreis beträgt 70,00 EUR je Stuhl.

d1) Wie hoch sind die variablen Kosten pro Stuhl?

| |

d2) Errechnen Sie die monatlichen Fixkosten.

| |

d3) Wie viele Stühle müssen produziert werden, um die Gewinnschwelle zu erreichen?

| |

d4) Errechnen Sie das Betriebsergebnis bei einer Produktions- und Absatzmenge von 15.000 Stühlen!

| |

Markt und Preis

Aufgabe D-67

a) Im Zusammenhang mit der Einführung eines neuen Altersvorsorgeprodukts in einer bestimmten Region wird ein Marktpotenzial von 50.000 Kunden ermittelt. Ein Jahr nach der Einführung stellen die 5 Kreditinstitute, die das Altersvorsorgeprodukt am Markt platziert haben, fest, wie viele Kunden das Altersvorsorgeprodukt nachgefragt haben:

Kreditinstitut	Zahl der Kunden (nachgefragt wurde jeweils eine Mengeneinheit)
Nordbank AG	5.050
Fördebank AG	2.060
Sydbank AG	8.800
Westbank AG	6.770
Unionbank AG	3.320

a1) Ermitteln Sie den Marktanteil der 5 Banken für dieses Altersvorsorgeprodukt (auf eine Stelle nach dem Komma runden).

| |

Die *Unionbank AG* stellt fest, dass das Altersvorsorgeprodukt bisher fixe Kosten von 498.000,00 EUR und variable Kosten von 140,00 EUR je Mengeneinheit verursacht hat. Das Altersvorsorgeprodukt erzielte einen Erlös von 305,00 EUR je Mengeneinheit.

a2) Ermitteln Sie den Erfolg in EUR, der der *Unionbank AG* bisher durch die Produkteinführung entstanden ist.

```
┌──────────────────┐
│                  │
└──────────────────┘
```

a3) Ermitteln Sie für eine Mengeneinheit den Verkaufspreis in EUR, mit dem die Kosten des Altersvorsorgeprodukts gerade gedeckt sind.

```
┌──────────────────┐
│                  │
└──────────────────┘
```

b) Die *Nordbank AG* verkauft in einem Geschäftsjahr Genussscheine im Volumen von 55 Mio. EUR. Der tatsächliche Umsatz aller Kreditinstitute des Geschäftsgebiets beträgt 218 Mio. EUR bei einem geschätzten Marktpotenzial von 280 Mio. EUR.

b1) Berechnen Sie den Marktanteil der Nordbank *AG*.

```
┌──────────────────┐
│                  │
└──────────────────┘
```

b2) Berechnen Sie die Marktdurchdringung (Grad der Marktsättigung) für dieses Produkt. Runden Sie die Ergebnisse auf jeweils eine Stelle nach dem Komma.

```
┌──────────────────┐
│                  │
└──────────────────┘
```

17. Wirtschaftskreislauf

Wirtschafts-
kreislauf

Aufgabe D-68

Ausgangssituation für a) und b)

Die angegebenen Daten zum Modell des erweiterten Wirtschaftskreislaufs werden zugrunde gelegt. Dabei gilt, dass alle Wirtschaftssektoren die eingenommenen Gelder dem Kreislauf wieder zuführen.

Geldströme des erweiterten Wirtschaftskreislaufs

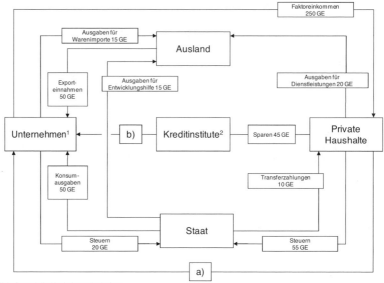

1) Nicht finanzielle Kapitalgesellschaften
2) Finanzielle Kapitalgesellschaften
GE = Geldeinheiten

a) Ermitteln Sie in Geldeinheiten (GE) ...

1. die Investitionen der Unternehmen.

2. den inländischen Konsum der privaten Haushalte.

b) Es wird davon ausgegangen, dass ausschließlich die im Wirtschaftskreislauf aufgeführten Transaktionen mit dem Ausland getätigt wurden.

1. Ermitteln Sie den Saldo der Handelsbilanz.

EUR

Tragen Sie den von Ihnen errechneten Saldo in das Feld ein.
Tragen Sie zusätzlich in das Kästchen vor dem Saldo eine 1 ein, wenn der Saldo positiv ist, oder eine 2, wenn er negativ ist.

2. Welche der folgenden Aussagen beschreibt den Saldo der Kapitalbilanz zutreffend? Der Saldo der Kapitalbilanz ist ...

   A negativ, da die Kapitalimporte höher als die Kapitalexporte waren.

   B negativ, da die Kapitalexporte höher als die Kapitalimporte waren.

   C positiv, da die Kapitalimporte höher als die Kapitalexporte waren.

   D positiv, da die Kapitalexporte höher als die Kapitalimporte waren.

   E ausgeglichen, da die Kapitalexporte gleich den Kapitalimporten waren.

18. Produzentenrente

Aufgabe D-69   Produzenten-
                                                                              rente

Das gesamte Angebot und die gesamte Nachfrage für Kali an der Börse für Düngemittel stellen sich wie folgt dar:

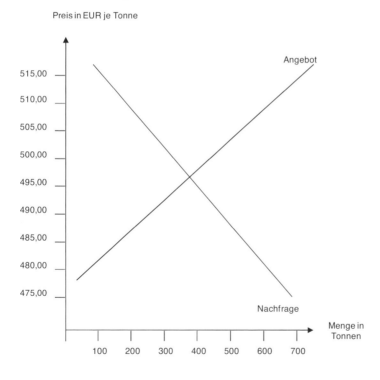

a) Die *Kali und Salz AG* ist bereit, 5.000 Tonnen Kali zu 490,00 EUR je Tonne zu verkaufen. Welche der folgenden Aussagen zur Ausführung des Verkaufsauftrags ist zutreffend? Der Verkaufsauftrag der *Kali und Salz AG* wird ...

    A nicht ausgeführt, da alle über dem Gleichgewichtspreis limitierten Verkaufsaufträge unberücksichtigt bleiben.

    B nicht ausgeführt, da alle unter dem Gleichgewichtspreis limitierten Verkaufsaufträge unberücksichtigt bleiben.

    C teilweise ausgeführt, weil ihr Verkaufsauftrag zum Gleichgewichtspreis limitiert ist.

    D vollständig ausgeführt, da alle unter dem Gleichgewichtspreis limitierten Verkaufsaufträge berücksichtigt werden.

    E vollständig ausgeführt, da alle über dem Gleichgewichtspreis limitierten Verkaufsaufträge berücksichtigt werden.

b) Für die Marktteilnehmer auf dem Markt für Düngemittel ergibt sich unter bestimmten Bedingungen eine Produzentenrente. Die Produzentenrente ist die Differenz zwischen dem Preis, zu dem ein Anbieter aufgrund seiner Kostensituation noch bereit wäre, ein Gut herauszustellen und anzubieten, und dem Marktpreis. Berechnen Sie bei der vorliegenden Marktsituation für den Verkaufsauftrag aus Aufgabe a) die Produzentenrente für die *Kali und Salz AG*.

    | EUR |

19. Geldschöpfung und Geldumlauf

Geldschöpfungsmultiplikator

Aufgabe D-70

a) Über die Kreditvergabe besteht die Möglichkeit, aktiv Giralgeld zu schöpfen. Die *Nordbank AG* möchte ihre Kundeneinlagen wieder ausleihen, ohne dass ihr Liquiditätsprobleme entstehen.

Situation: Ein Kunde der *Nordbank AG* zahlt auf sein Girokonto 5.000,00 EUR bar ein. Der Mindestreservesatz der EZB für die Einlage beträgt 2,0 %. Der Kassenreservesatz der *Nordbank AG* beträgt 8,0 %. Gehen Sie davon aus, dass genügend Kreditnachfrage besteht und die Kreditnehmer nur bargeldlos über die ihnen gewährten Kredite verfügen.

a1) Berechnen Sie die erste Überschussreserve bei der *Nordbank AG*.

    | EUR |

a2) Berechnen Sie den Geldschöpfungsmultiplikator. Der Geldschöpfungsmultiplikator ist der reziproke Liquiditätsreservesatz.

    | EUR |

a3) Berechnen Sie, welches Kreditvolumen aufgrund dieser Einzahlung in Höhe von 5.000,00 EUR im gesamten Kreditsektor maximal geschaffen werden kann.

| EUR |

b) Die Geldwertstabilität ist das primäre Ziel der Europäischen Zentralbank. Es wird im Folgenden davon ausgegangen, dass sich die Zentralbank in ihrer Geldpolitik ausschließlich an der Quantitätstheorie (Fishersche Verkehrsgleichung) orientiert. Berechnen Sie die Geldmenge in Mrd. EUR.

Berechnung der Geldmenge

Die verkürzte Verkehrsgleichung lautet:

$$\text{Geldmenge} = \frac{\text{Handelsvolumen} \times \text{Preisniveau}}{\text{Umlaufgeschwindigkeit}}$$

Folgende Größen wurden ermittelt:

Volkswirtschaftliche Größen	Werte
Handelsvolumen	6 Mrd. EUR
Preise in EUR	1,50
Umschlaghäufigkeit der Geldmenge	2,5

20. Preiselastizität

Aufgabe D-71

Preiselastizität

a) Die *Löwe AG* ist Hersteller von Flachbildschirmen. Die *Löwe AG* senkt 2010 den Stückpreis von Flachbildschirmen von 250,00 EUR auf 225,00 EUR. Daraufhin steigt die monatlich produzierte und abgesetzte Menge von 150.000 auf 180.000 Flachbildschirme. Berechnen Sie die Preiselastizität der Nachfrage.

| |

b) Die *Nordbank AG* bietet im Privatkundengeschäft das Kontokorrentkonto „Giro plus" für junge Kunden an. Dieses Kontomodell soll auf dem Markt besser positioniert werden. Es liegen folgende Daten aus dem Controlling und einer Marktstudie vor:

Anzahl der Girokonten	150.000
Monatliches Kontoführungsentgelt	1,50 EUR
Elastizität der Nachfrage aufgrund der Marktforschungsergebnisse	0,6

$$\text{Elastizität} = \frac{\text{prozentuale Mengenänderung}}{\text{prozentuale Preisänderung}}$$

Die *Nordbank AG* möchte durch die Senkung des Kontoführungsentgelts um 0,50 EUR ihre Marktanteile ausbauen.

b1) Berechnen Sie den voraussichtlichen Zuwachs an Girokonten in Prozent.

| % |

b2) Berechnen Sie die Anzahl der Konten, die voraussichtlich zusätzlich eröffnet werden.

| % |

21. Zahlungsbilanz

Handelsbilanz   **Aufgabe D-72**

Aus dem Monatsbericht der Deutschen Bundesbank aus dem zurückliegenden Jahr stammen folgende Zahlen zur Zahlungsbilanz des entsprechenden Jahres in Milliarden EUR:

Erwerbs- und Vermögenseinkommen (Saldo)	+ 1,1
Dienstleistungen (Saldo)	- 2,5
Vermögensübertragungen (Saldo)	+ 0,3
Laufende Übertragungen (Saldo)	- 2,6
Ausfuhr (fob)	73,1
Einfuhr (cif)	60,0
Kapitalbilanz (Saldo)	+ 5,8
Veränderungen der Währungsreserven	- 12,9

Die Einfuhr enthält keine Fracht- und Seetransportversicherungskosten, die in den Dienstleistungen enthalten sind.

Ermitteln Sie

a) den Außenhandelssaldo.

b) den Saldo der Leistungsbilanz.

Außenbeitrag   **Aufgabe D-73**

Die nachstehende Übersicht zeigt die Entwicklung des deutschen Außenhandels mit Indien in den Jahren 2006 bis 2009 (nominale Werte in Mrd. EUR):

Deutscher Außenhandel mit Indien		
Jahr	Exporte	Importe
2006	14,6	21,3
2007	18,3	25,7
2008	21,0	32,5
2009	21,3	39,9

Um wie viel Prozent lagen die Exporte nach Indien im Jahr 2009 über dem Wert von 2006 (Ergebnis auf eine Stelle nach dem Komma runden)?

Aufgabe D-74   Zahlungs-
                                                                          bilanz
Die Deutsche Bundesbank veröffentlichte im Januar 2009 folgende Werte zur Zahlungsbilanz der Bundesrepublik Deutschland (hier Auszug in Mio. EUR)

Position	November 2008
Außenhandel	+ 12.129
Saldo der Dienstleistungen	- 1.934
Saldo der Erwerbs- und Vermögenseinkommen	+ 741
Saldo der laufenden Übertragungen	- 2.820
Saldo der Vermögensübertragungen	- 105
Saldo der Kapitalbilanz (ohne Veränderungen der Währungs-reserven)	- 10.683
Saldo der statistisch nicht aufgliederbaren Transaktionen	+ 1.613

a) Ermitteln Sie aufgrund dieser Werte den Saldo der Leistungsbilanz in Mio. EUR.

b) Ermitteln Sie die Veränderung (Erhöhung oder Verringerung) der Währungsreserven.

22. Volkswirtschaftliche Gesamtrechnung

Aufgabe D-75   Einkommen
                                                                        und Sparquote
Die Deutsche Bundesbank veröffentlichte im letzten Jahr folgende Werte zur Zahlungsbilanz der Bundesrepublik Deutschland (hier Auszug in Mio. EUR)

In einer offenen Volkswirtschaft mit staatlicher Aktivität führen verschiedene
Gruppen von Wirtschaftssubjekten in einem bestimmten Zeitraum folgende wirtschaftliche Transaktionen durch:

1. Zahlung von Löhnen und Gehältern in Höhe von 1.450.000 TEUR durch Unternehmen und Staat.
2. Der Staat zahlt Kindergeld 12.000 TEUR.
3. Der Staat zahlt Renten in Höhe von 105.000 TEUR.
4. Die privaten Haushalte geben für ihren täglichen Bedarf 860.000 TEUR aus.
5. Die privaten Haushalte zahlen Sozialversicherungsbeiträge in Höhe von
   300.000 TEUR.
6. Der Staat zahlt Sozialhilfeleistungen in Höhe von 45.000 TEUR.
7. Private Haushalte werden mit Einkommensteuer, Solidaritätszuschlag und Kirchensteuer in Höhe von 350.000 TEUR belastet.
8. Die privaten Haushalte erhalten vom Staat Zinsen für Bundeswertpapiere im
   Wert von 6.000 TEUR.
9. Urlauber geben während ihres Aufenthalts 18.000 TEUR aus.

Berechnen Sie aufgrund dieser Geldströme

a) das verfügbare Einkommen der privaten Haushalte in TEUR.

b) die Sparquote der privaten Haushalte in % (Ergebnis auf eine Stelle nach dem Komma runden).

Abgabenquote   **Aufgabe D-76**

Zur Beantwortung der folgenden Fragen ist die nachstehende Tabelle heranzuziehen.

Einkommen der privaten Haushalte im letzten Jahr- Angaben in Mrd. EUR

Bruttolöhne/-gehälter	1.565,3
Nettolöhne/-gehälter	1.030,3
Öffentliche Einkommensübertragungen	551,7
Verfügbares Einkommen	2.382,7
Private Ersparnis	287,6

a) Wie viel Prozent beträgt die Abgabenquote (Anteil der direkten Steuern und Sozialabgaben der Arbeitnehmer an den Bruttolöhnen/-gehältern) im vorliegenden Jahr (auf eine Stelle nach dem Komma runden)?

b) Wie viel Prozent betrug im vorliegenden Jahr die Sparquote (auf eine Stelle nach dem Komma runden)?

Lohnquote   **Aufgabe D-77**

Die Aussagekraft der Lohnquote ist begrenzt, da der Anteil der Arbeitnehmer an den Erwerbstätigen sich ständig ändert. Sie wird berechnet als Quotient aus Arbeitnehmerentgelt und Volkseinkommen.

	Mrd. EUR	
	2008	2009
Arbeitnehmerentgelte	1970,2	1999,8
Unternehmens- und Vermögenseinkommen	795,8	848,5
Volkseinkommen	2766,0	2848,3
Bruttosozialprodukt	3658,6	3768,6
Bruttoinlandsprodukt	3675,8	3799,4

a) Ermitteln Sie aus der nachstehenden Tabelle die Lohnquote für 2009 (auf 2 Stellen nach dem Komma runden)!

b) Wie hat sich die Lohnquote im Vergleich zu 2008 verändert?

Aufgabe D-78

Verwendung des Inlandsprodukts (in Mrd. EUR)

	2008	2009
in Preisen von 2005		
1. private Konsumausgaben	1.092	1.108
2. Konsumausgaben des Staates	375	379
3. Ausrüstungen	160	174
4. Bauten	249	243
5. Sonstige Anlagen	23	25
6. Vorratsveränderungen	- 4	3
Inländische Verwendung	1.895	1.932
Bruttoinlandsprodukt	1.911	1.968
in jeweiligen Preisen		
1. private Konsumausgaben	1.149	1.183
2. Konsumausgaben des Staates	378	385
3. Ausrüstungen	159	175
4. Bauten	245	241
5. Sonstige Anlagen	21	23
6. Vorratsveränderungen	4	12
Inländische Verwendung	1.956	2.019
Bruttoinlandsprodukt	1.974	2.025

Berechnen Sie unter Verwendung der vorstehenden Übersicht:

a) die Wachstumsrate des nominalen BIP im Jahre 2009 (auf eine Stelle nach dem Komma runden).

b) den realen Außenbeitrag für das Jahr 2009 in Mrd. EUR.

23. Geldpolitische Instrumente der Europäischen Zentralbank

a) Tenderverfahren

Zinstender

Aufgabe D-79

Das Tenderverfahren ist ein wesentliches währungspolitisches Instrument der Europäischen Zentralbank (EZB). Die EZB beschließt, dem Markt Liquidität über eine befristete Transaktion in Form eines Zinstenders zuzuführen. Drei Geschäftspartner geben folgende Gebote (in Mio. EUR) ab:

Zinssatz in %	Bank A	Bank B	Bank C
3,32	10	10	
3,31		10	10
3,30		10	10
3,29	10	10	15
3,28	10	15	20
3,27	15	15	20
3,26	10	10	10
3,25	10		15

Die EZB beschließt, 113 Mio. EUR zuzuteilen.
Ermitteln Sie

a) den marginalen Zinssatz.

b) den Betrag in Mio. EUR, den die Banken A, B und C bei Anwendung des aktuellen Zuteilungsverfahrens erhalten.

Offenmarktgeschäft der EZB

Aufgabe D-80

Die Europäische Zentralbank (EZB) führt ein Offenmarktgeschäft durch. Die Zuteilung erfolgt als Zinstender (amerikanisches Verfahren).

Mindestbietungssatz:	3 %
Umfang des Tenders:	3.200 Mio. EUR

Gebote von 7 Kreditinstituten:

Kreditinstitute	Mengen (Mio. EUR)	Zinssätze (%)
A	540	3,025
B	680	3,029
C	850	3,028
D	350	3,026
E	810	3,027
F	250	3,027
G	350	3,029

Ermitteln Sie jeweils in Mio. EUR die Zuteilung für die Kreditinstitute

a) **D**

b) **E**

und tragen Sie hinter den jeweiligen Zinssatz den zugeteilten Betrag ein.

Kreditinstitute	Zinsgebote	Zugeteilte EUR-Menge
D		
E		

Aufgabe D-81

Geldpolitische Geschäfte des Eurosystems (Tenderverfahren)						
Datum der Gutschrift	Gebote Betrag	Zuteilung Betrag	Festsatz	Marginaler Zuteilungs-satz	Gewichteter Durchschnitts-satz	Laufzeit
	Mrd. EUR			% p.a.		Tage
Hauptrefinanzierungsgeschäfte						
12.10.	300	48	3,00			7
19.10.	1.505,405	92	3,00			7
26.10.	485,825	70	3,00			7
Längerfristige Refinanzierungsgeschäfte						
30.09.	41,443	15		2,66	2,67	84
28.10.	74,430	25		3,19	3,42	91
25.11.	74,988	25		3,18	3,27	98
23.12.	91,088	25		3,26	3,29	98

a) Welche der nachstehenden Tenderverfahren kamen bei den

   A Hauptrefinanzierungsgeschäften

   B längerfristigen Refinanzierungsgeschäften

   zur Anwendung?

   Tenderverfahren

   1 Mengentender

   2 Zinstender(holländisches Verfahren)

   3 Zinstender (amerikanisches Verfahren)

A	B

b) Berechnen Sie

b1) die Repartierungsquote (Zuteilungsquote) des Tenderverfahrens vom 12.10. in %.

b2) die Gutschrift für ein Kreditinstitut in Mio. EUR, das am 12.10. ein Gebot von 25 Mio. EUR abgegeben hat.

b3) den Saldo der Hauptrefinanzierungsgeschäfte in Mrd. EUR (Saldo aus neu ab-geschlossenen und auslaufenden Geschäften) vom 19.10.

b) Mindestreserveberechnung

Reserve-Soll und Reserve-Ist

Aufgabe D-82

Die Mindestreserve-Basis der *Nordbank AG*, für die ein positiver Mindestreserve-satz gilt, beträgt am 31. Januar 20.. 185 Mio. EUR.

a) Ermitteln Sie in Mio. EUR das Mindestreserve-Soll für Januar 20...

```

```

b) Unter Einbeziehung des 8. April 20.. wurde für den Berichtsmonat ein Mindestre-serve-Ist von 3,0 Mio. EUR errechnet. Wie viele Tage hat die *Nordbank AG* in der Erfüllungsperiode noch Zeit, um das Mindestreserve-Soll zu erfüllen?

```

```

c) Ermitteln Sie in Mio. EUR den Betrag, der im Durchschnitt der restlichen Tage der Erfüllungsperiode beim EZB-System unterhalten werden muss, damit das Mindestreserve-Soll erfüllt ist.

```

```

Info zur Mindestreserveberechnung

(1) Die Erfüllungsperiode für Reserve-Soll, das am 31. Januar 20.. ermittelt wurde, beginnt mit dem 9. März 20.. und endet mit dem 12. April 20.. einschließlich.

(2) Das Mindestreserve-Soll eines jeden Kreditinstituts wird zunächst errechnet, in dem auf die reservepflichtigen Verbindlichkeiten die Reservesätze der entsprechenden Verbindlichkeitenkategorien auf der Grundlage der Bilanzdaten zum Ende eines jeden Kalendermonats angewendet werden; anschließend zieht jedes Kreditinstitut von dieser Größe einen Freibetrag von 100.000,00 EUR ab. Das auf diese Weise berechnete Mindestreserve-Soll wird dann für das ganze Euro-Währungsgebiet aggregiert.

Mindest-reserve-verzinsung

Aufgabe D-83

Das Reserve-Soll in Höhe von 3,6 Mio. EUR wurde von der *Nordbank AG* in der Erfüllungsperiode um 200.000 EUR überschritten. Welchen Zinsbetrag schreibt die Deutsche Bundesbank der *Nordbank AG* für die Erfüllungsperiode auf dem Bundesbankkonto gut (Mindestreservezinssatz 1,0 % p.a.; Berechnungsmethode actual/360)?

```

```

24. Berechnung von Sozialversicherungsbeiträgen

Aktuelle Beitragssätze und Beitragsbemessungsgrenzen sowie Versicherungspflichtgrenze 2010

	Gesetzliche Kranken-versicherung	Pflege-versicherung	Renten-versicherung	Arbeitslosen-versicherung
Beitragsbemessungsgrenzen (West) monatlich/jährlich	3.750,00 EUR 45.000,00 EUR	3.750,00 EUR 45.000,00 EUR	5.500,00 EUR 66.000,00 EUR	5.500,00 EUR 66.000,00 EUR
Beitragsbemessungsgrenzen (Ost) monatlich/jährlich	3.750,00 EUR 45.000,00 EUR	3.750,00 EUR 45.000,00 EUR	4650,00 EUR 55.800,00 EUR	4650,00 EUR 55.800,00 EUR
Versicherungspflichtgrenzen Monatlich/ jährlich	4.162,50 EUR 49.950,00 EUR	4.162,50 EUR 49.950,00 EUR	-	-
Beitragssätze	14,9 % einschl. 0,9 % für Arbeitnehmer allein	1,95 % + 0,25 % für Arbeitnehmer über 23 Jahre und kinderlos	19,9 %	3 %

Aufgabe D-84   Sozialabgaben

Lösen Sie als Mitarbeiter(in) der *Nordbank AG* in Schwerin die folgende Aufgabe auf der Grundlage der nachfolgenden Übersicht der Sozialabgaben. Alle Mitarbeiter/innen haben ihren ständigen Wohnsitz in Schwerin.

a) Ermitteln Sie den Betrag, den der Leiter der Revisionsabteilung im Januar 2010 bei einem Bruttomonatsgehalt von 4.700,00 EUR als Arbeitnehmeranteil zum Beitrag zur …

a1) Rentenversicherung

| EUR |

a2) Arbeitslosenversicherung

| EUR |

a3) Kranken- und Pflegeversicherung

| EUR |

tragen muss. Der Mitarbeiter ist verheiratet und hat zwei Kinder. Ergebnisse auf 2 Stellen nach dem Komma runden.

b) Der Leiter der Kreditabteilung erhält seit April 2009 unverändert ein Brutto-Monatsgehalt von 5.400,00 EUR. Die Erhöhung aller Beitragsbemessungsgrenzen und des Beitragssatzes für die Arbeitslosenversicherung im Jahr 2010 von 2,8 % auf 3,0 % bei gleichbleibenden Beitragssätzen in den übrigen Zweigen der Sozialversicherung führen bei dem Abteilungsleiter zu einer Höherbelastung …

A in allen Zweigen der Sozialversicherung.

B nur in der Arbeitslosenversicherung.

C nur in der Kranken- und Pflegeversicherung.

D in der Arbeitslosen-, Kranken- und Pflegeversicherung.

E in der Renten- und Krankenversicherung.

Aufgabe D-85

Bei der *Nordbank AG* in Hamburg sind u. a. folgende Mitarbeiter beschäftigt:
- Jens Willms, Kreditsachbearbeiter, 43 Jahre, ledig, Bruttogehalt 3.200,00 EUR
- Sabine Bauer, Abteilungsleiterin, 36 Jahre, verheiratet, ein Kind, Bruttogehalt 4.400,00 EUR

a) Ermitteln Sie den Beitrag zur Krankenversicherung, den Herr Willms zu tragen hat.

b) Ermitteln Sie die monatliche prozentuale Belastung, die Frau Bauer als freiwillig Versicherte in der gesetzlichen Krankenversicherung zu tragen hat. Runden Sie das Ergebnis auf zwei Stellen nach dem Komma.

| | % | |

c) Welche der folgenden Aussagen zur Berechnung der Sozialversicherungsbeiträge sind zutreffend?

A Die Belastung der *Nordbank AG* mit Lohnnebenkosten steigt, wenn die Beitragsbemessungsgrenzen erhöht werden.

B Bei Überschreiten der Beitragsbemessungsgrenzen ist Frau Bauer von der Versicherungspflicht in der Renten- und Arbeitslosenversicherung befreit.

C Die Belastung von Herrn Willms mit Sozialversicherungsbeiträgen steigt, wenn die Beitragsbemessungsgrenzen jeweils um 100,00 EUR erhöht werden.

D Die Belastung von Frau Bauer mit Sozialversicherungsbeiträgen bleibt bei konstanten Versicherungsbeitragssätzen gleich, wenn die Beitragsbemessungsgrenzen steigen.

E Wenn Herr Willms mit seinem Gehalt die Beitragsbemessungsgrenzen in der Kranken- und Pflegeversicherung überschreitet, kann er sich für diese beiden Versicherungen von der gesetzlichen Versicherungspflicht befreien lassen.

F Die finanzielle Belastung von Herrn Willms durch die Erhöhung des Beitragssatzes zur Arbeitslosenversicherung um 0,2 % bleibt unverändert, wenn gleichzeitig der Beitragssatz zur Rentenversicherung um 0,2 % gesenkt wird.

25. Einkommensteuer

Aufgabe D-86

Hanna Neumann (31 Jahre alt, ledig, kinderlos, keiner Religionsgemeinschaft angehörend) ist Wertpapierberaterin bei der *Nordbank AG* und hat für ihre Einkommensteuer-Erklärung für den Veranlagungszeitraum 2009 folgende Ausgaben ermittelt. Für alle Ausgaben hat sie im Laufe des letzten Jahres entsprechende Belege gesammelt und kann diese dem Finanzamt vorlegen.

Ausgaben

Gewerkschaftsbeitrag	400,00 EUR
Fahrtkosten mit dem eigenen Pkw zur Arbeitsstätte (einfache Entfernung 15 km) an 230 Tagen, Entfernungs-Pauschale 0,30 EUR/km	
Tageszeitung	500,00 EUR
Kfz-Steuer	895,00 EUR
Sonstige Sonderausgaben	100,00 EUR
Jahresprämie einer Risikolebensversicherung	1.400,00 EUR
Anschaffung von Berufskleidung	1.500,00 EUR

Frau Neumann kann in ihrer Steuererklärung auch Werbungskosten für ihre Einkünfte aus „nichtselbstständiger Arbeit" geltend machen.

a) Ermitteln Sie den Betrag, den sie für ihren täglichen Fahrtweg zur Arbeitsstätte absetzen kann.

	EUR

b) Ermitteln Sie die übrigen Werbungskosten.

	EUR

INFOPOOL

1 Bilanz und Gewinn- und Verlustrechnung

Aktivseite	Jahresbilanz der Kreditinstitute	Passivseite

Aktivseite

1. Barreserve
   a) Kassenbestand
   b) Guthaben bei Zentralnotenbanken
   c) Guthaben bei Postgiroämtern
2. Schuldtitel öffentlicher Stellen und Wechsel, die zur Refinanzierung bei Zentralnotenbanken zugelassen sind
   a) Schatzwechsel und unverzinsliche Schatzanweisungen sowie ähnliche Schuldtitel öffentlicher Stellen
   b) Wechsel
3. Forderungen an Kreditinstitute
   a) täglich fällig
   b) andere Forderungen
4. Forderungen an Kunden
   darunter: durch Grundpfandrechte gesichert
   Kommunalkredite
5. Schuldverschreibungen und andere festverzinsliche Wertpapiere
   a) Geldmarktpapiere
   aa) von öffentlichen Emittenten
   ab) von anderen Emittenten
   b) Anleihen und Schuldverschreibungen
   ba) von öffentlichen Emittenten
   bb) von anderen Emittenten
   c) eigene Schuldverschreibungen
6. Aktien und andere nicht festverzinsliche Wertpapiere
7. Beteiligungen
8. Anteile an verbundenen Unternehmen
9. Treuhandvermögen
10. Ausgleichsforderungen gegen die öffentliche Hand einschließlich Schuldverschreibungen aus deren Umtausch
11. Immaterielle Anlagewerte
12. Sachanlagen
13. Ausstehende Einlagen auf das gezeichnete Kapital
14. Eigene Aktien oder Anteile
15. Sonstige Vermögensgegenstände
16. Rechnungsabgrenzungsposten
17. Nicht durch Eigenkapital gedeckter Fehlbetrag
Summe der Aktiva

Passivseite

1. Verbindlichkeiten gegenüber Kreditinstituten
   a) täglich fällig
   b) mit vereinbarter Laufzeit oder Kündigungsfrist
2. Verbindlichkeiten gegenüber Kunden
   a) Spareinlagen
   aa) mit vereinbarter Kündigungsfrist von drei Monaten
   ab) mit vereinbarter Kündigungsfrist von mehr als drei Monaten
   b) andere Verbindlichkeiten
   ba) täglich fällig
   bb) mit vereinbarter Laufzeit oder Kündigungsfrist
3. Verbriefte Verbindlichkeiten
   a) begebene Schuldverschreibungen
   b) andere verbriefte Verbindlichkeiten
   darunter: Geldmarktpapiere
   eigene Akzepte und Solawechsel
4. Treuhandverbindlichkeiten
5. Sonstige Verbindlichkeiten
6. Rechnungsabgrenzungsposten
7. Rückstellungen
   a) Rückstellungen für Pensionen und ähnliche Verpflichtungen
   b) Steuerrückstellungen
   c) andere Rückstellungen
8. Sonderposten mit Rücklageanteil
9. Nachrangige Verbindlichkeiten
10. Genußrechtskapital
11. Fonds für allgemeine Bankrisiken
12. Eigenkapital
   a) gezeichnetes Kapital
   b) Kapitalrücklage
   c) Gewinnrücklagen
   ca) gesetzliche Rücklage
   cb) Rücklage für eigene Anteile
   cc) satzungsmäßige Rücklagen
   cd) andere Gewinnrücklagen
   d) Bilanzgewinn / Bilanzverlust
Summe der Passiva

unter der Bilanz auf der Passivseite:
1. Eventualverbindlichkeiten
   a) Eventualverbindlichkeiten aus weitergegebenen abgerechneten Wechseln
   b) Verbindlichkeiten aus Bürgschaften und Gewährleistungsverträgen
   c) Haftung aus der Bestellung von Sicherheiten für fremde Verbindlichkeiten
2. Andere Verpflichtungen
   a) Rücknahmeverpflichtungen aus unechten Pensionsgeschäften
   b) Plazierungs- und Übernahmeverpflichtungen
   c) Unwiderrufliche Kreditzusagen

siehe auch: http://www.bundesbank.de/download/ bankenaufsicht/pdf/rkv_f1

Aufwendungen	Gewinn- und Verlustrechnung (Kontoform)	Erträge

1. Zinsaufwendungen
2. Provisionsaufwendungen
3. Nettoaufwand aus Finanzgeschäften
4. Allgemeine Verwaltungsaufwendungen
  a) Personalaufwand
    aa)Löhne und Gehälter
    ab)Soziale Abgaben und Aufwendungen für Altersversorgung und für Unterstützung
  b) andere Verwaltungsaufwendungen
5. Abschreibungen und Wertberichtigungen auf immaterielle Anlagewerte und Sachanlagen
6. Sonstige betriebliche Aufwendungen
7. Abschreibungen und Wertberichtigungen auf Forderungen und bestimmte Wertpapiere sowie Zuführungen zu Rückstellungen im Kreditgeschäft
8. Abschreibungen und Wertberichtigungen auf Beteiligungen, Anteile an verbundenen Unternehmen und wie Anlagevermögen behandelte Wertpapiere
9. Aufwendungen aus Verlustübernahme
10. Einstellungen in Sonderposten mit Rücklageanteil
11. Außerordentliche Aufwendungen
12. Steuern vom Einkommen und vom Ertrag
13. Sonstige Steuern, soweit nicht unter Posten 6 ausgewiesen
14. Auf Grund einer Gewinngemeinschaft, eines Gewinnabführungs- oder eines Teilgewinnabführungsvertrags abgeführte Gewinne
15. Jahresüberschuss
	1. Zinserträge aus
	  a) Kredit- und Geldmarktgeschäften
	  b) festverzinslichen Wertpapieren und Schuldbuchforderungen
	2. Laufende Erträge aus
	  a) Aktien und anderen nicht festverzinslichen Wertpapieren
	  b) Beteiligungen
	  c) Anteilen an verbundenen Unternehmen
	3. Erträge aus Gewinngemeinschaften, Gewinnabführungs- oder Teilgewinnabführungsverträgen
	4. Provisionserträge
	5. Nettoertrag aus Finanzgeschäften
	6. Erträge aus Zuschreibungen zu Forderungen und bestimmten Wertpapieren sowie aus der Auflösung von Rückstellungen im Kreditgeschäft
	7. Erträge aus Zuschreibungen zu Beteiligungen, Anteilen an verbundenen Unternehmen und wie Anlagevermögen behandelten Wertpapieren
	8. Sonstige betriebliche Erträge
	9. Erträge aus der Auflösung von Sonderposten mit Rücklageanteil
	10. Außerordentliche Erträge
	11. Erträge aus Verlustübernahme
	12. Jahresfehlbetrag	

siehe auch: http://www.bundesbank.de/download/ bankenaufsicht/pdf/rkv_f2

2 Formelsammlung

Formelsammlung für die schriftlichen Abschlussprüfungen im Ausbildungsberuf „Bankkaufmann/Bankkauffrau" in den Prüfungsfächern

- Bankwirtschaft
- Rechnungswesen und Steuerung
- Wirtschafts- und Sozialkunde

1. Kalkulation

Der Kalkulation im Betriebsbereich liegt die Teilkostenrechnung (prozessorientierte Standardeinzelkostenrechnung) zugrunde.

1.1 Produktkalkulation im Aktivgeschäft

Ermittlung der **Preisuntergrenze** eines Produktes:

Alternativzinssatz für Anlagen am GKM

+ Mindestkonditionenmarge, bestehend aus:

direkt zurechenbare Betriebskosten in %

Risikokosten in %

 Eigenkapitalkosten in %

= Preisuntergrenze Aktivprodukt in %

Ermittlung des **Deckungsbeitrags**:

Zinserlöse

- Alternativzinsen für Anlage am GKM

= **Deckungsbeitrag I** (Zinsüberschuss, Zins-Konditionenbeitrag)

+ direkt zurechenbare Provisionserlöse

- direkt zurechenbare Betriebskosten

= **Deckungsbeitrag II** (Netto-Konditionenbeitrag)

- Risikokosten

- Eigenkapitalkosten

= **Deckungsbeitrag III** (Beitrag zum Betriebsergebnis)

Deckungsbeitrag III ohne Berücksichtigung der Overhead-Kosten.

Die Kosten für die Unterlegung mit Eigenkapital werden angegeben.

1.2 Produktkalkulation im Passivgeschäft

Ermittlung der **Preisobergrenze** eines Produktes:

Alternativzinssatz für Beschaffung am GKM

- direkt zurechenbare Betriebskosten in %

= Preisobergrenze Passivprodukt in %

Ermittlung des **Deckungsbeitrags**:

Alternativzinsen für Beschaffung am GKM

- Zinskosten

= **Deckungsbeitrag I** (Zinsüberschuss, Zins-Konditionenbeitrag)

+ direkt zurechenbare Provisionserlöse

- direkt zurechenbare Betriebskosten

= **Deckungsbeitrag II** (Netto-Konditionenbeitrag)

= **Deckungsbeitrag III** (Beitrag zum Betriebsergebnis)

Deckungsbeitrag II und III ohne Berücksichtigung der Overhead-Kosten

1.3 Kundenkalkulation

Konditionenbeiträge der Aktivgeschäfte

+ Konditionenbeiträge der Passivgeschäfte

= **Deckungsbeitrag I** (Zinsüberschuss, Zins-Konditionenbeitrag)

+ direkt zurechenbare Provisionserlöse

- direkt zurechenbare Betriebskosten

= **Deckungsbeitrag II** (Netto-Konditionenbeitrag)

- direkt zurechenbare Risikokosten

- direkt zurechenbare Eigenkapitalkosten

= **Deckungsbeitrag III** (Deckungsbeitrag der Kunden)

1.4 Geschäftsstellenkalkulation

Konditionenbeiträge der Aktivgeschäfte

+ Konditionenbeiträge der Passivgeschäfte

= **Deckungsbeitrag I** (Zinsüberschuss, Zins-Konditionenbeitrag)

+ direkt zurechenbare Provisionserlöse

- direkt zurechenbare Betriebskosten

= **Deckungsbeitrag II** (Netto-Konditionenbeitrag)

- direkt zurechenbare Risikokosten

- direkt zurechenbare Eigenkapitalkosten

= **Deckungsbeitrag III** (Deckungsbeitrag der Geschäftsstelle)

2. Kennziffern

Der Bilanzgewinn ist – sofern nicht etwas anderes angegeben wird – als kurzfristiges Fremdkapital anzusehen.

$$\text{Eigenkapitalquote} = \frac{\text{Eigenkapital x 100}}{\text{Bilanzsumme}}$$

$$\text{Anlagendeckung I} = \frac{\text{Eigenkapital x 100}}{\text{Anlagevermögen}}$$

$$\text{Anlagendeckungsgrad II} = \frac{(\text{Eigenkapital + langfristiges Fremdkapital}) \text{ x 100}}{\text{Anlagevermögen}}$$

Cashflow = Betriebsergebnis
+ ordentliche Abschreibungen
+ Zuführungen zu den langfristigen Rückstellungen

$$\text{Cashflow-Rate} = \frac{\text{Cash} - \text{Flow x 100}}{\text{Gesamtleistung}}$$

$$\text{Eigenkapitalrentabilität} = \frac{\text{Betriebsergebnis x 100}}{\text{Eigenkapital}}$$

$$\text{Gesamtkapitalrentabilität} = \frac{(\text{Betriebsergebnis + Zinsaufwand}) \text{ x 100}}{\text{Bilanzsumme (zum Jahresende)}}$$

$$\text{Umsatzrentabilität} = \frac{\text{Betriebsergebnis x 100}}{\text{Gesamtleistung}}$$

$$\text{Debitorenziel (Kundenziel)} = \frac{\text{Forderungen aus Lieferungen und Leistungen (zum Jahresende) x 365}}{\text{Umsatzerlöse}}$$

$$\text{Kreditorenziel (Lieferantenziel)} = \frac{\text{Verbindlichkeiten aus Lieferungen und Leistungen (zum Jahresende) x 365}}{\text{Materialaufwand bzw. Wareneinsatz}}$$

$$\text{KGV} = \frac{\text{Börsenkurs}}{\text{erwarteter Gewinn pro Aktie}}$$

$$\text{Dividendenrendite} = \frac{\text{Veröffentlichte Dividende x 100}}{\text{Kapitaleinsatz}}$$

3. Definition des Betriebsergebnisses

Umsatzerlöse (netto)
+/- Bestandsveränderungen
+ andere aktivierte Eigenleistungen

= Gesamtleistung
- Materialaufwand
- Personalaufwand
- planmäßige Abschreibungen auf Sachanlagen
- sonstige ordentliche Aufwendungen
+ sonstige ordentliche Erträge

= Teil-Betriebsergebnis
+ Zinserträge
- Zinsaufwendungen

= Betriebsergebnis

4. Ermittlung des Teilbetriebsergebnisses und des Betriebsergebnisses

(Quelle: Deutsche Bundesbank, Monatsbericht September 2000)

	Mio. EUR	Prozentuale Auswertungen zur durchschnittlichen Bilanzsumme:	Mio. EUR 2.200
Zinserträge	235,0		
+ lfd. Erträge aus Aktien und Beteiligungen	0,0		
+ Erträge aus Gewinngemeinschaften, Gewinnabführungs- oder Teilgewinnabführungsverträgen	0,0	Zinserträge	10,68 %
- Zinsaufwendungen	175,0	Zinsaufwendungen	7,95 %
= **Zinsüberschuss (1)**	60,0	**Bruttozinsspanne**	2,73 %
Provisionserträge	80,0		
- Provisionsaufwendungen	30,0		
= **Provisionsüberschuss (2)**	50,0	**Provisionspanne**	2,27 %
Personalaufwand	45,0	Personalaufwandspanne	2,05 %
+ andere Verwaltungsaufwendungen	30,0		
+ Abschreibungen und Wertberichtigungen auf immaterielle Anlagewerte und Sachanlagen	16,0	Sachaufwandsspanne	2,09 %
= **Verwaltungsaufwand (3)**	91,0	**Bruttobedarfsspanne**	4,14 %
Teilbetriebsergebnis (1) + (2) – (3)	19,0		
Nettoergebnis aus Finanzgeschäften (4)	3,0	**Handelsergebnis**	0,14 %
Sonstige betriebliche Erträge	20,0		
- Sonstige betriebliche Aufwendungen	5,0		

= Saldo der sonstigen betrieblichen Aufwendungen und Erträge (5)	15,0	Sonstige Ertragsspanne	0,68 %
Abschreibungen und Wertberichtigungen auf Forderungen und bestimmte Wertpapiere sowie Zuführungen zu Rückstellungen im Kreditgeschäft	21,0		
- Erträge aus Zuschreibungen zu Forderungen und bestimmten Wertpapieren sowie aus der Auflösung von Rückstellungen im Kreditgeschäft	2,0		
= **Bewertungsergebnis (Risikovorsorge) (6)**	**19,0**	**Risikospanne**	**0,86 %**
Betriebsergebnis aus normaler Geschäftstätigkeit (1) bis (6)	**18,0**	**Nettogewinnspanne**	**0,82 %**

Bruttozinsspanne (1)	**2,73 %**
+ Provisionsspanne (2)	**2,27 %**
+ Handelsergebnis (4)	**0,14 %**
+ sonstige Ertragsspanne (5)	**0,68 %**
= Bruttoertragsspanne	**5,82 %**

Personalaufwandspanne	**2,05 %**
+ Sachaufwandsspanne	**2,09 %**
= Bruttobedarfsspanne (3)	**4,14 %**

Bruttoertragsspanne	**5,82 %**
- Bruttobedarfsspanne (3)	**- 4,14 %**
= Bruttogewinnspanne	**1,68 %**
- Risikospanne (6)	**- 0,86 %**
= Netto(rein)gewinnspanne	**0,82 %**

5. Zinstageermittlung

5.1 Verzinsung
Es werden auch Bruchteile von EUR (Cent) verzinst.

5.1 Spareinlagen
- Die Verzinsung beginnt mit dem Tag der Einzahlung und endet mit dem der Rückzahlung vorhergehenden Kalendertag.
- Die Berechnung der Kündigungsfrist beginnt mit dem auf den Tag der Kündigung folgenden Tag.
- Das Vorfälligkeitsentgelt wird nach der 90-Tage-Methode berechnet.

5.2 Termineinlagen
- Privatkunden: Deutsche Methode der Zinsrechnung (30/360)
- Firmenkunden und Interbankenanlagen: Eurozinsmethode (act/360)

5.3 Bundeswertpapiere
- Bundesschatzbriefe: act/act
- Finanzierungsschätze: act/act
- Bundesobligationen: act/act
- Bundesanleihen: act/act
- Floater: act/360
- Bundesschatzanweisungen: act/act
- U-Schätze: act/360

5.4 Rentenwerte
- Euro-Renten (Neuemissionen und auf Euro umgestellte (Alt-)Emissionen): act/act
- Floater und Anleihen mit einer Gesamtlaufzeit unter zwei Jahren: act/360

5.5 In allen anderen Fällen ist die deutsche Methode der Zinstageberechnung (30/360) anzuwenden.

6. Gewinnausschüttung

6.1 Aus Sicht der Aktiengesellschaft

Gewinn vor Steuern je Aktie

- Körperschaftsteuer

- Solidaritätszuschlag

_____

= **Bruttodividende** (veröffentlichte Dividende)

6.2 Aus Sicht des Aktionärs

Bruttodividende (veröffentlichte Dividende)

- Kapitalertragsteuer

- Solidaritätszuschlag

_____

= **Nettodividende**

7 Kontenplan der Kreditbank AG

Klasse 1

10 Kasse

11 Bundesbank

12 Eigene Wertpapiere

Klasse 2

20 Banken-KK

21 Kunden-KK

22 Spareinlagen

23 Termineinlagen

24 Begebene Schuldverschreibungen

Klasse 3

30 Betriebs- und Geschäftsausstattung

31 Grundstücke und Gebäude

32 Geringwertige Wirtschaftsgüter

33 Sammelposten
   (Geringwertige Wirtschaftsgüter)

Klasse 4

40 Umsatzsteuer

41 Vorsteuer

Klasse 5

50 Zinserträge aus Kreditgeschäften

51 Zinserträge aus Wertpapieren

52 Provisionserträge

53 Kursgewinne aus Wertpapieren

54 Erträge aus Zuschreibungen zu Wertpapieren

55 Erträge aus Zuschreibungen zu Forderungen

56 Sonstige betriebliche Erträge

Klasse 6

60 Zinsaufwendungen

61 Provisionsaufwendungen

62 Kursverluste aus Wertpapieren

63 Andere Verwaltungsaufwendungen

64 Einstellungen in den Fonds für allgemeine Bankrisiken

65 Kostensteuern

66 Abschreibungen auf Sachanlagen

67 Abschreibungen auf Wertpapiere

68 Abschreibungen auf Forderungen

69 Sonstige betriebliche Aufwendungen

Klasse 7

70 Gezeichnetes Kapital

71 Kapitalrücklage

72 Gesetzliche Gewinnrücklagen

73 Andere Gewinnrücklagen

74 Rückstellungen

75 Einzelwertberichtigungen auf Forderungen

76 Pauschalwertberichtigungen auf Forderungen

77 Fonds für allgemeine Bankrisiken

78 Gewinn- und Verlustkonto

79 Bilanzgewinn/-verlust

3　Aktuelle Eurobeträge, Freigrenzen und Freibeträge

	EUR-Betrag
Meldung an die Erbschaftsteuerstelle im Todesfall eines Kontoinhabers	Kontoguthaben ab 2.500,00 EUR
Identifizierungspflicht des Kunden nach dem GwG	bei der Annahme oder Abgabe von Bargeld, Wertpapieren oder Edelmetallen im Wert von 15.000,00 EUR oder mehr
Verfügung über Spareinlagen ohne vorherige Kündigungsfrist nach der Rechnungslegungsverordnung	2.000,00 EUR

Sparen nach dem Vermögensbildungsgesetz	EUR-Betrag
Sparhöchstbetrag für Bausparen u. ä.	470,00 EUR
Arbeitnehmer-Sparzulage für Bausparen in % pro Jahr	9 % höchstens 42,30 EUR
Sparhöchstbetrag für Beteiligungssparen u.ä.	400,00 EUR
Arbeitnehmer-Sparzulage für Beteiligungssparen pro Jahr	20 %
Einkommensgrenzen für Ledige/ Verheiratete **Bausparen**	17.900,00 EUR /35.800,00 EUR zu versteuerndes Einkommen jährlich
Einkommensgrenzen für Ledige/ Verheiratete **Beteiligungssparen**	20.000,00 EUR /40.000,00 EUR zu versteuerndes Einkommen jährlich

Sparen nach dem Wohnungsbau-Prämiengesetz	EUR-Betrag
Sparhöchstbetrag	512,00 EUR jährlich pro Person
Wohnungsbau-Prämie	8,8 % jährlich
Einkommensgrenzen für Ledige/ Verheiratete	25.600,00 EUR/51.200,00 EUR zu versteuerndes Einkommenjährlich

Freibeträge bei Einkünften aus Kapitalerträgen nach dem EStG	EUR-Betrag
Sparerfreibetrag für Ledige/ Verheiratete pro Jahr	801,00 EUR/1.602,00 EUR
Werbungskosten-Pauschbetrag für Ledige/ Verheiratete	51,00 EUR/102,00 EUR
Werbungskosten-Pauschbetrag bei Einkünften aus unselbstständiger Arbeit	920,00 EUR jährlich pro Arbeitnehmer

LÖSUNGEN

A Unternehmensleistung erfassen und dokumentieren

1. Grundlagen des Rechnungswesens

Aufgabe A-1

C und E

A ist nicht richtig, weil die Bilanz eine Stichtagsrechnung ist. Die im Laufe des Geschäftsjahres getilgten Kredite sind in dem Bilanzbestand nicht enthalten. Außerdem werden nur in Anspruch genommene Kredite und nicht gewährte Kredite bilanziert.

B ist nicht richtig, weil nur in Anspruch genommene Kredite und nicht zugesagte Kredite bilanziert werden.

D ist nicht richtig, weil die Bilanz nur Bestände am Stichtag der Aufstellung enthält.

Aufgabe A-2

C und E

A ist nicht richtig, weil auf der Passivseite die Fristigkeit für die Reihenfolge entscheidend ist.

B ist nicht richtig, weil in der Bankbilanz das Fremdkapital vor dem Eigenkapital steht.

D ist nicht richtig, weil es um die vereinbarten Fristigkeiten in der Bankbilanz geht, nicht um die Restlaufzeiten.

Aufgabe A-3

Bilanzveränderungen Geschäftsfall	Aktiv-tausch	Passiv-tausch	Aktiv-Passiv-mehrung	Aktiv-Passiv-minde-rung	Zunahme der Bi-lanz-summe	Abnahme der Bi-lanz-summe	Keine Veründe-rung der Bilanz-summe
A	Ein Kreditor zahlt bar ein			X		X		
B	Ein Debitor hebt bar ab	X						X
C	Auf dem Bundesbank-Konto gehen für einen Kreditor 1000 EUR ein			X		X		
D	Bundesbank-Überweisung für Kauf eines PCs	X						X
E	Übertrag vom kreditorisch geführ-ten Girokonto auf das Sparkonto		X					X
F	Überweisungsauftrag eines Debitors wird über Bundesbank ausgeführt	X						X
G	Verkauf von Wertpapieren des Kre-ditinstituts an einen Kreditor				X		X	

Aufgabe A-4

Die Aufbewahrungsfrist beginnt jeweils am Ende des Kalenderjahres.

a) **31.12.2020** Bilanzen: 10 Jahre

b) **31.12.2014** Buchungsbelege: 10 Jahre

c) **31.12.2013** Handelskorrespondenz: 6 Jahre

d) **D**

A ist nicht richtig, weil es nicht Kontenpläne, sondern Kontenrahmen heißen müsste.

B ist nicht richtig, weil es auch hier um den Kontenrahmen geht.

C ist nicht richtig, weil jedes Kreditinstitut seinen Kontenplan auf der Grundlage des Kontenrahmens erstellt.

E ist nicht richtig, weil der Kontenrahmen alle Konten enthält, die von Kreditinstituten benötigt werden. Der Kontenplan enthält nur die Konten, die das betreffende Kreditinstitut benötigt.

Aufgabe A-5

A	B	C	D	E
1	2	1	1	2

Aufgabe A-6

A	B	C	D
2	2	2	2

Aufgabe A-7

A	B	C	D	E
3	2	1	4	3

Aufgabe A-8

a)   zur Eröffnung folgender Konten

A	Eigenkapital	98	an	70
B	Betriebs- und Geschäftsausstattung	30	an	98
C	Kasse	10	an	98

b)   für die Buchung des Schlussbestandes folgender Konten

A	eigene Wertpapiere	99	an	12
B	Sichteinlagen	21	an	99
C	Termineinlagen	23	an	99

c)   für folgende Geschäftsfälle

A	Ein Kreditor erteilt einen Überweisungsauftrag über 7.320,00 EUR, der über die Bundesbank ausgeführt wird.	21	an	11
B	Das Kreditinstitut kauft einen Kontoauszugsdrucker für 10.250,00 EUR von einem Kreditor.	30	an	21
C	Das Kreditinstitut verkauft Wertpapiere im Wert von 6.391,00 EUR aus dem eigenen Bestand als Festpreisgeschäft an einen Debitor.	21	an	12
D	Auf dem Konto einer Korrespondenzbank gehen zugunsten eines Debitors 19.000,00 EUR ein.	20	an	21

Aufgabe A-9

a)   Bilden Sie Buchungssätze für folgende Geschäftsfälle

A	Das Kreditinstitut kauft einen Drucker für die Buchhaltung für 5.000,00 EUR und bezahlt den Kaufpreis durch Postbanküberweisung.	30	an	20
B	Das Kreditinstitut belastet Kreditoren mit Depotgebühren in Höhe von 120,00 EUR.	21	an	52
C	Das Kreditinstitut kauft von einem Kreditor Wertpapiere für den eigenen Bestand.	12	an	21
D	Auf dem Bundesbank-Konto des Kreditinstituts geht Miete in Höhe von 2.000,00 EUR für vermietete Räume ein.	11	an	56

b) Bilden Sie Buchungssätze für den Abschluss folgender Konten

A	Spareinlagen	22	an	99
B	sonstige betriebliche Erträge	56	an	77
C	Verwaltungsaufwendungen	77	an	63
D	GuV (Aufwendungen > Erträge)	70	an	77

c) Bilden Sie Buchungssätze für die Eröffnung folgender Konten

A	eigene Wertpapiere		12	an	98
B	Kostensteuern	keine Buchung, da Erfolgskonten nicht eröffnet werden			
C	Bundesbank		11	an	98

Aufgabe A-10

Rechnungsbetrag	819,00
- 20 % Rabatt	163,80
Zwischensumme	655,20
+ 19 % USt	124,49
Überweisungsbetrag	**779,69**

Aufgabe A-11

Bilanzverkürzung von **509,40 EUR**

A	Bilanzänderung		P
Debitoren	- 509,40	Kreditoren	+ 207,29
		Eigenkapi-	- 779,69
	- 509,40	tal	- 509,40

Aktivseite: Debitoren Abnahme um 509,40 EUR
Passivseite: Kreditoren Zunahme um 270,29 EUR (= neuer Kontostand Haben)
und Eigenkapital Abnahme um 779,69 EUR (= Aufwand = Minderung des EK)
per Saldo also eine Abnahme der Passiva um 509,40 EUR

Aufgabe A-12

Verminderung des Gewinns um 779,69 EUR, da die USt nicht als Vorsteuer geltend gemacht werden kann.

Aufgabe A-13

C

A	Bilanzänderung		P
		Termineinl.	- 30,000
Debitoren	- 23.000	Kreditoren	+ 7.000
	-23.000		- 23.000

Durch den Übertrag wird der Sollsaldo von 23.000,00 EUR ausgeglichen = Abnahme der Aktiva um 23.000 EUR. Gleichzeitig weist das Girokonto einen Habensaldo von 7.000,00 EUR auf = Zunahme der Passiva um 7.000 EUR und die Termineinlagen nehmen um 30.000,00 EUR ab = Abnahme der Passiva um 30.000,00 EUR. Per Saldo Abnahme der Passiva um 23.000 EUR

Aufgabe A-14

D3

A	Bilanzänderung		P
Kasse	- 12.000	Spareinl.	- 12.000
Bundesbank	+ 9.000	Kreditoren	+ 5.500
Debitoren	-3.500		
	- 6.500		- 6.500

Aufgabe A-15

É

A	Bilanzänderung		P
		Spareinl.	- 50.000
Debitoren	- 30.000	Kreditoren	+ 20.000
	-30.000		- 30.000

Aufgabe A-16

D A		Bilanzänderung		P
Kasse		+ 2.500	Spareinl.	+ 2.500
			Spareinl.	+2.500
			Festgeld	- 2.500
		+ 2.500		+ 2.500

Aufgabe A-17

A	B	C
2	6	5

Geschäftsfall	Aktivseite	+ / -	Passivseite	+ / -	
1.	Sachanlagen	+			Aktivtausch
	Ford. an Kunden	-			
2.	Wertpapiere	-	Verb. gegenüber Kunden – täglich fällige Gelder	-	Aktiv-/Passivminderung
3.	Ford. an Kunden	-			Aktivtausch
	Kasse	+			
4.	Guthaben bei Zentralnotenbanken	+			Aktivtausch
	Ford. an Kunden	-			
5.			Verb. gegenüber Kunden – tägliche fällige Gelder	-	Passivtausch
			Spareinlagen	+	
6.	Kasse	+			per Saldo Aktiv-/Passivmehrung
	Ford. an Kunden	-			
			Verb. gegenüber Kunden – täglich fällige Gelder	+	
7.	Kasse	+			Aktivtausch
	Guthaben bei Zentralnotenbanken	-			

2   Kunden- und Bankenkontokorrent

Aufgabe A-18

A	B	C
4	3	6

Aufgabe A-19

Buchen Sie folgende Geschäftsfälle im Grundbuch:

1	Gehälter der Bankangestellten werden auf Konten (Kreditoren) gutgeschrieben.	12.000,00	62	an	21
2	Rechnung für Büromaterial wird durch Bundesbank-Überweisung beglichen.	1.000,00	64	an	11
3	Überweisungseingang auf unserem Bundesbankkonto zugunsten unserer Girokunden	18.000,00	11	an	21
4	Belastung von KK-Kunden mit Depotgebühren	6.700,00	21	an	52
5	Am Monatsende rechnen wir die KK-Konten unserer Kunden ab. Es ergeben sich dabei Zinsen für in Anspruch genommene Dispositionskredite.	54.370,00	21	an	50

Aufgabe A-20
187.690,00 EUR

S	Kunden-KK				H
	EBK	136.000,00		EBK	150.690,00
1.	Bundesbank	43.000,00	2.	Kasse	11.000,00
3.	Postbank	60.000,00	4.	Bundesbank	67.000,00
	SBK	187.690,00		SBK	198.000,00
		426.690,00			426.690,00

Der Kreditorenbestand beträgt **187.690,00 EUR**.

Aufgabe A-21
Buchen Sie folgende Geschäftsfälle im Grundbuch:

1. Belastung von KK-Kunden mit:Kontoführungsgebühren	7.320,00 EUR	21	an	52	
2. Wir nehmen Tagesgeld auf. Der Betrag wird uns auf dem Bundesbank-Konto bereitgestellt.	2,5 Mio. EUR	11	an	20	
3. Für einen Kontokorrentkunden gehen auf dem Nostro-konto bei einer Korrespondenzbank ein.	8.300.00 EUR	20	an	21	

4. Am Monatsende rechnen wir die KK-Konten unserer Firmen-Kunden ab. Es ergeben sich dabei				
Zinsen für Guthaben	1.200,00 EUR	60	an	21
				25
Zinsen für in Anspruch genommene Dispositionskredite	54.370,00 EUR	21	an	50

zu 4.: Abgeltungsteuer und Solidaritätszuschlag in Höhe von 316,50 EUR sind einzubehlaten!

Aufgabe A-22
500.000 EUR

S	Banken-KK (in Tsd. EUR)		H
Anfangsbestand Forderungen	448	Anfangsbestand Verbindlichkeiten	758
Soll-Umsätze	1.335	Haben-Umsätze	1.025
Schlussbestand Verbindlichkeiten	500	**Schlussbestand Forderungen**	**500**
	2.283		2.283

Aufgabe A-23
D

S	Kunden-KK (in Mio. EUR)		H
Anfangsbestand Debitoren	300	Anfangsbestand Kreditoren	250
Belastungen	140	Gutschriften	120
Schlussbestand Kreditoren	280	**Schlussbestand Debitoren**	**350**
	720		720

Aufgabe A-24
113.000,00 EUR

S	Banken-KK			H
	Umsatz	778.800,00	Umsatz	856.400,00
2.	Kunden-KK	60.000,00	1. Bundesbank	10.000,00
	Verbindlichkeiten	140.600,00	**Forderungen**	**113.000,00**
		979.400,00		979.400,00

Aufgabe A-25

C

S	Banken-KK		H
Anfangsbestand Forderungen	265.000,00	Anfangsbestand Verbindlichkeiten	324.000,00
Soll-Umsatz	1.250.000,00	Haben-Umsatz	1.130.000,00
Schlussbestand Verbindlichkeiten	226.000,00	Schlussbestand Forderungen	287.000,00
	1.741.000,00		1.741.000,00

Aufgabe A-26

Soll	Haben
21	11

Der Kunde wird belastet (KK-Kunden im Soll). Die Ausführung erfolgt über das Bundesbank-Konto (Aktivkonto nimmt im Haben ab).

Aufgabe A-27

	Bilanzverlängerung	**Bilanzverkürzung**	Keine Veränderung
Betrag		**2.500 EUR**	

Durch die Ausführung der Überweisung verringert sich das Guthaben der *Nordbank AG* bei Deutschen Bundesbank (Aktiva) um 3.500,00 EUR. Die Verbindlichkeiten gegenüber Kunden (Passiva) werden um 2.500,00 EUR verringert, die Forderungen an Kunden (Aktiva) erhöhen sich um 1.000,00 EUR. Herr Emmerichs Kontostand war vor der Überweisung H 2.500 EUR, danach S 1.000 EUR.

Aufgabe A-28

E

Aktiva: Das Guthaben bei Zentralnotenbanken nimmt um 3.500 EUR zu, die Forderungen an Kunden nehmen um 1.500,00 ab. Passiva: Gleichzeitig erhöhen sich die Verbindlichkeiten gegenüber Kunden um 2.000,00 EUR: Herr Emmerichs Kontostand war vor der Überweisung S 1.500 EUR, danach H 2.000 EUR.So erfolgt eine Erhöhung der Bilanzsumme um 2.000 EUR.

Aufgabe A-29

a)	Forderungen an Kreditinstitute	**2.820.000,00 EUR**
b)	Verbindlichkeiten gegenüber Kreditinstituten	**1.980.000,00 EUR**

Saldenliste		
Kreditinstitut	Forderungen	Verbindlichkeiten
Bankhaus Lampe & Co	950.000,00	
Handelsbank AG		780.000,00
Bankhaus Löwen	720.000,00	
Südbank AG		1.200.000,00
Volksbank	1.150.000,00	
	2.820.000,00	1.980.000,00

S	Banken-KK		H
Umsätze	19.790.000,00	Umsätze	18.950.000,00
SBK Verbindlichkeiten	1.980.000,00	SBK Forderungen	2.820.000,00
	21.770.000,00		21.770.000,00

Aufgabe A-30
248.846.000,00 EUR

S	Kunden-KK			H
	857.000.000,00			795.370.000,00
1. Banken-KK	34.000,00	2. Kasse		3.000,00
3. Bundesbank	60.000,00	4. Spareinlagen		67.000,00
6. SBK (Kreditoren)	248.846.000,00	5. SBK (Debitoren)		310.500.000,00
	1.105.940.000,00			1.105.940.000,00

3 Jahresabschluss der Kreditinstitute

a) Bestandteile und Gliederung

Aufgabe A-31
D

Die anderen Bilanzpositionen stehen auf der richtigen Bilanzseite und in der richtigen Reihenfolge.

Aufgabe A-32
E

A: Gilt für die Aktivseite von Bilanzen von Industrie- und Handelsunternehmen, bei Banken ist es umgekehrt.

B: Gilt für die Passivseite von Bilanzen von Industrie- und Handelsunternehmen, bei Banken ist es umgekehrt.

C: Müssen getrennt ausgewiesen werden.

D: Die Passivposten werden nach Fälligkeit aufgeführt.

Aufgabe A-33
D

Das gezeichnete Kapital und die Rücklagen gehören zum langfristigen Eigenkapital, der Bilanzgewinn zum kurzfristigen Eigenkapital. (Bei den Bilanzkennziffern ist das langfristige Eigenkapital gefragt, nicht das kurzfristige. Daher steht in der IHK-Formelsammlung recht missverständlich: „Der Bilanzgewinn ist – sofern nicht etwas anderes angegeben wird – als kurzfristiges Fremdkapital anzusehen." Damit will die IHK zum Ausdruck bringen, dass bei den Bilanzkennziffer-Formeln der Bilanzgewinn nicht zum Eigenkapital hinzugerechnet werden soll.)

Aufgabe A-34

1	2	3	4	5
A	B	B	D	C

Aufgabe A-35

A	0	Fonds für allgemeine Bankrisiken
B	0	Andere Gewinnrücklagen
C	1	Andere Rückstellungen
D	2	Sonstige Verbindlichkeiten
E	0	Sonstige Vermögensgegenstände

Bei Sachverhalt 1 ist der zu zahlende Betrag nur geschätzt, da noch keine Rechnung vorliegt. Der Rechnungsbetrag kann nach oben und unten abweichen. Deshalb handelt es sich hier um eine Rückstellung.

Bei Sachverhalt 2 steht der zu zahlende Betrag fest, deshalb handelt es sich um eine Sonstige Verbindlichkeit.

b) Bewertung von Betriebs- und Geschäftsausstattung, Umsatzsteuer

Aufgabe A-36

A und **F**

B ist nicht richtig, weil die Vorsteuer eine Forderung an das Finanzamt ist.

C ist nicht richtig, weil die Zahllast eine Verbindlichkeit darstellt.

D ist nicht richtig, weil es richtig heißt: Umsatzsteuer an SBK, denn USt ist ein Passivkonto.

E ist nicht richtig, weil die vom Kunden gezahlte Umsatzsteuer an das Finanzamt abgeführt werden muss und damit erfolgsneutral ist.

Aufgabe A-37

	Konto	Soll	Haben
a)	Büroaufwand	3.480,00 EUR	
	an Bundesbank		3.480,00 EUR
b)	Geringwertige Wirtschaftsgüter	444,83 EUR	
	an Bundesbank		444,83 EUR

Beide betreffen den umsatzsteuerfreien Geschäftsbereich, daher ist keine Vorsteuer zu buchen. Die Stehlampe kostet netto nicht mehr als 410 Euro, daher ist sie ein geringwertiges Wirtschaftsgut, das am Ende des Anschaffungsjahres in voller Höhe abgeschrieben werden kann.

c) **30.000,00 EUR**

d)	Konto	Soll	Haben
	Abschreibung auf Sachanlagen	30.000,00 EUR	
	an Sachanlagen		30.000,00 EUR

e) **B** und **C**.

A ist nicht richtig, weil der Wechsel von der degressiven auf die lineare Abschreibung erlaubt ist.

D ist nicht richtig, gilt nur für die lineare Abschreibung.

E ist nicht richtig, weil stille Reserven nur bei Verkauf über dem Buchwert aufgelöst werden.

F ist nicht richtig, weil die Bilanzierung zum Restbuchwert erfolgt.

f) **70.000,00 EUR Abschreibungsbetrag**   2 % von 3,5 Mio. EUR (Grundstück nicht abschreiben!)
    4.230.000,00 EUR Bilanzwert   5 Mio. – 11 x 70.000

Aufgabe A-38

	lineare Abschreibung	
a)	460.000 : 23/12 x 10	16.666,67
b)	1.200 : 3 / 12 x 8	266,67
c)	1300,00 : 13 : 12 x 7	58,33
d)	440,80	440,80

Anmerkungen:

a) Da die Vorsteuer in diesem umsatzsteuerpflichtigen Geschäftsbereich von Finanzamt erstattet wird, ist der Anschaffungswert der Anlage ohne USt anzusetzen. Die Abschreibung erfolgt für 10 Monate.

b) bis d) in diesen Fällen erhöht die Vorsteuer die Anschaffungskosten, da sie nicht als Vorsteuer geltend gemacht werden kann und daher von der Bank zu tragen ist.

b) Da das Notebook über 1.200 Euro netto kostet, muss es über 3 Jahre abgeschrieben werden. Im Anschaffungsjahr sind monatsgenau 8 Monate abzuschreiben.

c) Die Abschreibung erfolgt für 7 Monate.

d) Der Tischkopierer ist ein geringwertiges Wirtschaftsgut und kann deshalb im Jahr der Anschaffung voll abgeschrieben werden (Nettopreis <= 410 Euro). Die volle Abschreibung im Anschaffungsjahr bringt durch den höheren Abschreibungsaufwand einen geringeren Jahresüberschuss und damit eine geringere Ertragssteuer. Alternativ (Anschaffungskosten über 150 Euro netto bis einschließlich 1000 Euro netto) kann der Tischkopierer mit je einem Fünftel über 5 Jahre abgeschrieben werden, folglich mit 88,16 Euro

Aufgabe A-39

A

B ist nicht richtig: Bei der degressiven Abschreibung müssen die bei der Anschaffung geltenden gesetzlichen Regelungen beachtet werden.

C ist nicht richtig: Ein Wechsel ist nur von der degressiven zur linearen Abschreibung erlaubt.

D ist nicht richtig: Bei der linearen Abschreibung wird immer mit einem gleichbleibenden Prozentsatz von den Anschaffungskosten abgeschrieben.

E ist nicht richtig: Bei der linearen Abschreibung wird der Abschreibungsbetrag immer von den Anschaffungskosten berechnet.

Aufgabe A-40

B (Geringwertige Wirtschaftsgüter müssen selbstständig nutzbar sein. Dies ist bei dem PC-DVD-Brenner nicht gegeben.)

A ist nicht richtig: Es handelt sich hier nicht um ein geringwertiges Wirtschaftsgut (siehe B!).

C ist nicht richtig: Begründung wie A, zusätzlich: die Grenze für Wirtschaftsgüter, die sofort als Aufwand gebucht werden können, liegt bei 150,00 EUR (netto).

D ist nicht richtig: Grundsätzlich besteht zwar diese Wahlmöglichkeit bei geringwertigen Wirtschaftsgütern. Dies trifft hier nicht zu, da es sich nicht um ein geringwertiges Wirtschaftsgut handelt (siehe B!).

E ist nicht richtig: Begründung siehe zu D!

Aufgabe A-41

481,95 EUR = (450,00 EUR - 10 % Rabatt zuzüglich 19 % Umsatzsteuer)

Die Anschaffungskosten ohne USt für den Schreibtisch betragen: 450,00 EUR - 10 % Rabatt 45,00 EUR = 405 EUR. Damit gilt dieses Wirtschaftsgut, das selbstständig nutzbar ist, als geringwertiges Wirtschaftsgut und kann also mit dem vollen Anschaffungswert im Jahr der Anschaffung abgeschrieben werden. Zu dem Nettopreis von 405,00 EUR kommen noch 19 % USt = 76,95 EUR hinzu. Der Privatkundenbereich gehört zum umsatzsteuerfreien Bereich und daher ist die Vorsteuer mit abzuschreiben.

Aufgabe A-42

17,17 %

Preis Schreibtisch netto	495,00 EUR
Schreibtisch als geringwertiges Wirtschaftsgut netto	410,00 EUR
Differenz netto	85,00 EUR
Preisnachlass (85,0 : 495 x 100)	17,17 %

Aufgabe A-43

33.000,00 EUR

Da der PKW im Januar 2009 angeschafft wurde, ist er am 31.12.2010 bereits das zweite Mal abgeschrieben worden. Bei linearer Abschreibung sind das jährlich 100 % : 5 = 20 % und somit insgesamt 40 %. Der Restbuchwert von 19.800,00 EUR entspricht damit 60 %. Da der PKW im umsatzfreien Geschäftsbereich eingesetzt ist, ist die Umsatzsteuer im Abschreibungsbetrag enthalten.

Aufgabe A-44

6.600,00 EUR

Die jährlichen Abschreibungen betragen 20 % von den Anschaffungskosten während der gesamten Nutzungsdauer, also 33.000 x 20 : 100

Aufgabe A-45

C   Nachweis siehe Lösung zu D

A   falsch. Der höchstmögliche degressive Abschreibungssatz beträgt nicht 16 2/3 %. 16 2/3 % ist der lineare Abschreibungsprozentsatz bei der Nutzungsdauer von 6 Jahren..

B   falsch. Der Wechsel von der linearen zur degressiven ist nicht erlaubt und würde dem vorgegebenen Ziel auch nicht entsprechen.

D   falsch. Wenn die degressive Abschreibung im ersten Jahr die günstigste Möglichkeit ist, ergibt sich in den Folgejahren die höchstmögliche Abschreibung, wenn man zur linearen Abschreibung wechselt, sobald der lineare Abschreibungsbetrag (Restbuchwert : Restlaufzeit!) höher ist als der degressive Abschreibungsbetrag. Die degressive Abschreibung führt nicht zum Restbuchwert 0, in der Regel bleibt ohne Wechsel am Ende der Nutzungsdauer ein hoher Restwert übrig. Die degressive Abschreibung darf nur gewählt werden, wenn sie im Jahr der Anschaffung erlaubt ist.

Aufgabe A-46

944 EUR

PC, 3 Jahre Nutzungsdauer, von 1.785 EUR Anschaffungskosten	595 EUR
Schreibtisch, 13 Jahre Nutzungsdauer, von 2.261 EUR Anschaffungskosten	174 EUR
Handy, voll im Jahr der Anschaffung als Aufwand absetzbar, da netto nicht teurer als 150 Euro	175 EUR
Summe	944 EUR

Die Stabsstelle gehört zum bankinternen Bereich und ist umsatzsteuerfrei. Die gezahlte Umsatzsteuer ist daher mit abzuschreiben.

Aufgabe A-47

Nr.	Konto Soll	Konto Haben
a)	30	
		21

Umsatzsteuer kann nicht als Vorsteuer geltend gemacht werden, da das Auto nur für umsatzsteuerbefreite Leistungen genutzt wird.

b) **16.968,21 EUR**

Rechnungspreis	17.493,00 EUR
- 3 % Skonto	524,79 EUR
Überweisungsbetrag	**16.968,21 EUR**

c) **1.178,35 EUR**

16.968,21 EUR : 6 Jahre : 12 Monate x 5 Monate (August bis Dezember) = 1.178,35 EUR

Aufgabe A-48

A und B

A: Die gesetzlichen Regelungen zur Abschreibung haben sich in den letzten Jahren häufig geändert, um durch bessere Abschreibungsmöglichkeiten die wirtschaftliche Entwicklung zu fördern.

B: Umsatzsteuer, die nicht als Vorsteuer geltend gemacht werden kann, zählt zu den Anschaffungsnebenkosten. Diese erhöhen die Anschaffungskosten.

C: Es gilt der Grundsatz der Einzelbewertung. Für jeden Gegenstand der Betriebs- und Geschäftsausstattung ist z.B. die Nutzungsdauer gesondert festzulegen.

D: Für Gegenstände bis (!) 150 Euro Nettopreis besteht diese Regelung.

E: Bei einer Nutzungsdauer von 3 Jahren werden bei linearer Abschreibung in jedem Jahr 33 $^1/_3$ % abgeschrieben. Bei der degressiven Abschreibung ist der Höchstsatz geringer. Übersteigt der Anschaffungswert allerdings nicht den Nettopreis von 1.000 Euro, kann die PC-Anlage 5 Jahre (= 20 % Abschreibungssatz) als Sammelposten abgeschrieben werden. (Dass eine PC-Anlage nicht teurer als 150 Euro ist, kann man ausschließen)

Aufgabe A-49
a) **354.025,00 EUR**
b) **39.336,11 EUR**
Für Anschaffungsjahre, in denen die degressive Abschreibung erlaubt ist: Die lineare Abschreibung bringt mit 33 1/3 % die höchste Abschreibung.

a)	Listenpreis	350.000,00 EUR
	- 15 % Rabatt	52.500,00 EUR
		297.500,00 EUR
	+ 19 % Umsatzsteuer	56.525,00 EUR
	Anschaffungskosten	354.025,00 EUR
b)	Anschaffungskosten	354.025,00 EUR
	Abschreibung (: 3 Jahre) für 4 Monate (4/12)	**39.336,11 EUR**

c) Bewertung von Wertpapieren

Für die Berechnung der Zinstage gibt die IHK-Formelsammlung Hilfen (siehe Infopool auf Seite 191).

Aufgabe A-50
B und D
A ist falsch, da als gemischtes Konto nur ein Konto bezeichnet wird, das sowohl Bestände als auch Erfolge aufnimmt.
C ist falsch, weil nicht realisierte Kursgewinne nicht erfasst werden.
E ist falsch, weil die Verkäufe zu Verkaufskursen auf dem gemischten Konto „Eigene Wertpapiere" gebucht werden.

Aufgabe A-51
A
B ist nicht richtig, weil es sich um einen antizipativen, nicht um einen transitorischen Posten handelt.
C ist nicht richtig, da weder eine sonstige Forderung noch die Wertpapier-Zinserträge geschmälert werden.
D ist nicht richtig, da weder eine Verbindlichkeit entsteht noch die Wertpapier-Zinserträge geschmälert werden.

Aufgabe A-52
a1) **60,00 EUR**
Es wurden 100 Aktien verkauft. Der Kursgewinn betrug je Aktie (5,60 - 5,00 =) 0,60 EUR. Damit hat der Verkauf einen Kursgewinn von 60,00 EUR gebracht.
a2) **2**
Der Verkaufskurs liegt über dem Anschaffungskurs.
b1) **900,00 EUR**
Wertpapiere der Liquiditätsreserve sind nach dem strengen Niederstwertprinzip zu bewerten. Kurs am Bilanzstichtag 4,50 < Anschaffungskurs 5,00
200 (300 – 100) Aktien * 4,50 EUR = 900,00 EUR
b2) **100,00 EUR**
Der Kurs ist von 5,00 EUR auf 4,50 EUR gefallen. Je Aktie sind 0,50 EUR abzuschreiben, für den Endbestand von 200 Aktien also (200 Aktien * 0,50 EUR=) 100,00 EUR

c1) **1000,00 EUR oder 900,00 EUR**

Wertpapiere des Anlagevermögens sind nach dem gemilderten Niederstwertprinzip zu bewerten:

Da der Kursrückgang voraussichtlich nicht auf Dauer ist, kann die Bank die Aktien weiterhin mit dem Anschaffungskurs von 5,00 EUR oder mit dem niedrigeren Kurs am Bilanzstichtag von 4,50 EUR bewerten. Die Wertpapiere sind wahlweise mit 1.000,00 EUR (200 Aktien * 5,00 EUR) oder mit 900,00 EUR (200 Aktien * 4,50 EUR) in der Bilanz zu erfassen.

c2) **100,00 EUR**

Der Kurs ist von 5,00 EUR auf 4,50 EUR gefallen. Falls die Aktien des Anlagevermögens zu dem niedrigeren Kurs bewertet werden, sind je Aktie 0,50 EUR abzuschreiben, für den Endbestand von 200 Aktien also (200 Aktien * 0,50 EUR=) 100,00 EUR

d1) **846,00 EUR**

Wertpapiere des Handelsbestandes sind nach dem Zeitwertprinzip (Fair Value) unter Berücksichtigung eines Risikoabschlages zu bewerten:

Der Zeitwert beträgt pro Aktie 4,50 EUR, abzüglich 6 % (0,27 EUR), also 4,23 EUR. Die Wertpapiere sind mit 846,00 EUR (200 Aktien * 4,23 EUR) in der Bilanz zu erfassen.

d2) **154,00 EUR**

Der Anschaffungskurs betrug 5,00 EUR, die Bewertung erfolgt zu 4,23 EUR, ein Unterschied von 0,77 EUR je Aktie. Ergibt für den Endbestand von 200 Aktien 154,00 EUR.

d3) **1**

Da der Kurs von 5,00 EUR auf 4,23 EUR gefallen ist, handelt es sich um einen nicht realisierten Kursverlust.

d4) **94 EUR**

Es gab einen realisierten Kursgewinn von 60,00 EUR (siehe aa und ab) und einen nicht realisierten Kursverlust von 154,00 EUR (siehe db und dc), ergibt per Saldo 94,00 EUR.

d5) **1**

Da der Kursverlust überwog, handelt es sich um einen Nettoaufwand aus Finanzgeschäften.

Aufgabe A-53

a1) **200,00 EUR**

Es wurden 1.000 Aktien verkauft. Der realisierte Kursverlust betrug je Aktie (11,80 – 12,00 =) -0,20 EUR. Damit hat der Verkauf einen Kursverlust von 200,00 EUR (1.000 Aktien * -0,20 EUR) gebracht.

a2) **1**

Der Verkaufskurs liegt unter dem Anschaffungskurs.

b) **48.000,00 EUR**

Wertpapiere der Liquiditätsreserve sind nach dem strengen Niederstwertprinzip zu bewerten. Anschaffungskurs 12,00 EUR < Kurs am Bilanzstichtag 13,00 EUR

4.000 Aktien * 12,00 EUR = 48.000,00 EUR

c) **48.000,00 EUR**

Wertpapiere des Anlagevermögens sind nach dem gemilderten Niederstwertprinzip zu bewerten:

Ist der Kurs über den Anschaffungskurs gestiegen, <u>muss</u> weiterhin der Anschaffungskurs genommen werden. Da der Anschaffungskurs der Höchstwert ist, muss die Bank die Aktien weiterhin mit dem Anschaffungskurs von 12,00 EUR bewerten. Die Wertpapiere sind mit 48.000,00 EUR zu erfassen.

d1) **49.400,00 EUR**

Wertpapiere des Handelsbestandes sind nach dem Zeitwertprinzip (fair value) unter Berücksichtigung eines Risikoabschlages zu bewerten:

Der Zeitwert beträgt pro Aktie 13,00 EUR, abzüglich 5 % (0,65 EUR), also 12,35 EUR. Die Wertpapiere sind mit 49.400,00 EUR (4.000 Aktien * 12,35 EUR) in der Bilanz zu erfassen.

d2) **1.400,00 EUR**

Der Anschaffungskurs betrug 12,00 EUR, die Bewertung erfolgt zu 12,35 EUR, das ergibt einen Unterschied von 0,35 EUR je Aktie. Ergibt für den Endbestand von 4.000 Aktien 1.400,00 EUR..

d3) **2**

Da der Kurs von 12,00 EUR auf 12,35 EUR gestiegen ist, handelt es sich um einen nicht realisierten Kursgewinn.

d4) **1.200,00 EUR**

Es gab einen realisierten Kursverlust von 200,00 EUR (siehe aa und ab) und einen nicht realisierten Kursgewinn von 1.400,00 EUR (siehe db und dc), ergibt per Saldo 1.200,00 EUR.

d5) **2**

Da der Kursgewinn überwog, handelt es sich um einen Nettoertrag aus Finanzgeschäften.

d6) **120,00 EUR**

10 % vom Nettoertrag aus Finanzgeschäften (siehe dd und de): 10 % von 1.200,00 EUR = 120,00 EUR

Aufgabe A-54

7,5 % Industrieobligation Zinstermin 01.10.

Anfangsbest.	50.000,00	104,00 %	52.000,00	Verkauf	100.000,00	105 %	105.000,00
Kauf 1	80.000,00	102,00 %	81.600,00				
Kauf 2	120.000,00	100,00 %	120.000,00				
	250.000,00	101,44 %	253.600,00				

a) **101,44 %** gesamter Ankaufswert 253.600,00 / Gesamtnennwert 250.000,00

b) **102,90 %**

Nach dem Zeitwertprinzip (Fair Value) ist der Kurs am Bilanzstichtag zu nehmen und um den Risikoabschlag zu verringern: 105 % abzüglich 2 % = 105 – (105 *2 / 100) = 102,90 %

c) **154.350 EUR**

Schlussbestand nominell 250.000 – 100.000 = 150.000, bewertet zu 102,9 % = 154.350 EUR

d) **2.835,62 EUR**

act/act: 7,5 % Stückzinsen für 92 Tage (vom 30.09. bis 31.12.) auf
150.000,00 EUR = 150.000 x 7,5 x 92 : 365 : 100

e) **C und E**

A ist nicht richtig. Das Zeitwertprinzip sagt nur etwas über die Höhe des Bewertungskurses aus
B ist falsch, da für den GuV-Ausweis nicht der Zeitpunkt der Einnahme entscheidend ist, sondern der Zeitraum, dem sie zuzuordnen ist.
D ist falsch, da die Zinsen als Zinsertrag aus Wertpapieren ausgewiesen werden müssen. Als Nettoaufwand/ertrag sind für den Handelsbestand nur saldierte Kursgewinne und Kursverluste sowie Abschreibungen auszuweisen.

f) **157.185,62 EUR**

154.350,00 EUR Kurswert + 2.835,62 EUR Zinsen
Festverzinsliche Wertpapiere sind einschließlich der bis zum Bewertungsstichtag aufgelaufenen, noch nicht vereinnahmten Zinsen zu bilanzieren.

g) **2.190,00 EUR nicht realisierter Kursgewinn**

Der durchschnittliche Ankaufskurs betrug 101,44 % (siehe a), die Bewertung zum Bilanzstichtag 102,90 % (siehe b). Dadurch entsteht ein nicht realisierter Gewinn von 1,46 %. Bei einem Schlussbestand in Höhe von 150.000 EUR Nennwert beträgt der nicht realisierte Gewinn 2.190 EUR (150.000,00 EUR * 1,46 %).

h) **3.560,00 EUR realisierter Kursgewinn**

Es wurden 100.000,00 EUR Nennwert zu 105 % verkauft, die durchschnittlich zu 101,44 % gekauft wurden, also mit einem Gewinn pro 100 EUR Nennwert von 3,56 EUR, insgesamt also 3.560,00 EUR.

i) **5.750,00 EUR Nettoertrag aus Finanzgeschäften**
Es ist ein nicht realisierter Gewinn von 2.190 EUR und ein realisierter Gewinn von 3.560 EUR entstanden, insgesamt also 5.750,00 EUR.

Aufgabe A-55
C und E
A ist nicht richtig, weil nicht realisierte Gewinne beim Niederstwertprinzip nicht ausgewiesen werden dürfen.
B ist nicht richtig, weil zum einen bei gestiegenen Kursen nicht über dem Anschaffungskurs bewertet werden darf, zum anderen bei gefallenen Kursen bei voaraussichtlich dauernden Wertminderungen abgeschrieben werden muss.
D ist nicht richtig, weil nur dann stille Reserven entstehen können, wenn der Anschaffungskurs höher ist als der Kurs am Bilanzstichtag.
E ist richtig, da Wertpapiere des Handelsbestandes zum Zeitwertprinzip (Fair Value) zu bewerten sind.

Aufgabe A-56
a) **15.000,00 EUR**
800 Aktien wurden gekauft, 300 Aktien wurden verkauft. Am 31.12.2010 müssen 500 Aktien bewertet werden. Wurden Wertpapiere nach dem Niederstwertprinzip auf einen niedrigeren Kurs als dem Anschaffungskurs abgeschrieben, muss in späteren Jahren eine Wertaufholung durch Zuschreibungen – maximal bis zum Anschaffungskurs – erfolgen, wenn sich der Kurs wieder erholt hat.
Der Anschaffungskurs dieser Aktie des Anlagevermögens betrug 30 EUR. Im Laufe der Jahre sank der Kurs auf 28 EUR. Im gefragten Jahr ist der Kurs wieder auf 32 EUR gestiegen. Da der Anschaffungskurs die Höchstgrenze darstellt, sind die Aktien zu je 30 EUR zu bewerten.
Der gesamte Bestand ist mit 15.000,00 EUR (500 Aktien * 30 EUR/Aktie)zu bewerten.
b) **1.000,00 EUR**
Im Vorjahr der Bewertung war die Aktie bis auf 28,00 EUR abgeschrieben worden, im Bewertungsjahr ist sie mit 30,00 EUR zu bewerten. Folglich sind 2,00 EUR je Aktie zuzuschreiben, ergibt für den Bestand von 500 Aktien 1.000,00 EUR.

Aufgabe A-57
a) **5.600 EUR**
Verkauf am 13.10. 1.600 Aktien zu 26,50 EUR, die zu durchschnittlich 23,00 EUR gekauft wurden. Es wurde ein realisierter Gewinn von 3,50 EUR (26,50 – 23,00) je Aktien erzielt, insgesamt also 1.600 Aktien x 3,50 EUR = 5.600,00 EUR
b) **2**
Der Verkaufskurs liegt über dem durchschnittlichen Kaufkurs.
c) **Zeitwertprinzip (Fair Value)**
d) **22.800,00 EUR**
Bestand am 31.12. 1.200 Aktien bewertet zu 19,00 (20,00 abzügl. 5 %) =   22.800,00 EUR
e) **4.800 EUR**

Bestand am 31.12. 1.200 Aktien bewertet zu 19,00 (20,00 abzügl. 5 %) =	22.800,00 EUR
Bewertet zum Anschaffungskurs von 23,00 ergibt	27.600,00 EUR
Erfolg also	-4.800,00 EUR

f) **1**
Da der Kurs gefallen ist, handelt es sich um einen nicht realisierten Verlust
g) **800,00 EUR**
Es gab einen realisierten Kursgewinn von 5.600,00 EUR (siehe a und b) und einen nicht realisierten Kursverlust von 4.800,00 EUR, dies ergibt per Saldo 800,00 EUR.

h) **2**

Da der Kursgewinn überwog, handelt es sich um einen Nettoertrag aus Finanzgeschäften.

Aufgabe A-58

A und **E**

B ist falsch. Auch nicht realisierte Kurserfolge werden berücksichtigt.

C ist falsch, weil durch den Risikoabschlag bei der Bewertung nicht der gesamte nicht realisierte Kurserfolg in der Gewinn- und Verlustrechnung wirksam wird.

D ist falsch, siehe richtige Aussage A. Die angesprochene Aufwandsposition ist für die Abschreibungen der Wertpapiere der Liquiditätsreserve bestimmt.

F ist falsch, weil durch die Anwendung des Zeitwertprinzips auch nicht realisierte Kursgewinne erfolgswirksam werden, wenn der Kurs am Bilanzstichtag so weit gestiegen ist, dass er trotz Risikoabschlags den Anschaffungskurs übersteigt.

Aufgabe A-59

Kauf/Verkauf	Nennwert in EUR	Kurs in %	Kurswert der Käufe
Kauf	2.500.000	103,5	2.587.500,00
Kauf	500.000	99,0	495.000,00
Verkauf	1.200.000	102,8	
Summe Käufe	3.000.000		3.082.500,00
Kurs in %	3.082.500,00 : 3.000.000 x 100	102,75	

a) **102,75 %**

b) **600,00 EUR realisierter Kursgewinn**

Erlös bei Verkauf von 1.200.000 EUR zu 102,8 %	1.233.600,00 EUR
Kaufkosten: 1.200.000 EUR zu 102,75 %	1.233.000,00 EUR
realisierter Kursgewinn	600,00 EUR

c) **47.700,00 EUR nicht realisierter Kursverlust**

Kaufkosten für den Bestand von 1.800.000 EUR zu 102,75 %	1.849.500,00 EUR
Bewertung des Bestands von 1.800.000 EUR zu 100,1 %	1.801.800,00 EUR
nicht realisierter Kursverlust	47.700,00 EUR

d) **D**

A ist falsch, weil ein nicht realisierter Kursgewinn nicht erfolgwirksam erfasst wird. Die Bewertung der Wertpapiere der Liquiditätsreserve erfolgt zum strengen Niederstwertprinzip, die die Berücksichtigung nicht realisierter Kursgewinne bei steigenden Kursen verhindert. Die GuV-Position „Nettoertrag bzw. Nettoaufwand aus Finanzgeschäften" ist für Wertpapiere des Handelsbestandes bestimmt

B und E ist falsch, da nicht realisierte Kursverluste erfasst werden müssen.

C ist falsch, weil die Inhaberschuldverschreibungen auf der Aktivseite auszuweisen sind.

e) **18.049,32 EUR**

Stückzinstage vom 31.10. bis 31.12. = 61 Tage

6 % Zinsen auf 1.800.000 EUR für 61 Tage von 365 Tagen = 18.049,32 EUR

f) **1.819.849,32 EUR**

Bewertung des Bestands von 1.800.000 EUR zu 100,1 %	1.801.800,00 EUR
+ aufgelaufene, noch nicht vereinnahmte Wertpapierzinsen	18.049,32 EUR
= Bilanzwert der Inhaberschuldverschreibungen	1.819.849,32 EUR

d) Bewertung von Forderungen

Aufgabe A-60

a) **2.284.500 EUR**

Ermittlung:

Forderungsbestand	4.574.500,00 EUR
- Darlehen mit Landesbürgschaft, da sie kein Risiko enthalten	1.500.000,00 EUR
- Forderungen mit erkennbarem Risiko, da sie bereits einzelwertberichtigt wurden	700.000,00 EUR
- uneinbringliche Forderung 60 % von 150.000 EUR	90.000,00 EUR
Forderungsbetrag, auf den die Pauschalwertberichtigung zu bilden ist	2.284.500,00 EUR

b) **- 162 EUR** (Die Pauschalwertberichtigung muss also verringert werden) 0,4 % von 2.284.500 EUR
    = 9.138 EUR abzüglich 9.300 EUR

c) **3.975.362 EUR**

Ermittlung:

Forderungsbestand	4.574.500,00 EUR
- direkte Abschreibung	90.000,00 EUR
- Einzelwertberichtigungen	500.000,00 EUR
- Pauschalwertberichtigung	9.138,00 EUR
Bilanzausweis der Forderungen	3.975.362,00 EUR

Aufgabe A-61

31.12.2009

a) **75.000,00 EUR** uneinbringliche Forderung ==> Ausfall 100 %

b) **198.000,00 EUR**

zweifelhafte Forderung Holzbau => Ausfall 40 %	108.000,00	
zweifelhafte Forderung Dollmer ==> Ausfall 60 %	90.000,00	insgesamt:198.000,00

Eine Insolvenzquote von 40 % heißt, dass die Gläubiger 40 % ihrer Forderungen bekommen, während der Ausfall folglich 60 % beträgt.

c) Abschreibungen auf Forderungen an Kunden-KK   75.000,00

d) Abschreibungen auf Forderungen an Einzelwertberichtigung auf Forderungen   198.000,00

e)   **110.535.000,00 EUR**

145.630.000,00	Forderungen laut Saldenliste
-75.000,00	uneinbringliche Forderung
-270.000,00	zweifelhafte Forderung Holzbau
-150.000,00	zweifelhafte Forderung Dollmer
-34.600.000,00	öffentl. rechtl. Forderungen
110.535.000,00	einwandfreie risikobehaftete Forderungen = Betrag für versteuerte Pauschalwertberichtigung

f)   **105.350,00 EUR**

110.535.000,00	darauf 1 % Pauschalwertberichtigungen	1.105.350,00
	abzüglich bereits vorhandene Pauschalwertberichtigung auf Forderungen	1.000.000,00
	= neu zu bildende Pauschalwertberichtigung auf Forderungen	105.350,00

g)   **Aktiva 4 — Forderungen an Kunden 144.251.650,00 EUR**

145.630.000,00	Forderungen laut Saldenliste
-75.000,00	ausgefallene Forderung Bockmann
-198.000,00	Einzelwertberichtigung auf Ford. (108.000,00 + 90.000,00)

-1.105.350,000 Pauschalwertberichtigung auf Ford.

144.251.650,00 Betrag, mit dem die Forderungen im Posten 4 auszuweisen sind

h) **Abschreibungen und Wertberichtigungen auf Forderungen 378.350,00 EUR**

direkte Abschreibung der uneinbringlichen Forderung	75.000,00
Einzelwertberichtigung auf Forderung Holzbau	108.000,00
Einzelwertberichtigung auf Forderung Dollmer	90.000,00
neu zu bildende Pauschalwertberichtigung auf Forderungen	105.350,00

Aufgabe A-62

31.12.2010

a1)	Einzelwertberichtigung auf Ford.	81.000,00	
	an Kunden-KK		81.000,00
	Einzelwertberichtigung auf Ford.	27.000,00	
	an Erträge aus Zuschreibungen zu Forderungen		27.000,00
a2)	BKK	37.500,00	
	an Kunden-KK		37.500,00
	Einzelwertberichtigung auf Ford.	90.000,00	
	Abschreibung auf Ford.	22.500,00	
	an Kunden-KK		112.500,00
b1)	Abschreibung auf Ford.	102.000,00	
	an Einzelwertberichtigung auf Ford.		102.000,00

Die Forderung ist zweifelhaft. Der wahrscheinliche Ausfall von 30 % beträgt 102.000 Euro.

b2)	Abschreibung auf Ford.	122.000,00	
	an Kunden-KK		122.000,00

Die Forderung ist insgesamt uneinbringlich. Daher ist sie direkt abzuschreiben.

c) **122.123.000 EUR**

Die Forderungen an die *Holzbau GmbH* und den Kunden Dollmer wurden während des Jahres abgeschlossen und spielen nun am Jahresende keine Rolle mehr.

158.435.000,00	Forderungen lt. Saldenliste
-340.000,00	zweifelh. Ford. Hotel GmbH
-122.000,00	uneinbringliche Ford.
-35.850.000,00	öffentl. rechtl. Forderungen
122.123.000,00	einwandfreie risikobehaftete Forderungen = Betrag für versteuerte Pauschalwert-berichtigung

d) **115.880,00 EUR**

122.123.000,00	darauf 1 % Pauschalwertberichtigungen	1.221.230,00
	abzüglich bereits vorhandene Pauschalwertberichtigung auf	1.105.350,00
	Ford. aus dem Vorjahr (siehe A-61)	
	= neu zu bildende Pauschalwertberichtigung auf Ford.	115.880,00

e) **156.989.770 EUR**

158.435.000,00	Forderungen lt. Saldenliste
-122.000,00	direkt abgeschriebene Forderung Braun
-102.000,00	Einzelwertberichtigungen (Hotel GmbH, die Einzelwertberichtigungen des Vorjahres bestehen nicht mehr, sie wurden in a1) und a2) aufgelöst)
- 1.221.230,00	Pauschalwertberichtigung auf Ford.
156.989.770,00	Forderungen an Kunden

Aufgabe A-63

a) **0,80 %**
b) **+ 14 Mio. EUR**
c) **14.876 Mio. EUR**

PWB-Satz	120 x 100 : 15000	0,80 %
Forderungen insges.	15.630	
- Forderungen an öffentl.-rechtl. Körperschaften	1.500	
- einzelwertber. Forderungen	1.130	
= Forderungsbetrag für Pauschalwertberichtigung		13.000
zu bildende Pauschalwertberichtigung auf Ford.	0,80 %	104
bisherige Pauschalwertberichtigung auf Ford.		90
= Erhöhung der Pauschalwertberichtigung auf Ford.		14
Forderungen insgesamt	15.630	
- direkt abgeschriebene Forderungen	0	
- Pauschalwertberichtigung auf Ford.	104	
= in der Bilanz auszuweisender Forderungsbestand		14.876

Aufgabe A-64

a) **0,75 %**

durchschnittlicher Forderungsausfall	2,7 x 100 : 360	0,75 %

b) **+ 0,76 Mio. EUR**

Forderungen insges.	398	
- Forderungen an öffentl.-rechtl. Körperschaften	20	
- einzelwertber. Forderungen	10	
= Forderungsbetrag für Pauschalwertberichtigung		368
zu bildende Pauschalwertberichtigung auf Ford.	0,75 %	2,76
bisherige Pauschalwertberichtigung auf Ford.		2,00
= Erhöhung der Pauschalwertberichtigung auf Ford.		0,76

c) **1**
d) **390,24 Mio. EUR**

Forderungen insgesamt	398,00
- direkt abgeschriebene Forderungen	0,00
- Einzelwertberichtigung auf Ford.	5,00
- Pauschalwertberichtigung auf Ford.	2,76
= in der Bilanz auszuweisender Forderungsbestand	390,24

Aufgabe A-65

C und E

C, weil am Bilanzstichtag mit einem Ausfall nur gerechnet wird. Der Ausfall ist also noch nicht endgültig.

E, weil nach Eingang des Zahlungsbetrages der Ausfall endgültig ist. Jetzt muss die Wertberichtigung aufgelöst werden.

A ist falsch, weil für diese Fälle Einzelwertberichtigungen zu bilden sind.

B ist falsch, weil die Einzelwertberichtigung in Höhe des erwarteten Ausfalls und nicht in Höhe des Eingangs zu bilden ist.

D ist falsch, weil der Ausfall am Bilanzstichtag noch nicht endgültig ist.

F ist falsch, weil die Bildung von Rücklagen Gewinnverwendung darstellt und der Forderungsausfall Aufwand ist.

Aufgabe A-66

a) **196.680,00 EUR**

Forderungen insges.	36.800.000 EUR	
- uneinbringliche Forderungen	420.000 EUR	
- Forderungen an öffentl.-rechtl. Körperschaften	1.500.000 EUR	
- einzelwertber. Forderungen	2.100.000 EUR	
= Forderungsbetrag für Pauschalwertberichtigung		32.780.000,00 EUR
zu bildende Pauschalwertberichtigung auf Ford. 0,6 %		196.680,00 EUR

b) **34.398.320,00 EUR**

Forderungen insgesamt		36.800.000,00 EUR
- uneinbringliche Forderungen		420.000,00 EUR
- Einzelwertberichtigung auf Ford. 85 % von 2.100.000 EUR		1.785.000,00 EUR
- Pauschalwertberichtigungen		196.680,00 EUR
= in der Bilanz auszuweisender Forderungsbestand		34.398.320,00 EUR

Aufgabe A-67

A und C

B ist falsch. Die Begründung trifft auf die Pauschalwertberichtigungen zu.

D ist falsch, weil uneinbringliche Forderungen direkt abzuschreiben sind.

E ist falsch, weil Einzelwertberichtigungen auf der Passivseite nicht ausgewiesen werden.

F ist falsch, weil Kredite, die zweifelhaft sind, indirekt abzuschreiben sind.

e) Risikovorsorge

Aufgabe A-68

D

A ist nicht richtig, weil die Risikovorsorge nach § 340 f sich nur auf Forderungen an Kunden und an Kreditinstitute sowie Wertpapiere der Liquiditätsreserve bezieht.

B und C sind nicht richtig, weil die Bildung von Rücklagen keine Vorsorgereserve in diesem Sinn ist.

E ist nicht richtig, weil Vorsorgereserven auch als stille Risikovorsorge nach § 340 f HGB gebildet werden können und dann bei den Aktivposten, die Ausgangspunkt der Risikovorsorge sein können, abgesetzt werden.

Aufgabe A-69

B und F

A ist nicht richtig, weil die angegebenen 4 % sich nur auf die stillen Vorsorgereserven beziehen.

C ist nicht richtig, weil zu den Wertpapieren des Umlaufvermögens auch die Wertpapiere des Handelsbestandes zählen, auf die aber keine stillen Vorsorgereserven gebildet werden dürfen.

D ist nicht richtig, weil laut HGB die stillen Vorsorgereserven maximal 4 % betragen dürfen.

E ist nicht richtig, weil nur die offenen Vorsorgereserven auf der Passivseite als „Fonds für allgemeine Bankrisiken" ausgewiesen werden.

Aufgabe A-70

A	B	C	D	E	F
1	1	3	2	1	2

A Rücklagen sind Teil des Eigenkapitals.

B Die Gewinnrücklagen werden aus dem Jahresüberschuss gebildet.

C Rücklagen als Eigenkapital und Rückstellungen als Fremdkapital werden auf der Passivseite ausgewiesen.

D wenn Rückstellungen zu hoch ausfallen.

E So entstehen Kapitalrücklagen.

F Rückstellungen werden für Aufwendungen gebildet, die den zu versteuernden Gewinn mindern. Rücklagen werden aus dem versteuerten Gewinn gebildet.

Aufgabe A-71

85.800 TEUR

a)

	Vorläufiger Bestand TEUR	Stille Vorsorgereserve TEUR
Forderungen an Kreditinstitute	600.000	24.000
Forderungen an Kunden	1.215.000	48.600
Wertpapiere der Liquiditätsreserve	330.000	13.200
Wertpapiere des Handelsbestandes	360.000	0
Wertpapiere des Anlagevermögens	450.000	0
Summe		85.800

Auf Wertpapiere des Handelsbestandes und des Anlagevermögens darf keine stille Vorsorgereserve gebildet werden.

b) **B**

A: Dies würde dem Sinn von stillen Vorsorgereserven widersprechen, denn sie wären dann sofort erkennbar.

C: Die *Nordbank AG* kann die stillen Vorsorgereserven mit maximal 4 % bilden.

D: Auch das würde dem Sinn von stillen Vorsorgereserven widersprechen, die ja nicht erkennbar sein sollen.

E: Auch von den Wertpapieren der Liquiditätsreserve kann stille Risikovorsorge gebildet werden.

Aufgabe A-72

1.205.641 EUR

Für Bildung von stillen Vorsorgereserven relevante Vermögenswerte	Betrag laut vorläufiger Bilanz	Abschreibungen	Für die Berechnung maßgeblicher Niederstwert am 31.12.	Anrechnung zu	Für Berechnung der Vorsorgereserven maßgeblicher Wert	Höchstmögliche Vorsorgereserve für jeden Vermögenswert einzeln
Forderungen an Kunden	22.431.030	183.094	22.247.936	100 %	22.247.936,00	889.917,44
Forderungen an Kreditinstitute	4.510.350		4.510.350	100 %	4.510.350.,00	180.414,00
Schuldverschreibungen und anderen festverz. WP	6.107.054	53.054	6.054.000	55 %	3.329.700,00	133.188,00
Aktien und anderen nicht festverz. WP	342.173	130.040	212.133	25 %	53.033,25	2.121,33
Gesamt					30.141.019,25	1.205.640,77
Höchstbetrag der Vorsorgereserve	auch: 4 % von 30.141.019,25 =					1.205.641

Die Abschreibungen auf Sachanlagen haben bei der stillen Risikovorsorge keine Bedeutung.

Aufgabe A-73

a) **131,756 TEUR**

4 % von 3.293,9 TEUR (Niederstwertprinzip der Forderungen)

Die stillen Vorsorgereserven von den Forderungen an Kunden werden auch <u>versteuerte</u> Pauschalwertberichtigungen genannt, da die Vorsorgereserven den zu versteuernden Gewinn nicht mindern und daher nicht steuermindernd sind. Die <u>versteuerten</u> Pauschalwertberichtigungen werden vom zum Niederstwert bewerteten Forderungsbestand berechnet, deshalb:

Forderungen an Kunden	3.748,0 TEUR
- Einzelwertberichtigungen	448,8 TEUR
- unversteuerte Pauschalwertberichtigungen	5,3 TEUR
= für Bildung stiller Reserven relevanter Forderungsbetrag	3.293,9 TEUR

b) **B**
A: Hier werden nur offene Vorsorgereserven ausgewiesen.
C: Ein Ausweis darf auf der Passivseite nicht erfolgen, da es sich sonst nicht mehr um stille Reserven handeln würde. Es sind keine Kapitalrücklagen.

c) **C**
Nach § 32 der KredRechV werden Abschreibungen und Wertberichtigungen auf Forderungen und bestimmte Wertpapiere sowie Zuführungen zu Rückstellungen im Kreditgeschäft, Erträge aus Zuschreibungen zu Forderungen und bestimmten Wertpapieren sowie aus der Auflösung von Rückstellungen im Kreditgeschäft in einem Posten der GuV ausgewiesen. Hier sind auch die in § 340 f HGB bezeichneten Aufwendungen und Erträge aufzunehmen. Die Posten dürfen verrechnet und in einem Posten ausgewiesen werden.

Aufgabe A-74
a) **B**
b) **C**
Siehe § 340g (1) HGB: „.... soweit dies nach vernünftiger kaufmännischer Beurteilung ... notwendig ist."
c) **B**
Siehe § 340g (2) HGB „Die Zuführungen zum Sonderposten ... sind in der Gewinn- und Verlustrechnung gesondert auszuweisen."
d) **B** siehe b)
A: Offene Vorsorgereserven können auch darüber hinaus gebildet werden.
C: Für die Höhe der offenen Vorsorgereserven gibt es keine betragliche Begrenzung.
D: Die *Nordbank AG* kann sowohl stille als auch gleichzeitig offene Vorsorgereserven bilden.
E: Begründung siehe C

Aufgabe A-75
a) **86.400, TEUR**
b) **300.000 TEUR**

Position	Buch- wert	Abschrei- bung	Nie- derst- wert	Stille Vorsorge	Offene Vorsorge	Wert für die Bilanz
1. Forderungen an Kunden	890.000	30.000	860.000	34.400	-	825.600
2. Wertpapiere des Handels-Bestandes	680.000	40.000	640.000	-	-	640.000
3. Wertpapiere der Liquiditätsreserve	560.000	20.000	540.000	21.600	-	518.400
4. Forderungen an Kreditinstitute	770.000	10.000	760.000	30.400	-	729.600

5. Wertpapiere des Anlagevermögens	620.000	20.000	600.000		-	-	600.000
6. Fonds für allgemeine Bankrisiken	250.000	-	250.000		-	50.000	300.000
	Summe:				86.400		

f) Jahresabgrenzung

Aufgabe A-76

C und E

A ist falsch, da durch die Jahresabgrenzung der antizipativen Erträge und der transitorischen Aufwendungen ein Jahresüberschuss auch erhöht wird, wenn sie höher sind als die antizipativen Aufwendungen und die transitorischen Erträge. Dann steigt die zu zahlende Ertragssteuer.

B ist falsch, da bei der Zuordnung der Erfolge (Aufwand und Ertrag) zu einem Geschäftsjahr nicht der Zahlungszeitpunkt ausschlaggebend ist, sondern die sachliche Zugehörigkeit zu einem Geschäftsjahr.

D ist falsch, da keine ungewissen Erträge, sondern ungewisse Aufwendungen über die Bilanzposition Rückstellungen abgegrenzt werden.

F ist falsch, da es bei der Jahresabgrenzung nicht um die Abschreibung von Aktiva geht.

Aufgabe A-77

B und C

A und E sind nicht richtig, da die antizipativen Erfolge in der Bilanz nicht in der Position Rechnungsabgrenzungsposten ausgewiesen werden.

D ist nicht richtig, da transitorische Jahresabgrenzungen das Jahresergebnis in der Gewinn- und Verlustrechnung erhöhen können, wenn es sich um transitorische Aufwendungen handelt: Aufwendungen, die das Kreditinstitut für das nächste Jahr bereits getätigt hat, werden aus den Aufwendungen des aktuellen Jahres herausgenommen, damit sie erst im nächsten Jahr erfolgswirksam werden.

F ist nicht richtig, da bereits gebuchte Erträge, die aber zum nächsten Geschäftsjahr gehören, über den Geschäftsjahreswechsel aus der Gewinn- und Verlustrechnung herausgenommen werden und damit das Jahresergebnis verringern.

Aufgabe A-78

A	B	C	D	E
4	3	1	6	2

A antizipativer Aufwand außer Zinsen wird über das Konto „sonstige Verbindlichkeiten" gebucht.

B antizipativer Ertrag außer Zinsen wird über das Konto „sonstige Forderungen" gebucht.

C transitorischer Aufwand wird über das Konto Aktive Rechnungsabgrenzung gebucht.

D antizipativer Zinsertrag ist über das Passivkonto zu buchen, das den Zinsertrag bringt. Dass die Zinsen im neuen Jahr den KK-Konten belastet werden, ist bei der Jahresabgrenzung unerheblich. Es sind Festgeldzinsen und diese sind in der Bilanz mit dem Festgeld zu bilanzieren.

E transitorischer Ertrag wird über das Konto Passive Rechnungsabgrenzung gebucht.

Aufgabe A-79

A	B	C	D	E	F
4	4	3	2	5	1

A Die Buchung der Erträge ist vorzuziehen, zu antizipieren.

B Wertpapierzinsen werden nachträglich gezahlt. Daher muss am Jahresende die Wertpaperzinsertragsbuchung für das ablaufende Jahr vorgezogen werden.

C Festgeldzinsen werden am Ende der Festlegung von der Bank gezahlt. Die Buchung des Zinsaufwands des ablaufenden Geschäftsjahres muss vorgezogen werden.

D Der Mietertrag gehört nicht in dieses Jahr, er ist daher ins neue Jahr unter Zuhilfenahme der Passiven Rechnungsabgrenzungen zu transferieren.

E Die Abgeltungsteuer ist keine Steueraufwendung der *Nordbank AG*. Bei der Jahresabgrenzung werden Aufwendungen und Erträge der *Nordbank AG* dem richtigen Geschäftsjahr zugeordnet.

F Die gezahlten Aufwendungen wurden bei der Zahlung gebucht. Da sie das nächste Jahr betreffen, sind sie unter Zuhilfenahme der Aktiven Rechnungsabgrenzung ins neue Jahr zu transferieren. (Eselsbrücke: Aufwand und Aktive Rechnungsabgrenzung fangen beide mit A an!)

Aufgabe A-80

C und F

A ist nicht richtig, da die Aufwendung und der Betrag feststehen.

B ist nicht richtig, da es sich um keine Erfolge handelt, sondern um den Kauf von Aktiva.

D ist nicht richtig, da die Planung einer Baumaßnahme für das nächste Jahr nicht im alten Geschäftsjahr in der Buchführung zu berücksichtigen ist.

E ist nicht richtig, da ein Kauf von Sachanlagen im nächsten Jahr im alten Geschäftsjahr nicht in der Buchführung zu berücksichtigen ist.

B Dokumentierte Unternehmensleistungen verschiedener Unternehmenstypen auswerten

1. Rücklagen- und Ausschüttungspolitik

Aufgabe B-1

a) **120 Mio. EUR**

b) **1.630 Mio. EUR**

Kapitalrücklage und gesetzliche Rücklage zusammen bisher	1.800.000,00
<10 % vom gezeichneten Kapital, also fehlen noch 200 Mio. EUR bis die gesetzliche Obergrenze der gesetzlichen Rücklage erreicht ist.	2.000.000,00
Erträge	13.670.000,00
- Aufwendungen	11.270.000,00
= Jahresüberschuss	2.400.000,00
- 5 % Einstellung in gesetzl. Rücklage	-120.000,00
Zwischenergebnis	2.280.000,00
- Einstellung in andere Gewinnrücklagen	-650.000,00
= Bilanzgewinn	1.630.000,00

Aufgabe B-2

a) **4,8 Mio. EUR**

=bisherige Rücklage 4,0 Mio. EUR + Einstellung 0,8 Mio. EUR. Zwar sind 5 % vom Jahresüberschuss 0,85 Mio. Euro, aber die Obergrenze (10 % vom Grundkapital: 6 Mio. EUR) ist bereits erreicht, wenn nur 0,8 Mio. EUR den gesetzlichen Rücklagen zugeführt wird. Denn dann erreichen die gesetzliche Rücklage und die Kapitalrücklage zusammen (1,2 + 4,0 + 0,8) die Obergrenze von 6 Mio. EUR.

b) **7,7 Mio. EUR**

Jahresüberschuss	17,0
- Zuführung zu den gesetzlichen Gewinnrücklagen	- 0,8
Zwischenergebnis	16,2
- Bilanzgewinn	- 8,5
= Zuführung in die anderen Gewinnrücklagen	7,7

c) **20.196.020,00 EUR**

Jahresüberschuss nach Steuern 84,175 % (100 % - 15,826 %)	17.000.000,00
15,825 % Steuern: 15 % KSt plus Soli-Zuschlag 0,825 %	3.196.020,00
(5,5 % von 15 % = 1,375 %)	
Jahresüberschuss vor Steuern (100 %)	20.196.020,00

Aufgabe B-3

C

A ist falsch, da Vorstand und Aufsichtsrat über die Aufteilung des Jahresüberschusses entscheiden.

B ist falsch, da auch dies Sache des Vorstandes ist.

D ist falsch, da maximal 5 % des Jahresüberschusses in die gesetzlichen Rüclagen eingestellt werden.

Aufgabe B-4

a) **0,4 Mio. EUR**

Einstellung in die gesetzliche Rücklage:

5 % vom Jahresüberschuss 24,0 Mio. EUR = 1,2 Mio. EUR

Kapitalrücklage und gesetzliche Rücklage insgesamt maximal 10 % vom gezeichneten Kapital = 25,0 Mio. EUR

bisher wurden gebildet: Kapitalrücklage 14,6 Mio. EUR + gesetzliche Rücklage 10,0 Mio. EUR = 24,6 Mio. EUR

Es werden also nur noch 0,4 Mio. EUR eingestellt (25,0 - 24,6).

b) **3,6 Mio. EUR**

Einstellung in die anderen Gewinnrücklagen:

Jahresüberschuss	24,0 Mio. EUR
- Einstellung in gesetzliche Rücklagen	0,4 Mio. EUR
- Ausschüttung an die Aktionäre (Bilanzgewinn)	20,0 Mio. EUR
Einstellung in andere Gewinnrücklagen	3,6 Mio. EUR

Aufgabe B-5

a) **6,0 Mio. EUR**

Kapitalrücklage und gesetzliche Rücklage insgesamt maximal 10 % vom gezeichneten Kapital = 27,0 Mio. EUR

bisher wurden gebildet: Kapitalrücklage 15,0 Mio. EUR + gesetzliche Rücklage 6,0 Mio. EUR = 21,0 Mio. EUR

Um die Mindesthöhe zu erreichen müssen also noch 6,0 Mio. EUR eingestellt werden (27,0 - 21,0).

b) **2,0 Mio. EUR**

Einstellung in die gesetzliche Rücklage:

Jahresüberschuss = Erträge 830,0 - Aufwendungen 790,0 = 40,0 Mio. EUR

5 % vom Jahresüberschuss 40,0 Mio. EUR = 2 Mio. EUR

Es müssen also noch 2 Mio. EUR eingestellt werden, da die Obergrenze dann noch nicht erreicht ist.

Ein Gewinnvortrag wird bei der Berechnung der gesetzlichen Rücklage nicht berücksichtigt, ein Verlustvortrag schon (siehe Infopool § 150,2 AktG).

Aufgabe B-6

D

Die Gewinnrücklagen erhöhen das Eigenkapital der AG.

A falsch, da sich die Liquidität der AG nicht verändert.

B ist falsch, da die Körperschaftsteuer auf einbehaltene Gewinne und auf ausgeschüttete Gewinne gleich hoch ist.

C ist falsch, da die AG durch die Einbehaltung des Gewinns ihr Eigenkapital vergrößert, das ihr z. B. für Investitionen zur Verfügung steht.

E ist falsch, Begründung siehe B.

Aufgabe B-7

a) **4,84 Mio. EUR**

Einstellung in die gesetzliche Rücklage zum 31.12.

5 % vom Jahresüberschuss 14,8 Mio. EUR	0,74 Mio. EUR
gesetzliche Rücklage bisher	4,10 Mio. EUR
Ausweis der gesetzlichen Rücklage am 31.12.	4,84 Mio. EUR

b) **7,03 Mio. EUR**

Jahresüberschuss	14,80 Mio. EUR
- Einstellung in gesetzl. Rücklage	0,74 Mio. EUR
- Zwischensumme	14,06 Mio. EUR

Zuführung zu den anderen Gewinnrücklagen: max. 50 % der Zwischensumme § 58 AktG 7,03 Mio. EUR

c) **52,50 EUR**

Dividende für 150 Aktien   150 x 0,35 =   52,50 EUR

Da die Kundin einen Freistellungsauftrag erteilt hat, werden ihr die Abgeltungsteuer und der darauf entfallende Solidaritätszuschlag nicht abgezogen.

d) Die Lösungen **C** und **E**

A ist falsch, weil die sonstigen Gewinnrücklagen zur Ausschüttung einer gleichbleibenden Dividende teilweise aufgelöst werden dürfen.

B ist falsch, weil stille Reserven durch die Unterbewertung von Aktiva und durch Überbewertung von Passiva entstehen.

D ist falsch, die Grenze beträgt 5 % vom Jahresüberschuss.

F ist falsch, weil auch ein kleiner Jahresüberschuss ausgeschüttet werden kann, nachdem die Zuführung zu den gesetzlichen Rücklagen erfolgt ist und ein eventueller Verlustvortrag ausgeglichen ist.

Aufgabe B-8

A	B	C	D
6	2	3	7

2.   Bilanzkennziffern berechnen und auswerten

Aufgabe B-9

B

A ist nicht richtig, weil bei Produktionsbetrieben das Anlagevermögen i.d.R. groß ist.

C ist nicht richtig, weil die Bilanz nur Bestände und keine Umsätze ausweist. Der Umsatz wären aus der GuV-Rechnung erkennbar.

Aufgabe B-10

a) **12 %**

165.300 x 100 :1.397.349 = 11.83 %

b) **C**

A kann so nicht gesagt werden. Die Eigenkapitalquote ist je nach Branche und Betriebsgröße anders zu beurteilen.

B Die momentane Eigenkapitalquote lässt keine Rückschlüsse auf die Rentabilität zu.

ca) **30 %**

165.300 x 100 : 542.939 (=2.171 + 500.768 + 40.000) = 30,45 %

cb) **133 %**

722.400 (= 165.300 + 531.400 + 25.700) x 100 : 542.939 (=2.171 + 500.768 + 40.000) = 133,05

Unter der Bilanz steht, dass die sonstigen Verbindlichkeiten langfristig sind.

d) **B**

A ist falsch, da ein hoher Anlagendeckungsgrad II eine hohe langfristige Finanzierung aus Eigen- und Fremdmitteln anzeigt. Je höher der Anlagendeckungsgrad II, desto besser.

C ist falsch, da die Finanzierung bei niedrigen Prozentwerten als unsolide zu bezeichnen ist.

Aufgabe B-11

a) **8,4 %**

3.327 x 100 : 39.600

b) **9.900**

3.327 + 5.750 + 823

c) **38,52 %**

9.900 x 100 : 25.700

d) **5,41 %**

(3.327 + 8.600) x 100 : 220.300

e) **17,98 %**

39.600 x 100 : 220.300

f) **12,95 %**

3.327 x 100 : 25.700

g) **18,68 Tage**

1.415 x 365 : 25.700

h) **40,06 Tage**

1.690 x 365 : 15.400

Aufgabe B-12

C

A ist nicht richtig, da der Cashflow keinen Barmittelabfluss darstellt.

B ist nicht richtig: Der Cashflow macht eine Aussage über die Selbstfinanzierungsfähigkeit des Unternehmens aus eigener Kraft. Je größer der Cashflow ist, desto besser ist die Selbstfinanzierungsfähigkeit der Unternehmung.

Aufgabe B-13

a) **182.541 EUR**

1.746.000.000 : 9.565 = 182.540,5

b) **C**

Eigenkapitalquote 407 x 100 : (468 + 692) = 35 %

Anlage- und Umlaufvermögen ergeben zusammen die Bilanzsumme (auf der Aktivseite).

c) **87 %**

407 x 100 : 468 = 86,97 %

d) **D**

A: Da der Anlagendeckungsgrad I geringer als 100 % ist, muss ein Teil des Anlagevermögens durch Fremdkapital finanziert worden sein. Da das langfristige Fremdkapital nicht angegeben wurde, lässt sich über eine fristenkongruente Finanzierung keine Aussage treffen.

B: Die Kennziffer liegt über dem Branchendurchschnitt. Bei ihr geht es nicht um die Deckung des Anlagevermögens durch liquide Mittel.

C: Da ein Teil des Anlagevermögens (s. Nr. 1) mit Fremdkapital finanziert wurde, ist diese Aussage falsch.

E: Da ein Teil des Anlagevermögens i.d.R durch Fremdkapital finanziert wird, liegt die Kennziffer bei Industriebetrieben eher unter 80 %. Da das langfristige Fremdkapital nicht angegeben wurde, lässt sich über eine fristenkongruente Finanzierung keine Aussage treffen.

e) **A**

In Sachanlagen wurden 74 Mio. EUR investiert. Davon können bereits 62 Mio. EUR aus den Abschreibungen finanziert werden. Es müssten dann noch 12 Mio. EUR aus dem Jahresüberschuss finanziert werden, was bei 77 Mio. EUR kein Problem darstellen dürfte.

f) **B**

Eine Außenfinanzierung durch Eigenfinanzierung könnte nur dann beurteilt werden, wenn das gezeichnete Kapital des laufenden und des vorangegangenen Jahres angegeben wären. Die AG hätte sich dann durch Ausgabe neuer Aktien Mittel beschafft, wenn dazu nicht Rücklagen aufgelöst wurden.

Aufgabe B-14

a) **16,2 %**

Anlagendeckung I = Eigenkapital x 100 : Anlagevermögen 4,0 Mio. EUR x 100 : 24,7 Mio. EUR = 16,19 %

b) **61,1 %**

Anlagendeckung II = (Eigenkapital + langfr. Fremdkapital) x 100 : Anlagevermögen
(4,0 Mio. EUR + 11,1 Mio. EUR) x 100 : 24,7 Mio. EUR = 61,13 %
Pensionsrückstellungen sind langfristig

Aufgabe B-15

A und **F**

B ist falsch, da der Anlagendeckungsgrad II zeigt, dass eine fristenkongruente Finanzierung (= 100 %) nicht vorliegt.

C und E ist falsch, da diese Art der Finanzierung große Risiken birgt: Das Anlagevermögen ist größtenteils nicht langfristig finanziert.

D ist falsch, da noch nicht einmal das Anlagevermögen langfristig abgesichert ist.

Aufgabe B-16

8,7 %

Eigenkapitalquote = Eigenkapital x 100 : Bilanzsumme: 4,0 Mio. EUR x 100 : 46,1 Mio. EUR = 8,68 %

Aufgabe B-17

B

A ist falsch, da der niedrige Wert nicht der Traumwert für alle Unternehmen ist.

C und D sind falsch, weil die Eigenkapitalquote für sich alleine schon einen Aussagewert besitzt.

E ist falsch, da aus der Eigenkapitalquote nicht die Liquidität abgelesen werden kann.

Aufgabe B-18

B

Die ausgerechneten Bilanzkennziffern sind nur ein Teil der Beurteilung eines Unternehmens. Mit ihnen allein ist keine sichere Aussage zu treffen. Daher müssen weitere Informationen beschafft werden.

Aufgabe B-19

a) **7.506 TEUR**

	Geschäftsjahr neu
Betriebsergebnis	5.562 TEUR
Ordentl. Abschreibungen	1.530 TEUR
Zuführung zu langfristigen Rückstellungen	414 TEUR
Summe (Cashflow Berichtsjahr)	7.506 TEUR

b) **4,25 %**

	Vorjahr
Betriebsergebnis	5.151 TEUR
Ordentl. Abschreibungen	1.522 TEUR
Zuführung zu langfristigen Rückstellungen	527 TEUR
Summe (Cashflow Vorjahr)	7.200 TEUR

Veränderung gegenüber dem Vorjahr: 4,25 % (306 TEUR x 100 : 7.200 TEUR)

Aufgabe B-20

B und **E**

A ist falsch. Die Selbstfinanzierungskraft zeigt der Cashflow.

C ist falsch, da über die Verzinsung des Eigenkapitals die Eigenkapitalrentabilität Auskunft gibt.

D ist falsch, da die Aussage verdreht ist, zudem ist das Betriebsergebnis statt des Gewinns zu nehmen.

F ist falsch, da hierüber die Gesamtkapitalrentabilität Auskunft gibt.

Aufgabe B-21

19,2 %

Eigenkapitalrentabilität = Betriebsergebnis x 100 : Eigenkapital 5,562 Mio. EUR x 100 : 29,0 Mio. EUR = 19,18 %; Eigenkapital: 4 (1,5 + 2,5) altes Eigenkapital (siehe Aufgabe B-14) + 25 neues Eigenkapital (siehe Aufgabe B-19, 1. Satz)

Aufgabe B-22

A

B ist falsch, da die Eigenkapitalrentabilität nichts mit dem Umsatz zu tun hat.

C ist falsch. Die Selbstfinanzierungskraft zeigt der Cashflow.

D ist falsch, da es bei der Eigenkapitalrentabilität nicht darum geht, wie lange das Eigenkapital im Unternehmen gebunden ist. Eigenkapital steht dem Unternehmen langfristig zur Verfügung. Die Ausnahme bildet der Bilanzgewinn, der in naher Zukunft ausgeschüttet wird. Nach der IHK-Formelsammlung soll er aus diesem Grund bei der Berechnung der Bilanzkennziffern als kurzfristiges Fremdkapital angesehen werden.

E ist falsch, da hierüber die Gesamtkapitalrentabilität Auskunft gibt.

C   Kosten- und Erlösrechnung

1 Aufgaben und Grundbegriffe der Kosten- und Erlösrechnung

Aufgabe C-1

a) **830 TEUR** Gewinn: -800 + 100 +110 – 40 + 80 – 120 + 1.500

b) **+290 TEUR** -800 + 100 + 80 – 500 – 90 + 1.500

Aufgabe C-2

	Ziffer	Betrag in EUR	
A	2	19.800,00	betriebliche, ordentliche Aufwendungen
B	4		Der Kauf beinhaltet noch keine Aufwendungen/Kosten. Erst der Wertverlust, der durch die Abschreibung erfasst wird.
C	1	4.000,00	Differenzbetrag = betrieblich außergewöhnliche oder periodenfremde Aufwendungen
D	3	990.000,00	Zusatzkosten, da keine Aufwendungen in der Buchführung
E	2	7.000,00	Aufwendungen, die in der Buchführung gebucht werden und auch von der Kostenrechnung übernommen werden, da sie dem langjährigen Durchschnitt entsprechen.

Aufgabe C-3

a) **4,0 Mio. EUR** Erträge 28,0 – Aufwendungen 24,0

b) **6,0 Mio. EUR**

Erlöse = Erträge 28,0 – betriebl. außergewöhnl. Erträge 1,5 – betrieblich periodenfremde Erträge 2,0 – betriebsfremde Erträge 0,5 = 24,0

Kosten = Aufwendungen 24,0 – betriebl. außergewöhnl. Aufwendungen 2,5 – betrieblich periodenfremde Aufwendungen 2,5 – betriebsfremde Aufwendungen 2,0 + Zusatzkosten 1,0 = 18,0

Betriebsergebnis = Erlöse 24,0 – Kosten 18,0

Aufgabe C-4

A	B	C	D	E
1	3	4	5	6

Aufgabe C-5

a) **5.000,00 EUR** (30.000 : 6)

b) **3.500,00 EUR** (35.000 : 10)

c) **B** Die Aufwendungen sind höher als die Kosten.

Aufgabe C-6

C und E

Die Tilgung ist weder Aufwand/Kosten noch Ertrag/Erlös. Der Verkauf über Buchwert gehört zu den neutralen Erträgen.

Aufgabe C-7

A   **2** weil ordentliche, betriebliche Erträge; Ertrag = Erlös

B   **3** weil in der Buchführung kein Aufwand; in der Kostenrechnung Kosten für Geschäftsführertätigkeit

C   **2** weil Ertrag aus Geldanlage ordentlich, betrieblich; Ertrag = Erlös

D   **4** weil der über dem Buchwert erzielte Ertrag außergewöhnlich und betriebsfremd (Autoverkauf) und damit außerordentlich ist.

E   **1** Aufwand bei der Erfüllung eines Bankgeschäftes = Grundkosten, da ordentlich, betrieblich

F   **5** Der überschießende Betrag ist für die laufende Rechnungsperiode periodenfremd, da er durch die Vorperiode verursacht wurde.

Aufgabe C-8

288.200 EUR

	TEUR	Grunderlöse	
Belastung von KK-Kunden mit Sollzinsen	163.100	163.100	
Belastung von Kontoführungsgebühren	52.300	52.300	
Gutschrift von Zinsen für Spareinlagen	46.400		Grundkosten
Spenden an gemeinnützige Einrichtungen	1.500		neutrale Aufwendungen
Kauf eines neuen Pkws für den Vorstand	180		kein Aufwand, keine Kosten
Überweisung der Prämie für die Kfz-Versicherung	1.200		Grundkosten
Inzahlungnahme eines bankeigenen Pkws beim Kauf des neuen Pkws zum Preis unter dem Buchwert. Differenzbetrag:	12		neutraler Aufwand
Buchung von Sachanlagenaufwand	4.750		Grundkosten
Steuerrückzahlung für das vergangene Jahr	425		neutraler Ertrag

Spar- und KK-Kunden werden mit Depotgebühren belastet	72.800	72.800	
Für eine einzelwertberichtigte Forderung geht ein höherer Betrag ein, als es die *Nordbank AG* erwartet hatte. Die Differenz beträgt:	120		neutraler Ertrag
Summe Grunderlöse		288.200	

Aufgabe C-9

A	B	C	D	E
1	1	2	2	1

A fixe Kosten, unabhängig vom Geschäftsvolumen.
B fixe Kosten, unabhängig vom Geschäftsvolumen.
C variable Kosten, abhängig von der Inanspruchnahme
D variable Kosten, abhängig von der Inanspruchnahme
E fixe Kosten, unabhängig von der Inanspruchnahme

Aufgabe C-10

A	B	C	D	E
2	1	2	1	1

A Gemeinkosten: Die Kosten sind keiner Bankleistung direkt zuzuordnen.
B Einzelkosten: Die Kosten sind der Bankleistung Sparverkehr zuzuordnen.
C Gemeinkosten: Die Kosten sind keiner Bankleistung direkt zuzuordnen.
D Einzelkosten: Die Kosten sind der Bankleistung Kontokorrentkredite zuzuordnen.
E Einzelkosten: Die Kosten sind der Bankleistung Wertpapieranlage zuzuordnen.

Aufgabe C-11

A	B	C	D	E
1	3	5	2	3

A Betriebskosten, da Personalkosten
B Betriebserlöse, da Provisionen für die Vermittlung von Wertpapieren
C ohne Auswirkungen auf die Kostenrechnung, da periodenfremd
D Wertkosten, da Zinsen für Kapitalbeschaffung
E Betriebserlöse, da Provisionserlöse

2   Kalkulation der Kreditinstitute

a) Kalkulation im Wertbereich (Marktzinsmethode)

Aufgabe C-12

a) **6,25 %** Bruttozinsspanne = (Darlehenszinssatz – Zinssatz für Termineinlagen) = (11,5 – 5,25)
b) **2,75 %** gesamter Konditionsbeitrag = aktivischer Konditionsbeitrag (Kundenzinssatz – GKM-Zinssatz) + passivischer Konditionsbeitrag (GKM-Zinssatz – Kundenzinssatz) = (11,5 – 9,25) + (5,75 – 5,25) = 2,25 % + 0,5 %
c) **3,50 %** Strukturbeitrag = Bruttozinsspanne – Konditionsbeitrag = 6,25– 2,75

Aufgabe C-13

a) **2,72 %**   aktiver Konditionenbeitrag   8,846 – 6,128
b) **1,42 %**   passiver Konditionenbeitrag   3,833 – 2,417
c) **6,43 %**   Bruttozinsspanne   8,846 – 2,417
d) **2,30 %**   Strukturbeitrag   6,429 – (2,718 + 1,416)

Aktiva	Volumen in TEUR	Kunden- zinssatz in %	Zinserlös in TEUR	Markt- zinssatz in %	Zinserlös in TEUR	Differenz in TEUR
kurzfristige Kunden- darlehen	13.840	11,25	1.557,00	7,25	1.003,40	553,60
langfristige Kunden- darlehen	24.710	7,50	1.853,25	5,50	1.359,05	494,20
Summe	38.550	8,85	3.410,25	6,13	2.362,45	1.047,80
Durchschnittszins- satz		8,846 %		6,128 %		2,718 %

Passiva	Volumen in TEUR	Kunden- zinssatz in %	Zinskos- ten in TEUR	Markt- zinssatz in %	Zinskos- ten in TEUR	Differenz in TEUR
Spareinlagen	16.050	1,25	200,63	3,25	521,63	321,00
Termineinlagen	22.500	3,25	731,25	4,25	956,25	225,00
Summe	38.550	2,42	931.88	3,83	1.477,88	546,00
Durchschnittszins- satz		2,417 %		3,833 %		1,416 %

Aufgabe C-14

a) **35 Mio. EUR**

Betriebsergebnis = Erlöse - Kosten

Erlöse = Erträge 69 - neutrale Erträge 3 + Zusatzerlöse 1 = 67

Kosten = Aufwendungen 30 - neutrale Aufwendungen 2 + Zusatzkosten 4 = 32

Betriebsergebnis = 67 - 32 = 35

b) **4,38 %**

35 x 100 : 800

c) **15 Mio. EUR**

Ergebnis im Betriebsbereich = Betriebsergebnis - Ergebnis im Wertbereich

Wertergebnis = Werterlöse 42 - Wertkosten 22 = 20

Ergebnis im Betriebsbereich = Betriebsergebnis 35 - Ergebnis im Wertbereich 20 = 15

d) **805 Mio. EUR**

Geschäftsvolumen = durchschnittliche Bilanzsumme 800 + Eventualverbindlichkeiten (Indossaments- verbindlichkeiten) 5 (stehen in der Bilanz auf der Passivseite unter(!) der Bilanzsumme)

Aufgabe C-15

a) **2,43 %** 8,567 - 6,133

b) **3,77 %** 5,333 - 1,566

c) **7,00 %** 8,567 - 1,566

d) **0,80 %** 7,00 - (2,433 + 3,766)

Aktiva	Volumen in TEUR	Kunden-zinssatz in %	Zinserlös in TEUR	Markt-zinssatz in %	Zinserlö-se in TEUR	Kon-ditions-beitrag
KK-Kredit	13	8	1,04	5,00	0,65	0,39
Darlehen (5 Jahre Laufzeit)	17	9	1,53	7,00	1,19	0,34
Summe	30		2,57		1,84	0,73
Durchschnittszinssatz		8,567 %	-	6,133 %	=	2,433 %
Passiva	Volumen in TEUR	Kunden-zinssatz in %	Zinskos-ten in TEUR	Markt-zinssatz in %	Zinskos-ten in TEUR	Kon-ditions-beitrag
Sichteinlagen	10	0,5	0,05	5	0,50	0,45
Spareinlagen	20	2,1	0,42	5,5	1,10	0,68
Summe	30		0,47		1,60	1,13
Durchschnittszinssatz		1,566 %	-	5,333 %	=	3,766 %

Aufgabe C-16

C

A beschreibt die Ermittlung der Bruttozinsspanne.

B gibt nicht die Berechnung des Konditionsbeitrages wider.

D ist eine Definition für den Strukturbeitrag.

Aufgabe C-17

a) **14,0 Mio. EUR 2,65 %**

	Mio. EUR	%
Zinserlöse	49,0	
- Zinskosten	35,0	
= Zinsspanne	14,0	2,65

b) **9,0 Mio. EUR 1,70 %**

Gebühren- und Provisionserlöse	11,0	
- Provisionskosten für Fremdleistungen	2,0	
= Provisionsspanne	9,0	1,70

c) **5,3 Mio. EUR 1,00 %**

Zinsspanne	14,0	
+Provisionsspanne	9,0	
- Kostensteuern	0,5	
- Personalkosten	9,3	
- Sonstige Sachkosten einschl. kalkulatorischer Miete	5,0	
- kalkulatorische Abschreibungen auf Sachanlagen	2,9	
= Betriebsergebnis	5,3,3	1,00

Aufgabe C-18

2,77 %

442.5 : 16.000 x 100

Aktivgeschäfte	Volumen in TEUR	Kundenzinssatz	Zinserlös in TEUR
Kredit mit 10-jähriger Laufzeit	8.500	8 %	680,00
Kredit mit 6 jähriger Laufzeit	5.000	7,5 %	375,00
Kredit mit 3 jähriger Laufzeit	2.500	6,5 %	162,50
	16.000		1217,50

Passivgeschäfte	Volumen in TEUR	Kundenzinssatz	Zinskosten in TEUR
Termineinlage mit 2-jähriger Laufzeit	7.000	3,5 %	245,00
Verbriefte Einlage mit 5-jähriger Laufzeit	5.000	5,0 %	250,00
Verbriefte Verbindlichkeit mit 8-jähriger Laufzeit	4.000	7,0 %	280,00
	16.000		775,00
Bruttozinsspanne in TEUR			442,50

b) Produkt- und Kundenkalkulation

Aufgabe C-19

37,10 EUR

Personalkosten Teilprozesse	Arbeitszeit	Standardkostensätze	Standardstückkosten	Summe
			EUR	EUR
Beratung	25 Min.	1,00 EUR/Min.	25,00	
Ausführung	18 Min.	0,50 EUR/Min.	9,00	
EDV	5 sec.	0,25 EUR / sec.	1,25	35,25
			EUR	
Formular, Auftrag			0,25	
Formular, Abrechnung			0,35	
Porti und Telefon			1,25	1,85
Standardkosten für einen Kundenaktienkauf				37,10

Aufgabe C-20

88,88 EUR

Kosten je 1 Minute Arbeitszeit: 6.000 : 200 Tage : 8 Stunden : 60 Minuten = 0,625 EUR

		Standardkostensätze	Summe
		EUR	EUR
Personalkosten	83	0,625 EUR/ Minute	51,88
EDV-Leistung	88 Sekunden	0,35 EUR / Sekunde	30,80
Antragsformular	1 Stück	0,20	
Sicherheiten	1 Stück	0,10	
Schufa	1 Stück	0,10	
Ordner	1 Stück	0,70	
Kreditformular	1 Stück	0,10	
Porti u. Telefon	1 Stück	5,00	6,20
Standard-Stückkosten für Kleinkredit			88,88

Aufgabe C-21

C und **E**

Overheadkosten = Kosten für Geschäftsleitung, Stababteilungen, u.a.

A ist falsch, da nur ein Teil der Kosten (Einzelkosten) berechnet werden. Es käme zu einem negativen Betriebsergebnis, wenn nur diese Kosten gedeckt wären.

B ist falsch, da die Prozessorientierte Standardeinzelkostenrechnung keine Vollkosten-, sondern eine Teilkostenrechnung ist.

D ist falsch, da bei der Prozessorientierte Standardeinzelkostenrechnung keine individuelle Berechnung erfolgt, sondern Standardwerte festgelegt werden.

c) Produkt- und Kundenkalkulation

Aufgabe C-22

a) **53,57 EUR** 60.000 EUR : 210 Tage : 8 Stunden : 60 Minuten x 90Minuten Bearbeitungszeit

b) **81,57 EUR** 53,57 + 25 + 3

c) **18,43 EUR** 4 x 25 − 81,57

d) **C**

Bei der Teilkostenrechnung werden nur direkt zurechenbare, variable Kosten zugerechnet. Bei einem Deckungsbeitrag von null wären daher die anderen Kosten noch nicht gedeckt, geschweige denn ein positives Betriebsergebnis zu erzielen. Daher müssen mit dem Deckungsbeitrag zunächst die Gemeinkosten gedeckt werden, bevor er zu einem positiven Betriebsergebnis beitragen kann.

e) **A**

Bei der Vollkostenrechnung werden alle Kosten auf die Kostenträger verteilt. Bei den Gemeinkosten muss man sich einen Verteilungsschlüssel überlegen, welcher Anteil an den Gemeinkosten von den einzelnen Kostenstellen getragen werden soll. Der Verteilungsschlüssel wird oft als willkürlich empfunden. B ist falsch, da bei der Teilkostenrechnung keine Gemeinkosten verteilt werden.

Aufgabe C-23

a) **2,5 %**

Zinserlöse	9,0 %
Alternativzins am Kapitalmarktsatz für 5jährige Anlagen	6,5 %
Deckungsbeitrag I	2,5 %

b) **2.200 EUR**

Deckungsbeitrag I	2,5 %	5.000,00 EUR
+ direkt zurechenbare Provisionserlöse	0,1 %	200,00 EUR
- direkt zurechenbare Betriebskosten	0,4 %	800,00 EUR
= Deckungsbeitrag II	2,2 %	4.400,00 EUR
- Risikokosten	0,5 %	1.000,00 EUR
- Eigenkapitalkosten	0,6 %	1.200,00 EUR
= Deckungsbeitrag III (= Beitrag zum Betriebsergebnis)	1,1 %	2.200,00 EUR

Aufgabe C-24

1.858,00 EUR

Konditionsbeiträge der Aktivgeschäfte	11,4 % - 4 %	auf 42.000,00 EUR	3.108,00 EUR
+ Konditionsbeiträge der Passivgeschäfte	4,0 % - 0,5 %	auf 8.000,00 EUR	280,00 EUR
= Deckungsbeitrag I			3.388,00 EUR
+ direkt zurechenbare Provisionserlöse (siehe unten)			1.348,00 EUR
- direkt zurechenbare Betriebskosten (siehe unten)			2.500,00 EUR
= Deckungsbeitrag II			2.236,00 EUR
- Risikokosten	0,5 %		210,00 EUR
- Eigenkapitalkosten	0,4 %		168,00 EUR
= Deckungsbeitrag III (= Beitrag zum Betriebsergebnis)			1.858,00 EUR

Leistungen:			
Stück	Leistung	Standard-Einzelkosten in EUR	EUR
80	Bareinzahlung	2,50	200,00
120	Barauszahlung	1,50	180,00
630	Überweisungseingänge	1,00	630,00
720	Überweisungsausgänge	1,20	864,00
370	Scheckeinzüge	0,80	296,00
440	Scheckeinlösungen	0,75	330,00
2.360	Buchungsposten	Summe Stückkosten:	2.500,00
Entgelte:		EUR	EUR
Grundpreis je Monat		10,00	120,00
Buchungspreis je Posten		0,50	1.180,00
48 Kontoauszüge je		1,00	48,00
		Summe Provisionserlöse:	1.348,00

Aufgabe C-25

5,8 %

Alternativzinssatz für Beschaffung am GKM	6,0 %
- direkt zurechenbare Betriebskosten in % 0,2 %	
= Preisobergrenze Passivprodukt in %	5,8 %

Aufgabe C-26

529,75 EUR

Konditionsbeiträge der Aktivgeschäfte	9,00 % - 3,25 %	auf 3.000 EUR	172,50 EUR
+ Konditionsbeiträge der Passivgeschäfte	4,85 % - 2,25 %	auf 15.000 EUR	390,00 EUR
= Deckungsbeitrag I	5,80 %		562,50 EUR
+ direkt zurechenbare Provisionserlöse		12 x 10,00	120,00 EUR
- direkt zurechenbare Betriebskosten des Girokontos		Ermittlung s.u.	114,10 EUR
- direkt zurechenbare Betriebskosten des Sparkontos		Ermittlung s.u.	19,15 EUR
= Deckungsbeitrag II			549,25 EUR
- Risikokosten	0,25 %		7,50 EUR
- Eigenkapitalkosten	0,40 %		12,00 EUR
= Deckungsbeitrag III (= Beitrag zum Betriebsergebnis)			529,75 EUR

Stück	Leistung	Standard-Einzelkosten in EUR	
50	Einzahlungen	0,75	37,50 EUR
60	Auszahlungen	0,70	42,00 EUR
1	Daueraufträge	2,85	2,85 EUR
45	Überweisungen	0,22	9,90 EUR
19	Serviceleistungen	1,15	21,85 EUR
175	**Buchungsposten**	Summe Stückkosten:	114,10 EUR

Stück	Leistung	Standard-Einzelkosten in EUR	
10	Einzahlungen	0,95	9,50 EUR
7	Auszahlungen	0,90	6,30 EUR
4	Nachträge	0,40	1,60 EUR
1	Verpfändung	1,75	1,75 EUR
22	**Buchungsposten**	Summe Stückkosten:	19,15 EUR

Aufgabe C-27

a) **104,00 EUR** Betriebskosten = Anzahl der erbrachten Buchungen x Betriebskosten je Buchung = 160 x 0,65 EUR

b) **48,00 EUR** Betriebserlöse = Kontoführungsgebühr je Buchung x Anzahl der berechneten Buchungen = 0,30 EUR x 160

c) **572,00 EUR** passivischer Konditionsbeitrag = (Zinssatz für alternative Geldbeschaffung am GKM - Kundenzinssatz für Termineinlagen) x Zinszahl : 360 = (3,80 – 0,5) x 62.400 : 360
Zinszahl = Kapital / 100 * Tage (daher sind die 90 Tage für das Quartal in der Zinszahl schon berücksichtigt); Zinsen = Zinszahl * Zinssatz / 360

d) **2.984,00 EUR** aktivischer Konditionsbeitrag = (Kundenzinssatz für Darlehen – Zinssatz für alternative Geldanlage) x Zinszahl : 360 = (11,5 – 4,0) x 143.232 : 360

e) **3.556,00 EUR** Erfolg im Wertbereich = aktivischer + passivischer Konditionsbeitrag = 572 + 2.984 (Risikokosten und Eigenkapitalkosten sind in dieser Aufgabe nicht angegeben)

f) **-56,00 EUR** Erfolg im Betriebsbereich = Betriebserlöse – Betriebskosten = 48 – 104

g) **3.500,00 EUR** Gesamterfolg = Erfolg im Wertbereich + Erfolg im Betriebsbereich = 3.556 + (-56)

Aufgabe C-28

a) **150.000,00 EUR** (Anfangskredit + letzte Rate) : 2 = (250.000,00 + 50.000,00) : 2
oder: (250.000,00 + 200.000,00 + 150.000,00 + 100.000,00 + 50.000,00) : 5 = 150.000,00

b) **0,30 %** Betriebskosten in % = 450 x 100 : 150.000

c) **5,4 %**

Alternativzinssatz für Anlagen am GKM	4,00 %
+ Betriebskostensatz	0,30 %
+ Eigenkapitalkostensatz	0,60 %
+ Risikokostensatz	0,50 %
Preisuntergrenze Aktivprodukt in %	5,40 %

Die Mindestgewinnmarge wird nach der IHK-Formelsammlung nicht in die Berechnung der Preisuntergrenze einbezogen!

d) **2,60 %**
Berechneter Sollzinssatz 8 % - Preisuntergrenze 5,40 %

Aufgabe C-29

D

A: Der Alternativzinssatz wäre hier relevant.

B: Die Kapitalbeschaffung wird bei der Marktzinsmethode beim Kreditgeschäft (= Kapitalanlage) nicht berücksichtigt.

C: Begründung wie B, zudem werden die Kosten addiert.

E: Der Zinssatz muss über dem Alternativsatz liegen, damit Risikokosten, Eigenkapitalkosten und (direkt zurechenbare) Bearbeitungskosten daraus gedeckt werden können.

Aufgabe C-30

1,44 % Eigenkapitalkostensatz
Auf je 100 EUR Kredit müssen 8 EUR Eigenkapital hinterlegt werden. Diese 8 EUR sollen mit 18 % verzinst werden.
18 % von 8 = 8 : 100 x 18

Aufgabe C-31

a) **2,55 %**

Zinserlöse	10,00 %
- Alternativzinsen für Anlage am GKM	6,00 %
= Deckungsbeitrag I (Zinsüberschuss, Zins-Konditionenbeitrag)	4,00 %
+ Direkt zurechenbare Provisionserlöse	
- Direkt zurechenbare Betriebskosten	0,45 %
= Deckungsbeitrag II (Netto-Konditionenbeitrag)	3,55 %
- Risikokosten	0,40 %
- Eigenkapitalkosten	0,60 %
= Deckungsbeitrag III (Beitrag zum Betriebsergebnis)	**2,55 %**

b) **0,65 %**

Alternativzinsen für Beschaffung am GKM	3,50 %
- Zinskosten	2,50 %
= Deckungsbeitrag I (Zinsüberschuss, Zins-Konditionenbeitrag)	1,00 %
+ Direkt zurechenbare Provisionserlöse	
- Direkt zurechenbare Betriebskosten	0,35 %
= Deckungsbeitrag II (Netto-Konditionenbeitrag)	**0,65 %**
= Deckungsbeitrag III (Beitrag zum Betriebsergebnis)	**0,65 %**

Aufgabe C-32

a) **10,00 EUR** 0,5 % von 2.000 EUR

b) **8,00 EUR** 0,4 % von 2.000 EUR

c) **212,50 EUR**

d) **196,50 EUR**

Ermittlung des Deckungsbeitrages für die Geschäftsbeziehung

Konditionsbeiträge der Aktivgeschäfte	13,00 % - 5 % = 8 %	auf 2.000,00 EUR	160,00
+ Konditionsbeiträge der Passivgeschäfte	3,25 % - 1,5 % = 1,75 %	auf 3.000,00 EUR	52,50
= Deckungsbeitrag I			212,50
+ direkt zurechenbare Provisionserlöse KK			60,00
- direkt zurechenbare Betriebskosten KK			35,00
- direkt zurechenbare Betriebskosten Spar		8,00 + 15,00	23,00
= Deckungsbeitrag II			214,50
- Risikokosten	0,40 %		8,00
- Eigenkapitalkosten	0,50 %		10,00
= Deckungsbeitrag III (= Beitrag zum Betriebsergebnis)			196,50

d) Gesamtbetriebskalkulation

Aufgabe C-33

a) **390 Mio. EUR**

Zinsüberschuss	967
+ Provisionsüberschuss	169
- Verwaltungsaufwand	746
Teilbetriebsergebnis in Mio. EUR	390

b) **455 Mio. EUR**

Teilbetriebsergebnis in Mio. EUR	390
+ Handelsergebnis	79
- Bewertungsaufwand	14
das Betriebsergebnis in Mio. EUR	455

c) **1,66 %**

Bruttobedarfsspanne = Verwaltungsaufwand in % von der Bilanzsumme = 746 x 100 : 45.000

Aufgabe C-34

a) **41 Mio. EUR**

b) **30 Mio. EUR**

+ Zinserträge	530	
- Zinsaufwendungen	425	
= Zinsüberschuss		+ 105
+ Provisionserträge	180	
- Provisionsaufwendungen	53	
= Provisionsüberschuss		+ 127
- Personalaufwand	106	
- Andere Verwaltungsaufwendungen	64	
- Abschreibungen auf Sachanlagen	21	
= Verwaltungsaufwand		- 191
Teilbetriebsergebnis in Mio. EUR		**+ 41**
+ Nettoertrag aus Finanzgeschäften		+ 14
+ Sonstige betriebliche Erträge	32	
- Sonstige betriebliche Aufwendungen	15	
= Saldo der sonst. betrieblichen Aufwendungen und Erträge		+ 17
- Abschreibungen auf Forderungen und Wertpapiere		- 42
= Betriebsergebnis in Mio. EUR	41+14+17-42	**+ 30**
Bruttozinsspanne	105 x 100 : 5000	**2,10 %**
Bruttobedarfsspanne	siehe unten	**3,82 %**
Nettogewinnspanne	30 x 100 : 5000	**0,60 %**

c) **2,1 %**   Zinsüberschuss in % von der Bilanzsumme = 105 x 100 : 5.000

d) **3,82 %**

Bruttobedarfsspanne = Personalaufwand + Sachaufwandsspanne (andere Verwaltungsaufwendungen + Abschreibung auf Sachanlagen) in Prozent der Bilanzsumme = (106 + 64 + 21) x 100 : 5.000

Die Berechnung der einzelnen Größen braucht man nicht auswendig zu lernen. Sie ist bei der IHK-Prüfung der Formelsammlung zu entnehmen, die dem Prüfling während der gesamten Prüfung zur Verfügung steht! (siehe Infopool!)

e) **0,6 %** Betriebsergebnis in Prozent von der Bilanzsumme

D   Bank- und Wirtschaftsrechnen

1   Dreisatz

Aufgabe D-1

a) Für 800,00 EUR erhält der Kunde 956,72 USD.
    Für 1 EUR erhält der Kunde 956,72 : 800 = 1,1959 USD
    Für 1.300,00 EUR erhält der Kunde x USD.
    Für 1.300,00 EUR erhält der Kunde 1,1959 x 1.300,00 =   **1.554,67 USD**

b) 24 Azubis benötigen 28 Tage.
    28 Azubis benötigen x Tage.
    1 Azubi benötigt 24 x 28 = 672 Tage.
    28 Azubis benötigen 672 : 28 =   **24 Tage**

c) 90 KEA zu 8 Minuten in 3 Stunden von 4 Kundenberatern
    80 KEA zu 6 Minuten in 4 Stunden von x Kundenberatern
    (4 x 80 x 6 x 3) : (90 x 8 x 4) =   **2 Kundenberater**
    2 Kundenberater können für andere Tätigkeiten herangezogen werden.

d) 5.600 Kunden mit   14 Mitarbeitern
    1 Kunde mit   14 : 5600 Mitarbeitern
    1200 Kunden mit   14 : 5600 x 1200 Mitarbeitern   **3 Mitarbeiter**

e) 1 Euro =   1,2364 USD
    7.380 Euro =   7380 x 1,2364 USD   **9.124,63 USD**

f) 18 Sek. kosten   22.230 EUR
    1 Sek. kostet   22.230 : 18
    14 Sek. kosten   22230 : 18 x 14   **17.290,00 EUR**

g) 110,580 Yen   1 USD
    1 Yen   1 : 110,580
    3.075.200 Yen   1 : 110,580 x 3.075.200   27.809,72 USD
    1,2364 USD   1 EUR
    1 USD   1 : 1,2364 EUR
    27.809,72 USD   entsprechen 1 : 1,2364 x 27.809,72 EUR =   **22.492,49 EUR**

2   Prozentrechnen

Aufgabe D-2

	Berichtsjahr	Lösungen
Summe der gewährten Kredite	1.278,9 Mio. EUR	
davon entfielen auf:		
Wechselkredite	14,0 %	**179.046.000,00 EUR**
Kredite an Kreditinstitute	3,2 %	**40.924.800,00 EUR**
Forderungen an Kunden	82,8 %	**1.058.929.200,00 EUR**

Aufgabe D-3

a) Erhöhung der Bilanzsumme von **19.695,7 Mio. EUR um 12,2 %**

b) Gesamtverbindlichkeiten der Bank **20.675,2 Mio. EUR**

c) Betrag der angekauften Wechsel, die sich am Bilanzstichtag im Bestand der Bank befinden
   3.089,9925 Mio. EUR

Aufgabe D-4

a) Eigenkapital vor vier Jahren   4.115.959,00 EUR
b) Eigenkapital am Ende des abgelaufenen Geschäftsjahres   4.595.808,00 EUR

Aufgabe D-5

a) Steigerung der Bilanzsumme gegenüber dem Vorjahr   8,6 %
b) Erhöhung des Eigenkapitals   8,6 %
c) Anteil des Eigenkapitals an der Bilanzsumme dieses Jahres   5,0 %

Aufgabe D-6

Verbindlichkeiten gegenüber Kreditinstituten zu Beginn des Jahres   450 Mio. EUR

Aufgabe D-7

Erhöhung der Forderungen der *Nordbank AG* an Kunden   26,5 %

Aufgabe D-8

a) Barreserve des Kreditinstituts   8.100.000,00 EUR
b) Bilanzsumme des Kreditinstituts   112.500.000,00 EUR

3   Zinsrechnen

Aufgabe D-9

a) p = Z x 100 x 360 : K : t = 6569,44 x 100 x 360 : 5000000 : 11 = **4,30 %**
b) t = Z x 100 x 360 : K : p = 302,40 x 100 x 360 : 16800 : 9 = 72 72 Tage ==> **06.06.20..**
c) K = Z x 100 x 366 : t : p = 869,25 x 100 x 365 : 245 : 7 = **18.500,07 EUR**
d) K + Z = 23495,60 p für 360 Tage = 8 <==> p für 168 Tage = 8 : 360 x 168 = 3,73333 %
    103,73 % <==> 23.495,60
    100 % <==> 23.495,60 : 103,73333 x 100 = **22.650,01 EUR**

4   Abrechnung von Kontokorrentkonten und Festgeldkonten

Aufgabe D-10

Wert	Betrag	Tage	genehmigter Kredit	Zinszahlen nicht genehmigter.Kredit	Guthaben
31.12.09	12.000,00	7			840
07.01.10	-7.000,00				
	5.000,00	35			1750
12.02.10	-4.000,00				
	1.000,00	35			350
17.03.10	-8.000,00				
	-7.000,00	3			
20.03.10	9.000,00			210	
	2.000,00	10			200
31.03.10	-15,64				
	1.984,36	90		210	3.140

Abrechnung vom 31.12.09 bis 31.03.10	Soll	Haben
9 % Sollzinsen für genehmigte Kredite		
12 % Sollzinsen für nicht genehmigte Kredite	7,00	
0,5 % Habenzinsen ab 0 EUR		4,36
Kreditlimit 0 EUR		
0,25 EUR Kontoführungsgebühr je Buchungsposten	1,00	
4,00 EUR Kontoführungsgrundgebühr je Monat	12,00	
Sonstiges	0,00	
Summe	20,00	4,36
- Habenzinsen	4,36	-
= Saldo	15,64	

Aufgabe D-11

Folgendes Kontokorrentkonto ist zum 31.12. abzurechnen!

Wert	Betrag	Tage	Zinszahlen genehmigter Kredit	nicht genehmigter Kredit	Guthaben
30.09.	-6.430,00	4	200	57	
04.10.	8.700,00				
	2.270,00	5			
09.10.	13.420,00				
	15.690,00	34			1935
13.11.	-20.000,00				
	-4.310,00	2		86	
15.11.	-3.680,00				
	-7.990,00	36	1800	1076	
21.12.	6.400,00				
	-1.590,00	7	111		
28.12.	-2.160,00				
	-3.750,00	2	75		
31.12.	-141,00				
	-3.891,00	90	2272	1133	1935

Abrechnung vom 30.09. bis 31.12.		Soll	Haben
12,50 % Sollzinsen für genehmigte Kredite		78,89	
16,50 % Sollzinsen für nicht genehmigte Kredite		51,93	
Kreditlimit 5.000,00 EUR			
0,50 % Habenzinsen ab 10.000,00 EUR			2,69
0,25 EUR Kontoführungsgeführ je Buchungsposten		1,50	
1,50 EUR Kontoführungsgrundgebühr je Monat		4,50	
Sonstiges		6,87	
Summe		143,69	2,69
- Haben-		2,69	
Saldo		141,00	

Aufgabe D-12

a)

	3 % Zinsen für Festgeld 30 Tage	500,00 EUR
+	0,5 % Zinsen für Sichteinlage 10 Tage *)	27,78 EUR
=	Zwischensumme	527,78 EUR
-	25 % Abgeltungsteuer auf 527,78 EUR	131,94 EUR
-	5,5 % Solidaritätszuschlag	78,25 EUR
=	Summe Steuern	**139,19 EUR**

b)

	Zinsertrag für 30 Tage	360,00 EUR
-	25 % Abgeltungsteuer	90,00 EUR
-	5,5 % Solidaritätszuschlag	4,95 EUR
	Nettozinsertrag	**265,05 EUR**

c)

2 % p.a. für 90 Tage = 0,5 % =	36,90 EUR
100 % entsprechen 36,90 EUR x 200 =	7.380,00 EUR
102,5 % = ursprünglicher Anlagebetrag zuzüglich Zinsen für 1 Jahr	7.380,00 EUR
1 % entsprechen 7.380 : 102,5 =	72,00 EUR
100 % = ursprünglicher Anlagebetrag =	7.200,00 EUR

5   Abrechnung von Sparkonten und Sparbriefen

Aufgabe D-13

a) 14.000 : 1,231347 = **11.369,66 EUR**

b)

Bruttozinsertrag	2.630,34 EUR
25 % Abgeltungsteuer	657,58 EUR
5,5 % Solidaritätszuschlag	36,16 EUR
Zinsgutschrift	1.936,60 EUR
Gutschriftsbetrag 11.369,66 EUR + 1.936,60 EUR	**13.306,26 EUR**

c)

Anlagebetrag	13.306,26 EUR
Rückzahlungsbetrag 13.306,26 EUR x 1,321065	**17.578,43 EUR**

Aufgabe D-14

a) **244** Tage, vom 24.03. einschließlich bis zum 27.11. einschließlich (je Monat 30 Tage)

b1)

Kontoguthaben am 31.12.	6.200,00 EUR
Habenzinsen	118,30 EUR
./. Vorfälligkeitsentgelt	5,82 EUR
Zinsen für 2009	112,48 EUR
24,45 % Abgeltungsteuer auf 112,48 EUR	**27,50 EUR**

c) **2.000,00 EUR**

2.000,00 EUR sind mit Vorschusszinsen zu berechnen. Die Zinsen für 2010 sind bis Ende Februar 2011 vorschusszinsfrei auszuzahlen. 2.000,00 EUR sind pro Monat für den Kunden vorschusszinsfrei.

d)

Einzahlung	5.000,00 EUR
+ Zinsen am 31.12.2010 4 %	83,33 EUR
Neues Guthaben	5.083,33 EUR
+ Zinsen für 7 Monate in 2011 zu 4 %	79,43 EUR
+ Zinsen für 5 Monate in 2011 zu 3,75 %	33,74 EUR
Neues Guthaben am 31.12.2011	5.281,37 EUR
Summe Zinsen für 2011	**198,04 EUR**

Aufgabe D-15

	2 % Zinsen p.a. vom 31.12. bis 30.06. auf 10.000 EUR für 180 Tage	100,00 EUR
-	2 % p.a. Zinsen vom 30.06. bis 31.12. auf 8.000 EUR für 180 Tage	80,00 EUR
=	Summe	180,00 EUR
-	Vorfälligkeitsentgelt 2,5 Promille auf 2.000 EUR	5,00 EUR
=	Zinsertrag für 2010	175,00 EUR
-	25 % Abgeltungsteuer auf 175 EUR	43,75 EUR
-	5,5 % Solidaritätszuschlag auf 43,75 EUR	2,40 EUR
	Summe Steuern	**46,15 EUR**

Anmerkung: Bei der Berechnung von Steuern wird grundsätzlich auf Cent abgerundet. So wird also beim Solidaritätszuschlag von 2,40625 auf 2,40 EUR abgerundet.

Aufgabe D-16

B

A: Da die Kündigungsfrist am 18.07.2010 abläuft, kann Frau Renne bereits ab 19.07.2010 vorschusszinsfrei verfügen (Siehe Lösung B).

C: Bei der 12-monatigen Kündigungsfrist gibt es keinen Freibetrag.

D: Da die neu vereinbarte Kündigungsfrist länger als die bisher vereinbarte ist, werden keine Vorschusszinsen berechnet.

E: Der neue Vertrag beginnt am 18.07.2009 und endet am 18.07.2010.

Aufgabe D-17

3,75 EUR

Alternative A: 2,5 Promille von 3.000 EUR (= 5.000,00 – 2.000,00 Freibetrag) = 7,50 EUR

Alternative B: (90-Tage-Methode)

	Ungekündigter Betrag	5.000,00 EUR
-	Freibetrag	2.000,00 EUR
	Frei in 90 Tagen	3.000,00 EUR
	Vorschusszinsen 3000 EUR für 90 Tage zu 0,5 % Zinsen (2 % : 4)	**3,75 EUR**

Der Unterschiedsbetrag beträgt 7,50 – 3,75 = 3,75 EUR.

Aufgabe D-18

E: Vgl. § 21 Abs. 4 RechKredV

A: Die Vereinbarung einer Kündigungssperrfrist ist in § 21 Abs. 4 RechKredV nicht vorgesehen.

B: Die Höhe des Zinssatzes kann sich nach den Bedingungen des Kreditinstituts richten und ist als Voraussetzung in § 21 Abs. 4 RechKredV nicht vorgesehen.

C: Ein Mindestanlagebetrag wird in in § 21 Abs. 4 RechKredV nicht gefordert.

D: Rückzahlung vor Fälligkeit ist grundsätzlich nicht gestattet. Ausnahmen sind der Freibetrag von 2000,00 EUR bei dreimonatiger Kündigungsfrist und bei Vorschusszinsberechnung.

Aufgabe D-19

72,00 EUR

3 % auf 2.400,00 EUR Sparleistung im 3. Jahr = 72,00 EUR

Aufgabe D-20

	Prämien	72,00 EUR
-	25 % Abgeltungsteuer auf 72,00 EUR	18,00 EUR
-	5,5 % Solidaritätszuschlag auf 21,60 EUR	0,99 EUR
	Gutschrift	**53,01 EUR**

Bei der Berechnung von Steuern wird grundsätzlich auf Cent abgerundet. So wird also beim Solidaritätszuschlag von 1,188 auf 1,18 EUR abgerundet.

Aufgabe D-21

Kennbuchstabe	A
Konto	3

Aufgabe D-22

402,44 EUR

Anlagebetrag 31.01.2009	10.000,00 EUR
Zinsen für 2009 : 330 Tage 3 %	275,00 EUR
Kapital am 31.12.2009	10.275,00 EUR
Zinsen für 2010 : 30 Tage 3 %	25,69 EUR
Zinsen für 2010 : 330 Tage 4 %	376,75 EUR
Summe der Zinsen für 2010	402,44 EUR

Aufgabe D-23

D

Beginn der Kündigungssperrfrist	31.01.2009
Ende der Kündigungssperrfrist	31.01.2010
erste Kündigung möglich zum	30.04.2010
früheste Abhebung	**03.05.2010**, da das der erste Werktag im Mai 2010 ist.

Aufgabe D-24

150 Tage

Fälligkeit des Sparbetrages	26.11.
Verfügung	26.08.
vorzeitige Verfügung in Monaten	3

Aufgabe D-25

	Anlagebetrag	Rückzahlungsbetrag
Sparbrief Typ A	25.000,00 EUR	25.000 x 1,231347 = 30.783,68 EUR
Sparbrief Typ N	25.000 : 1,231347 = 20.302,97 EUR	25.000,00 EUR
a) Summe	45.302,97 EUR	55.783,97 EUR
Rückzahlungsbetrag nach 5 Jahren	55.783,68 EUR	
davon Zinsen Typ A	5.783,68 EUR	
davon Zinsen Typ N	4.697,03 EUR	
Zinsen für 5 Jahre	10.480,71 EUR	
- 25 % Abgeltungsteuer	2.620,17 EUR	
- 5,5 % Solidaritätszuschlag	144,10 EUR	
Zinsen nach Steuern	7.716,44 EUR	
b) Gutschriftsbetrag 45.302,97 EUR + 7.716,44 EUR	53.019,41 EUR	

6 Renditeberechnung und Effektivverzinsung

Aufgabe D-26

a) Effektivzinsformel:
$$\frac{\left[Pnom + \left(\dfrac{Rk - Ek}{J}\right)\right] \bullet 100}{Ek} = Peff$$

$$Peff = (5,5 + (100 - 104,56) : 10)) \times 100 : 104,56$$
$$Peff = (5,5 - 0,456) \times 100 : 104,56 = 4,824\ \%$$

b) Ermittlung des Erwerbskurses:
$$\frac{(Pnom \bullet J) + Rk}{\left(\dfrac{Peff \bullet J}{100}\right) + 1} = Ek$$

$$Ek = ((5,5 \times 7) + 100) : ((8 \times 7 : 100) + 1)$$
$$EK = (38,5 + 100) : (0,56 + 1) = 88,7820\ \%$$

c) Peff = (4,625 + (100 − 97,50) : 6)) x 100 : 97,50
   Peff = (4,625 + 0,417) x 100 : 97,50 = **5,171 %**

Aufgabe D-27

a) Anlagebetrag = (10.000 x 101,41) : 100 = 10.141,00 EUR
b) Restlaufzeit vom 27.01.2007 einschl. bis zum 30.09.2012

Für 2007	339
Für 2008	366
Für 2009	365
Für 2010	365
Für 2011	365
Für 2012	274
Gesamte Laufzeit in Tagen	2.074 Tage

Effektivzinsformel:
$$\frac{\left[Pnom + \left(\dfrac{Rk - Ek}{J}\right)\right] \bullet 100}{Ek} = Peff$$

J = Restlaufzeit in Tagen : 365 Tage

Peff= (4,5 + ((100 − 101,41) : (2074 : 365)) x 100) : 101,41 = (4,5 − 0,248) x 100 : 101,41 = **4,1929 %**

7 Besteuerung von Wertpapieren

Aufgabe D-28

Zinsertrag 1 % von 27.500 EUR	275,00 EUR
- Freistellungsbetrag	100,00 EUR
Zwischensumme	175,00 EUR
- 25 % Abgeltungsteuer	43,75 EUR
- 5,5 % SolZ	2,40 EUR
= Zwischensumme	128,85 EUR
+ Freistellungsbetrag	100,00 EUR
= Gutschriftsbetrag	**228,85 EUR**

Aufgabe D-29

Zinsertrag brutto	510,00 EUR
- 25 % Abgeltungsteuer	127,50 EUR
- 5,5 % SolZ	7,01 EUR
= Gutschrift auf dem Konto	**375,49 EUR**

Bei Wandelanleihen inländischer Emittenten unterliegen die Zinsen der Kapitalertragsteuer nach § 43 Abs. 1 Nr. 2 EStG in Höhe von 25 %.

Aufgabe D-30

C und **E**

Die Kirchensteuer fällt an, wenn der Kunde die Bank ausdrücklich auf die Religionszugehörigkeit hingewiesen hat.

Aufgabe D-31

4,006 % Zinsen für 15.000 EUR	600,90 EUR
- 24,45 % Abgeltungsteuer	146,92 EUR
- 5,5 % SolZ	8,08 EUR
- 9 % Kirchensteuer auf die Abgeltungsteuer	13,22 EUR
a) Gutschriftsbetrag	**432,68 EUR**
b) Steuerbescheinigung über	**168,22 EUR**

Bei Genussscheinen inländischer Emittenten unterliegen die Zinsen der Kapitalertragsteuer nach § 43 Abs. 1 Nr. 2 EstG in Höhe von 25 % und dem Solidaritätszuschlag in Höhe von 5,5 % auf die Kapitalertragsteuer.

Aufgabe D-32

Bruttozinsertrag	1.293,75 EUR
- Freistellungsbetrag	225,50 EUR
= Zwischensumme	1.068,25 EUR
- 24,51 % Abgeltungsteuer	261,82 EUR
- 5,5 % SolZ	14,40 EUR
- 8 % Kirchensteuer	20,94 EUR
Zwischensumme	771,09 EUR
+ Freistellungsbetrag	225,50 EUR
= Kontogutschrift	**996,59 EUR**

Aufgabe D-33

Zinsertrag Allianz	687,50 EUR
Zinsertrag Pongs & Zahn	750,00 EUR
Bruttozinsertrag	1.437,50 EUR
- Freistellungsbetrag	500,00 EUR
= Zwischensumme	937,50 EUR
- 25 % Abgeltungsteuer	234,37 EUR
- 5,5 % SolZ	12,89 EUR
= Zwischensumme	690,24 EUR
+ Freistellungsbetrag	500,00 EUR
= Gutschriftsbetrag	**1.190,24 EUR**

Aufgabe D-34

a) Gutschrift ohne FSB

Bardividende 0,80 EUR je Aktie x 400	320,00 EUR
- 25 % Abgeltungsteuer	80,00 EUR
- 5,5 % SolZ	4,40 EUR
= Gutschriftsbetrag	**235,60 EUR**

b) Gutschrift mit FSB über 100,00 EUR

Bardividende 0,80 EUR je Aktie x 400	320,00 EUR
- Freistellungsbetrag	100,00 EUR
= Zwischensumme	220,00 EUR
- 25 % Abgeltungsteuer	55,00 EUR
- 5,5 % SolZ	3,02 EUR
= Zwischensumme	161,98 EUR
+ Freistellungsbetrag	100,00 EUR
= Gutschriftsbetrag	**261,98 EUR**

Aufgabe D-35

a)

500 Stück Bezugsrechte x 2,82 EUR	1.410,00 EUR
./. Provision	14,00 EUR
./. Courtage	2,50 EUR
Zwischensumme	1.393,50 EUR
./. 25 % Abgeltungsteuer	348,37 EUR
./. 5,5 % SolZ	19,16 EUR
Gutschrift	**1.025,97 EUR**

b) **07.12.2009** (Montag)

c) Letzter Handelstag ist der **08.12.2009**. An diesem Tag werden die Bezugsrechte spätestens bestmöglichst verkauft.

d) Letzter Ausübungstag ist der **10.12.2009**.

e) **80 junge Aktien**. Bezugsverhältnis 24 : 4. Für 25 Bezugsrechte erhält der Aktionär 4 junge Aktien. Bei einem Depotbestand von 500 Aktien können 80 junge Aktien (500 : 25 x 4) bezogen werden.

8 Wertpapierabrechnung und Verpfändung von Wertpapieren

Aufgabe D-36

a1)	0,75 % von 17,50 EUR	0,13125
	Ermittlung der Stückzahl der Nordex-Aktien bei einer Mindestprovision von 20 EUR = 20 : 0,13125	152,38 = **153 Aktien**
	Probe: 17,50 x 153	2.677,50 EUR
	0,75 % von 2.677,50 =	20,08 EUR
a2)	Kurswert 200 x 17,50 =	3.500,00 EUR
	+ 0,75 % Provision	26,25 EUR
	+ 0,8 Promille vom Kurswert	2,80 EUR
	Belastungsbetrag	**3.529,05 EUR**

b) 80 % von 103 % = **82,4 %**

30.000 : 82,4 x 100 = 36.407,77 EUR (aufgerundet 36.500 EUR)

9 Stückzinsberechnung

Aufgabe D-37

Aus den Angaben über die Laufzeit ist erkennbar, dass das 5,50 %ige Papier die Bundesanleihe (Ausgabe 1999, Rückzahlung 2030) und das 4,25 %ige Papier die Bundesobligation (Rückzahlung 2012) sein muss.

a) 14. **September 2010**

b)

Zinsen für 216 Tage vom 10.02. bis 13.09.	10.000 x 216 x 4,25 : 36.500	239,86 EUR
- 25 % Abgeltungsteuer	239,86 EUR x 0,25	59,79 EUR
- 5,5 % SolZ	59,79 EUR x 0,055	3,28 EUR
= Nettozinsgutschrift		**176,79 EUR**

c1) **Geldvaluta ist der 30.09.2010**
c2) **Zinsvaluta ist der 29.09.2010**

d)

1. Zinsgutschrift am 04.01.2010 für 365 Tage vom 04.01.2009 einschl. bis 03.01.2010 einschl.	10.000 x 365 x 5,5 : 36.500	550,00 EUR
- Freistellungsbetrag		500,00 EUR
= Zwischensumme		50,00 EUR
- 25 % Abgeltungsteuer		12,50 EUR
- 5,5 % SolZ		0,68 EUR
= Zwischensumme		36,82 EUR
+ Freistellungsbetrag		500,00 EUR
= 1. Zinsgutschrift		**536,82 EUR**
2. Zinsgutschrift bei Verkauf am 28.09.2010 vom 04.01.2010 einschl. bis 29.09.2010 einschl. = 269 Tage	10.000 x 269 x 5,5 : 36.500	405,34 EUR
- 25 % Abgeltungsteuer		101,33 EUR
- 5,5 % SolZ		5,57 EUR
= 2. Zinsgutschrift		**298,44 EUR**
Zinseinnahmen brutto	550,00 + 405,34	955,34 EUR
Zinseinnahmen netto	536,82 + 298,44	835,26 EUR

Aufgabe D-38

a) Mittwoch, 12.05.2010

b)

Stückzinsen für 76 Tage auf nominal 20.000 EUR 4,25 %	
20.000 x 76 x 4,25 : 36500	**176,99 EUR**

Aufgabe D-39

Kurswert	15.067,50 EUR
+ Stückzinsen für 58 Tage (21.03.2009 einschl. bis 17.05.2009 einschl.) 15.000 x 6 x 58 : 36.500	143,01 EUR
+ 0,5 Prozent Provision vom Kurswert	75,34 EUR
+ 0,75 Promille Courtage vom Nennwert	11,25 EUR
= Belastung Wert 18.05.2009 (Montag)	**15.297,10 EUR**

10   Rechnen mit Bezugsrechten

Aufgabe D-40

a1) 5 : 1 (80.000:16.000)

a2) 54,00 EUR (324:6)

a3) 615 Berichtigungsaktien (3078 : 5)

a4) 3 Teilrechte

a5) 2 Teilrechte zu je 54,50 EUR   109,00 EUR
    + Gebühren   15,00 EUR
    Erwerbskosten   124,00 EUR

b1) 4 : 1 (52 : 13 = 4 : 1)

b2) Vorlage von Bezugsscheinen, z. B. Dividendenschein Nr. ...

b3) 16,60 (83 : 5)

b4) 162 Berichtigungsaktien (650 : 4)

b5) Verkauf von 2 Teilrechten oder Zukauf von zwei Teilrechten im Wert von 33,20 EUR

Aufgabe D-41

a.1.1) 65 : 13 = 5 : 1
a.1.2) (83 – 50) : (5 + 1) = 5,50 EUR
a.2)   Gleich am ersten Tag des Bezugsrechtshandels am 13.05.
a.3.1)

Verkauf von 500 Bezugsrechten 500 x 5,5	2.750,00 EUR
- 25 % Abgeltungsteuer	687,50 EUR
- 5,5 % SolZ	37,81 EUR
Gutschrift	**2.024,69 EUR**

a.3.2) Erwerb von 100 jungen Aktien durch Einlösung von 500 Bezugsrechten: 5.000,00 EUR
a.3.3) Er zahlt für 35 Aktien je 50 EUR   1.750,00 EUR
        Er verkauft 325 (= 500 – 175) Bezugsrechte zu 5,50 EUR1.787,50 EUR
        Er erhält insgesamt noch eine Gutschrift von   37,50 EUR
        35 junge Aktien (500 : ((50 : 5,5) + 5 BR)) = 500 : 14,09 = 35,49, also 35 junge Aktien
b1)   12 : 1
        Bezugsverhältnis = Altes Grundkapital : Kapitalerhöhung
        Bezugsverhältnis = 12 : 1
b2)   1,08
        Formel: Bezugsrechtspreis = ((Kurs der alten Aktie – (Kurs der jungen Aktie + Dividendennach-
        teil)) : (Bezugsverhältnis + 1) = ((38 – (23 + 1)) : (12 + 1)

Aufgabe D-42

a) 5 : 1
b) 5,50 EUR (83,60 – 50 – 0,60) : (5 + 1)

11   Investmentrechnen

Aufgabe D-43

a) Inventarvermögen

	Kurswert in EUR
20.000 BASF-Aktien x 25,20	504.000,00
20.000 RWE-Aktien x 30,10	602.000,00
10.000 MAN-Aktien x 40,50	405.000,00
90.000 weitere Aktien	5.841.000,00
Bankguthaben	300.000,00
Inventarwert	7.652.000,00
Anteilwert bei 200.000 Anteilen im Umlauf	38,26

b) 39,50 EUR (b = 38,26 x 1,03 aufgerundet auf volle 0,10 EUR)

c) 38,10 EUR (c = 38,26 x 0,997 aufgerundet auf volle 0,10 EUR)

12   Wertpapiere mit Sonderrechten und Dax-Futures

Aufgabe D-44

a1.1) (43,00 – 30,00) : 1/5 = 13,00 x 5 = 65,00 EUR

a1.2) (79 : 5) + 30 – 43 = 2,80 EUR

a1.3) 79 – 65 = 14 EUR

a1.4) Hebel = 43 : (79 x 1/5) = 43 : 15,80 = 2,72

a2) Der Hebel von 2,72 bedeutet, dass eine Veränderung des Basiswertes um eine Einheit eine Veränderung des Optionsscheinwertes um 2,72 Einheiten zur Folge hat.

a3) *Alternative 1:* Verkauf der Optionsscheine

Kauf von 200 Stück der Aktien an der Börse zu 43 EUR	8.600,00 EUR
- Verkaufserlös der Optionsscheine zu 79 EUR x 40 Stück	3.160,00 EUR
Investitionsbetrag	5.440,00 EUR

Alternative 2:

Bezug der jungen Aktien 200 x 30 EUR = 6.000,00 EUR

Entscheidung: Verkauf der Optionsscheine an der Börse, da geringerer Investitonsbetrag.

Alternativer Rechenweg:

Berechnung des „fairen Wertes" der *Nordbank*-Aktie:

= Preis des Basiswertes + (Optionsscheinpreis x Bezugsverhältnis)

= 30 + (79 x 1/5) = 30 + 15,80 = 45,80 EUR

Interpretation: Solange der Aktienkurs der *Nordbank*-Aktie unterhalb des fairen Wertes der Aktie liegt, sollte Herr Renne seine Optionsscheine verkaufen und an der Börse *Nordbank*-Aktien beziehen.

b1) 10.000.000,00 EUR (5 Mio. Optionsscheine zu je 2,00 EUR je Stück)

b2) über 76,00 EUR (60,00 EUR Basispreis zuzüglich Preis der 8 Optionsscheine zu je 2,00 EUR)

b3.1) 2,25 EUR (78,00 – 60,00 = 18,00 : 8 = 2,25)

b3.2) 0,70 EUR ((8 x 2,95 + 60) – 78 = 5,60 : 8 = 0,70)

b3.3) 3,3 (78 : (2,95 x 8))

b4) 5.000 Optionsscheine kosten 5.000 x 3,20 = 16.000 EUR. Sie berechtigen zum Bezug von 625 Aktien.

b.4.1) Optionsrecht ausüben, um den Verlust zu minimieren, statt 16.000 EUR Verlust entstehen nur 2.000 EUR Verlust.

625 x 60,00 = 37.500 + 16.000 = 53.500 EUR Einstandspreis

625 x 82,00 = 51.250 EUR Verkaufserlös

Differenz = 2.250 EUR Verlust.

b.4.2) Optionsscheine verkaufen: 16.000 - 500 = 15.500 EUR Verlust statt 16.000 EUR Verlust b.4.3) Optionsscheine verkaufen:

5.000 x 5,75 - 16.000 = 12.750 EUR Gewinn statt 11.500 EUR Gewinn bei Ausübung der Option.

Ausübung der Option und anschließender Verkauf:

625 x 60 + 16.000 = 53.500 EUR Einstandpreis

625 x 104 = 65.000 EUR Verkaufserlös

Differenz = 11.500 EUR Gewinn

Aufgabe D-45

a)

Gewinn: -

Verlust: **18.075,00 EUR**

Rechenweg:

5.973 – 5.250 = 723

723 x 25 = 18.075 EUR

b)

Gewinn: **23.250,00 EUR**

Verlust: -

Rechenweg:

6.180 – 5.250 = 930

930 x 25 = 23.250,00 EUR

13 Stückzinstopfberechnung

Aufgabe D-46

Datum des Kaufs/ Verkaufs oder der Zinsgutschrift	Betrag in EUR für Zinsen/ Stückzinsen + -	Bemessungs- grundlage für Abgeltungsteuer in EUR	Gezahlte Stückzinsen in EUR	Verrechnete Stückzinsen in EUR
01.02.	- 70,00		70,00	
01.03.	+ 480,00	410,00		70,00
01.04.	- 90,00		90,00	
16.04.	- 70,00		70,00	
01.06.	+ 75,00			75,00
01.07.	+ 300,00	215,00		85,00
01.08.	+ 100,00	100,00		
01.11.	- 540,00		540,00	
31.12.	Ende des Stückzinsverrechnungszeit- raumes (Stückzinstopf)		**540,00**	**230,00**

a) **230,00 EUR** (70,00 EUR + 90,00 EUR + 70,00 EUR)

b) **725,00 EUR** (410,00 EUR + 215,00 EUR + 100,00 EUR)

c) **185,00 EUR** (955,00 EUR vereinnahmte Zinsen – 230,00 EUR verrechnete Stückzinsen - 540,00 EUR gezahlte Stückzinsen)

Herr Bühl hat insgesamt 770,00 EUR an Stückzinsen bezahlt und 955,00 EUR an Zinsen erhalten. 230,00 EUR der gezahlten Stückzinsen wurden bereits mit den erhaltenen Zinsen verrechnet, sein FSA wurde mit 725,00 EUR belastet.

Herr Bühl kann damit im Rahmen seiner Einkommensteuererklärung noch 540,00 EUR an gezahlten Stückzinsen angeben, die dann mit seiner gezahlten Abgeltungsteuer verrechnet werden, sodass letzt- endlich 185,00 EUR seiner Einkünfte aus Kapitalvermögen steuerpflichtig sind.

14 Rechnen im Kreditgeschäft

a) Konsumentendarlehen

Aufgabe D-47

a) 64 Monate
   15.000 x 0,40 : 100 = 60,00 EUR Zinsanteil
   300 - 60 = 240 EUR stehen für die Tilgung zur Verfügung
   15.000 + 300 = 15.300 : 240 = 63,75, aufgerundet 64 Monate

b) 15.000 + 300 + 0,4 x 150 x 64 = 19.140 : 64 = 299,06
   Rate 1: 240,00 EUR
   Rate 2 bis 64: 300,00 EUR

c) (4.140 x 100 x 12) : (15.000 x 32,5) = 10,19 % p.a.

d) Der Monatszinssatz wird stets vom Ausgangskredit gerechnet. Die Zinsbelastung ist mit 60,00 EUR pro Monat gleichhoch, obwohl das Darlehen sinkt. Es ist also jeden Monat ein höherer Zinssatz erforderlich, um bei sinkendem Darlehen einen gleich hohen Zinsbetrag zu erzeugen. Außerdem hat Herr Seebald die Bearbeitungsgebühr von 2 % nicht eingerechnet.

Aufgabe D-48

Zu a) **42 Monate** gemäß Tabelle
Zu b) **3.355 EUR Gesamtzinsen** gemäß Tabelle
Zu c) **400,00 EUR Bearbeitungskosten** (2 % von 20.000 EUR)
Zu d) (3755 x 100 x 12) : (20.000 x 21,5) = 10,479 = **10,48 %**

Aufgabe D-49

1.166,67 EUR (2000 x 7 : 12)

b) Baufinanzierung

Aufgabe D-50

a)

Mieteinnahmen pro Monat 85 x 8,50 x 2	1.445,00 EUR
Miete für 2 Stellplätze je 25,00 EUR	50,00 EUR
Gesamtmiete pro Monat	1.495,00 EUR
Gesamtmiete pro Jahr	17.940,00 EUR
- 25 % Bewirtschaftungskosten	4.485,00 EUR

b) 2 % von 150.000 EUR = **3.000 EUR**

c)

Jahresreinertrag	13.455,00 EUR
./. Verzinsung des Bodenwertes	3.000,00 EUR
= Jahresnettoreinertrag	10.455,00 EUR
Ertragswert = 10.455 x 12,462210	**130.292,41 EUR**

Aufgabe D-51

a) Erschließungskosten **16.500,00 EUR** (30,00 EUR pro qm x 550 qm Grundstücksfläche)

b) Grunderwerbsteuer **2.887,50 EUR** (825 x 3,5)

c) Festdarlehen **60.000,00 EUR**. Die gesamte Bausparsumme von 60.000,00 EUR muss als Festdarlehen für zwei Jahre bis zur Zuteilung zwischenfinanziert werden.

d)

Grundstückskosten	82.500,00 EUR
Erschließungskosten	16.500,00 EUR
Notar- und Gerichtskosten	1.200,00 EUR
Grunderwerbsteuer	2.887,50 EUR
Gebäude	190.000,00 EUR
Gesamtkosten	293.087,50 EUR
Finanzierungsmittel	
Sparguthaben	40.000,00 EUR
Festdarlehen für die Zwischenfinanzierung der Bausparsumme	60.000,00 EUR
Annuitätendarlehen	**193.087,50 EUR**

Aufgabe D-52

a) 350.000,00 EUR   Gesamtaufwand
   - 104.000,00 EUR   Freie Eigenmittel
   - 40.000,00 EUR   Bausparsumme
   206.000,00 EUR   Darlehen der *Nordbank AG*

b)

Beleihungsgrenze	Darlehenshöhe
60 % für erstrangige Darlehen	174.000,00 EUR
80 % für nachrangige Darlehen	232.000,00 EUR

c)

Darlehen	Jährliche Annuität	Monatliche Annuität
1a-Baudarlehen 6 %/1,5 % für 174.000 EUR	13.050,00 EUR	1.087,50 EUR
1b-Baudarlehen 6,25 %/2 % für 32.000 EUR Baudarlehen	2.640,00 EUR	220,00 EUR
Bauspardarlehen 6 $^0/_{00}$ pro Monat für 40.000 EUR Bausparsumme		240,00 EUR
Gesamtbelastung		1.547,50 EUR

d) Die monatliche Belastung ist tragbar, da sie das frei verfügbare Resteinkommen nicht übersteigt (1.547,50 EUR sind geringer als 1.630,00 EUR).

Aufgabe D-53

a. Ermittlung des Bodenwertes 600 qm x 150 EUR   90.000,00 EUR
   Ermittlung des Bauwertes 1.100 cbm x 275 EUR   302.500,00 EUR
   Sachwert = Bodenwert + Bauwert   392.500,00 EUR
   + Nebenkosten, z.B. Gerichtskosten u.a.   22.500,00 EUR
   Gesamte Kosten für Baumaßnahme einschl. Grundstück   415.000,00 EUR
b. 60 % von 392.500 = 235.500,00 EUR
c. 24,34 % (101.000 : 415.000 x 100)
d. Erstrangiges Darlehen 4,91 % Zinsen p.a. zuzgl. 1 % Tilgung   235.500,00 EUR
   Nachrangiges Darlehen 6 % Zinsen p.a. zuzgl. 1 % Tilgung   78.500,00 EUR
   = Fremdfinanzierung
   + Eigenmittel   101.000,00 EUR

	Erstrangiges Darlehen	Nachrangiges Darlehen
Darlehensbetrag	235.500,00 EUR	78.500,00 EUR
Zinsen 4,91 % p.a.	11.563,05 EUR	
Zinsen 6 % p.a. %		4.710,00 EUR
Tilgung 1 % p.a.	2.355,00 EUR	785,00 EUR
Zins- und Tilgungsanteil p.a.	13.918,05 EUR	5.495,00 EUR
Monatliche Belastung	1.159,84 EUR	457,92 EUR
Gesamteinkommen	3.900,00 EUR	
+ Mieteinnahmen	385,00 EUR	
- Monatliche Ausgaben	1.600,00 EUR	
- Rate1	1.159,84 EUR	
- Rate2	457,92 EUR	
Frei verfügbares Einkommen	1.067,24 EUR	

Aufgabe D-54

a)

Bodenwert	350.000,00 EUR
Herstellungskosten	1.230.000,00 EUR
Baunebenkosten	110.000,00 EUR
Gesamtherstellungskosten =	1.340.000,00 EUR
- 30 % Abschlag	402.000,00 EUR
Bauwert =	938.000,00 EUR
Sachwert = Bodenwert + Bauwert)	1.288.000,00 EUR
abgerundeter Sachwert	**1.280.000,00 EUR**

b)

Miete für 16 Wohnungen 48 x 11 x 16	8.448,00 EUR
Jahresmiete	101.376,00 EUR
- 30 % Bewirtschaftungskosten	30.412,80 EUR
Jahresnettomietertrag	70.963,20 EUR
./. 4 % des Bodenwertes von 350.000 EUR	14.000,00 EUR
Jahresnettoertrag	56.963,20 EUR
Ertragswert = 56.963,20 x 15,372451	875.664,00 EUR
abgerundet auf volle 10.000 EUR	**870.000,00 EUR**
Beleihungsgrenze 60 % von 870.000	522.000,00 EUR
abgerundet auf volle 10.000 EUR	**520.000,00 EUR**

c)   Firmenkredit

Aufgabe D-55

Rechnungsbetrag	36.000,00 EUR
3 % Skonto	1.080,00 EUR
Zahlbetrag	34.920,00 EUR
Zahlbetrag	34.920,00 EUR
8 % Zinsen für 80 Tage	620,80 EUR
Skonto	1.080,00 EUR
- Kreditkosten für 34.920,00 EUR	620,80 EUR
Kredit/Skontovorteil	**459,20 EUR**

d)   Berechnung von Pfändungsfreigrenzen

Aufgabe D-56

Nettoeinkommen	1.940,00 EUR
- unpfändbarer Betrag	985,15 EUR
Übersteigender Betrag	954,85 EUR
Davon sind 3/10 unpfändbar	286,46 EUR
Pfändbarer Teil des Einkommens	**668,39 EUR**

e)   Bilanzanalyse

Aufgabe D-57

a) Anlagedeckung I = (176 + 548 + 899 TEUR) x 100 : (17 + 1.658 + 150 TEUR) = **88,9 %**

Das Anlagevermögen wird zu 88,9 % durch Eigenkapital abgedeckt.

Anlagendeckungsgrad II = (176 + 548 + 899 TEUR + 790 TEUR) x 100 / (17 + 1.658 + 150 TEUR) = **132.2 %**

Das Anlagevermögen ist langfristig durch langfristiges Kapital überkompensiert. Das Umlaufvermögen kann bis zu 32,2 % durch langfristiges Kapital gedeckt werden.

b) Gesamtkapitalrentabilität = (204 TEUR + 48 TEUR) x 100 / 2.685 TEUR = **9,4 %**

Bei einem Fremdkapitalzins von z.B. 6 % für Investitionsdarlehen ist bei einer Gesamtrentabilität von 9,4 % eine Fremdkapitalfinanzierung zweckmäßig.

c)

CashFlow = 204 +43 = **247 TEUR**

CashFlow-Rate = 247 x 100 : 1.354 = **18,2 %**

d) Umsatzrentabilität = 204 x 100 : 1.354 = **15,1 %**

e)

Debitorenziel = 129 x 365 : 1.354 = 34,8 = **35 Tage**

Die Kunden zahlen früher als in der Branche üblich, gute Zahlungsmoral der Kunden.

f) Kreditorenziel = 65 x 365 : 636 = 37,3 = **38 Tage**

Das Kreditorenziel liegt über dem Branchendurchschnitt, angespannte Liquiditätslage.

g) Eigenkapitalquote = (176 + 548 + 899 + 145) x 100 : 2.685 = **65,8 %**

f   Leasingfinanzierung

Aufgabe D-58

Vergleich der Angebote anhand der Gesamtkosten über 36 Laufzeitmonate:

Leasingangebot 1: Gesamtkosten 20.124,72 EUR

36 Leasingraten x 328,17 EUR	11.814,12 EUR
+ Restwert 47 % von 15.980 EUR	7.510,60 EUR
Zwischensumme	19.324,72 EUR
+ Transportkosten	800,00 EUR
Gesamtkosten	**20.124,72 EUR**

Nachteile:

1. Andienungsrecht der Mercedes-Benz Leasing GmbH für Frau Spielvogel
2. Kilometerpauschale von 45.000 km für 3 Jahre
3. Das Leasingangebot hat die höchsten Gesamtkosten und eine relativ hohe Leasingrate von 328,17 EUR.

Finanzierungsangebot 2 der Mercedes-Benz Finanz GmbH: Gesamtkosten 18.150,12 EUR

36 Leasingraten x 273,32	9.839,52 EUR
+ Schlussrate	7.510,60 EUR
Zwischensumme	17.350,12 EUR
+ Transportkosten	800,00 EUR
Gesamtkosten	**18.150,12 EUR**

Nachteile:
1. Höhere Gesamtkosten als bei der Kreditfinanzierung
2. Hohe Restwertzahlung am Ende der Laufzeit, wenn das Fahrzeug von Frau Spielvogel übernommen wird.

Vorteile:
1. Niedrigste monatliche Belastung, wenn Frau Spielvogel den Smart nur drei Jahre nutzen will. Danach ggf. neues Fahrzeug.
2. Alle drei Jahre einen neuen Wagentyp

Anschaffungsdarlehen 3 der *Nordbank*: Gesamtkosten 17.136 EUR

36 Kreditraten x 476,00 EUR	17.136,00 EUR

Vorteile:
1. Das Angebot enthält die niedrigsten Gesamtkosten
2. Ausnutzung des Händlerrabatts
3. Keine Kilometerbegrenzung, da Frau Spielvogel Eigentümerin des Pkw ist
4. Verkauf des Pkw jederzeit möglich
5. Versicherungskosten ggf. niedriger, wenn nur Teilkaskoversicherung abgeschlossen wird

Aufgabe D-59
a) Leasingrate: **1.609,25 EUR**
2,05 % von 78.500,00 EUR
b) **21.980,00 EUR**
28 % von 78.500,00 EUR
c) Für 35 Leasingraten muss der Barwert ermittelt werden:
Ermittlung des Barwertfaktors für die noch ausstehenden 35 Leasingraten:
$32,035371 = 1,005^{35} - 1 : 0,005 \times 1,005^{35}$
Leasingraten: 1.609,25 EUR x 32,035371 = 51.552,92 EUR
Ermittlung des Barwertfaktors für den Restwert:
$1 : 1,005^{35} = 0,839823$
Ermittlung des Barwerts für den Restwert:
21.980 EUR x 0,839823 = 18.459,31 EUR
Gesamtforderung der *NordLeasing GmbH* = 35 Leasingraten und Restwert = 70.012,23 EUR

Endabrechnung	
Bereits gezahlte 13 Leasingraten 13 x 1.609,25 EUR	20.920,25 EUR
+ Abwicklungsbetrag (51.552,92 EUR + 18.459,31 EUR)	70.012,23 EUR
= Vertragssumme	90.932,48 EUR
Schadensausgleich von Kaskoversicherung (85 % von 78.500 EUR)	66.725,00 EUR
+ bereits gezahlte 13 Leasingraten	20.920,25 EUR
Zwischensumme	87.645,25 EUR
+ Schrottwert des Pkw	1.000,00 EUR
Zwischensumme	88.645,25 EUR
Restausgleichszahlung durch Cepacco GmbH (90.932,48 EUR - 88.645,25 EUR)	**2.287,23 EUR**

Aufgabe D-60

a)

Angebot 1

Leasingfaktor	2,18 % pro Monat laut Tabelle
Leasingrate: 2,18 x 420	915,60 EUR
Leasingrate für 30 Monate: 30 x 915,60	27.468,00 EUR
Restwert	16,800,00 EUR
Gesamtkosten	44.268,00 EUR

Angebot 2

Ermittlung der Leasingrate: Investitionskosten	42.000,00 EUR
Restwert 30 % von 42.000	12.600,00 EUR
Abschreibung für 1 Monat auf 29.400 EUR	980,00 EUR
9,5 % Zinsen auf 12.600 EUR	99,75 EUR
9,5 % Zinsen auf 15.190 EUR = (29.400 + 980) : 2	120,25 EUR
Leasingrate	1.200,00 EUR
Leasingfaktor: 1.200 : 42.000 x 100	2,857 %
Gesamtkosten: 30 Leasingraten 1.200 x 30	36.000,00 EUR
+ Restwert	12.600,00 EUR
= Gesamtkosten	48.600,00 EUR

Angebot 3

Leasingrate für 1 Monat	99,00 EUR
Leasingfaktor: 99 : 42.000,00 x 100	0,2357 %
Leasingraten insgesamt: 30 x 99	2.970,00 EUR
Anzahlung	10.000,00 EUR
Restwert: 20 % von 42.000,00 EUR	8.400,00 EUR
Gesamtkosten	21.370,00 EUR

b)

	NordLeasing	HansaLeasing	AutoLeasing
Summe der Leasingraten	27.468,00 EUR	36.000,00 EUR	12.970,00 EUR
+ Restwert	16.800,00 EUR	12.600,00 EUR	8.400,00 EUR
Summe	44.268,00 EUR	48.600,00 EUR	21.370,00 EUR

Das Angebot der *AutoLeasing* ist nicht erlasskonform. Die Investitionskosten und die sonstigen Kosten können durch die vertraglichen Leasingraten zuzüglich Anzahlung und Restwerterlös nicht gedeckt werden.

c)

Restwert	12.600,00 EUR
Anschaffungskosten	42.000,00 EUR
Leasingrate: 29.400 : 36 Monate	816,67 EUR
Gewinn pro Monat 4.200 : 36	116,67 EUR
Leasingrate pro Monat (816,67 + 116,67)	933,34 EUR
Leasingfaktor 933,34 : 42.000,00 x 100	**2,22 %**

d) Mehrerlös: 16.800 – 12.600 = 4.200
75 % = 3.150 EUR Mehrerlös

g)   Factoring

Aufgabe D-61

a)

Bestand des Forderungsverkaufs	30.000.000,00 EUR
- Sperrguthaben 10 %	3.000.000,00 EUR
= Liquiditätsgewinn	**27.000.000,00 EUR**

b)

Factoringgebühr 1,5‰ vom Jahresumsatz	270.000,00 EUR
Sollzinsen 12 % p.a.	3.600.000,00 EUR
- Habenzinsen 6 %	180.000,00 EUR
= Kosten des Factoring	3.690.000,00 EUR
+ 0,15‰ Bonitätsgebühr	4.500,00 EUR
Gesamtkosten	**3.694.500,00 EUR**

h)   Devisen und Sorten

Aufgabe D-62

a) **1,3029**
1,2900 + 1,2900 x 0,02 x 6 : 12 = 1,3029

b) **172.691,69 EUR**
225000 : 1,3029 = 172.691,69

Report: Bei Devisenterminkursen wird von einem Report gesprochen, wenn der Terminkurs über dem Kassakurs liegt. Ist das Zinsniveau im Ausland, z.B. in den USA höher als in Euroland, dann erhält der Kassakurs z.B. des USD einen Report.

Deport: Bei Devisenterminkursen wird von einem Deport gesprochen, wenn der Kassakurs über dem Terminkurs liegt. Ist das Zinsniveau im Ausland niedriger als in Euroland, erhält der Kassakurs der ausländischen Währung einen Deport.

Aufgabe D-63

a) 265.000 : 1,2550 = **211.155,38 EUR**

b1) **1,1542** (1,1600 − 1,1600 x 0,01 x 6 : 12)

Deport: (Terminabschlag) Bei einem Devisentermingeschäft ist der Deport die absolute Differenz zwischen Kassakurs und niedrigerem Terminkurs. Ein Deport für eine Währung entsteht durch Zinsdifferenzen, da z.b. eine Währung mit höheren Zinsen (Zinsen auf z.b. EUR größer als Zinsen auf USD) per Kasse nachgefragt, aber per Termin angeboten wird.

Beispiel: Ein deutscher Exporteur verkauft am 1. Juli (Kassakurs 1,15 USD für 1 EUR) eine auf Dollar lautende Forderung zum 30. September zu einem Kurs von 1,12 USD für 1 EUR (Terminkurs). Der Deport beträgt 0,3 USD je EUR. Im Beispiel liegt für den Euro ein Deport vor.

b2) **433.200,49 EUR** (500.000 : 1,1542)

15 Preisermittlung nach dem Meistausführungsprinzip

Aufgabe D-64

Kurs	Kaufaufträge	Verkaufsaufträge	Umsätze
64,10	22500	11000	11000
64,20	18000	14000	14000
64,50	15000	22000	15000
64,70	11000	27000	11000
64,80	9000	30000	9000

Nach dem Meistausführungsprinzip wird der Kurs von **64,50 EUR** festgestellt bei einem Umsatz von 15.000 Stück.

Aufgabe D-65

Kurs	Kaufaufträge	Verkaufsaufträge	Umsätze
13,05	25900	8000	8000
13,10	23400	11000	11000
13,20	23400	14000	14000
13,35	20700	14000	14000
13,60	18200	19700	18200
13,70	13500	20200	13500
13,75	9500	24700	9500
13,80	9500	30200	9500

Nach dem Meistausführungsprinzip wird der Kurs von **13,60 EUR** festgestellt bei einem Umsatz von 18.200 Stück.

16 Kosten

Aufgabe D-66

a) **3.280 EUR**

200.000 x 2.500 + 156.000.000 = 656.000.000 EUR Gesamtkosten

656.000.000 EUR Gesamtkosten : 200.000 Stück = 3.280 EUR

b1)

Kombination	A	B	C	D	E
Arbeit (in EUR)	400	350	300	250	200
Kapital (in EUR)	30	90	120	150	210
Gesamtkosten (in EUR)	430	440	420	400	410

Die Kombination **D** ist mit 400 EUR am günstigsten.

b2)

Kombination	A	B	C	D	E
Arbeit (in EUR)	400	350	300	250	200
Kapital (in EUR)	7,50	22,50	30	37,50	52,50
Gesamtkosten (in EUR)	407,50	372,50	330	287,50	252,50

Die kostengünstigste Kombination ist **E** mit 252,50 EUR.

c1) **10,42 %** (12.500 : 120.000 x 100)

c2) **48 %** (120.000 : 250.000 x 100)

c3)

Erlöse 12.500 x 950	11.875.000,00 EUR
- Variable Kosten 12.500 x 350	4.375.000,00 EUR
- Fixkosten	7.850.000,00 EUR
Betriebsverlust	**350.000,00 EUR**

c4)

Break-even-Point = Fixkosten : (Erlös je Vertrag – Variable Kosten je Vertrag)

7.850.000,00 : (950 – 350) = 13.084

Die *Nordbank AG* braucht **13.084** Verträge, um in die Gewinnzone zu kommen.

d1) **52,00 EUR** ((1.063.000 - 985.000) :1.500)

Während die Fixkosten von dem Kapazitätsausnutzungsgrad unabhängig sind, nehmen die variablen Kosten mit der Zunahme der Kapazitätsauslastung bzw. Abnahme der Kapazitätsauslastung zu bzw. ab.

d2) **153.000,00 EUR** (Gesamtkosten für 16.000 Stühle - variable Kosten)

d3) **8.500 Stühle** (Monatliche Fixkosten : (Verkaufspreis pro Stuhl - variable Kosten pro Stuhl))

d4)

Betriebserlöse beim Verkauf von 15.000 Stühlen	
Verkaufspreis 70,00 EUR x 15.0000	1.050.000,00 EUR
- variable Kosten	780.000,00 EUR
- Fixkosten	153.000,00 EUR
Betriebserlös	**117.000,00 EUR**

Aufgabe D-67

a1)

5.050 : 26.000 x 100 =**19,4 %**

2.060 : 26.000 x 100 = **7,9 %**

8.800 : 26.000 x 100 = **33,9 %**

6.770 : 26.000 x 100 = **26,0 %**

3.320 : 26.000 x 100 = **12,8 %**

a2)

Fixe Kosten	498.000,00 EUR
Variable Kosten 140 x 3.320	464.800,00 EUR
Gesamtkosten	962.800,00 EUR
Erlöse 305 x 3.320	1.012.600,00 EUR
Gewinn	**49.800,00 EUR**

a3) 962.800 : 3.320 = **290,00 EUR**

b1) **25,2** (55 : 218 x 100)

b2) **77,9** (218 : 280 x 100)

17 Wirtschaftskreislauf

Aufgabe D-68

a)

1. 45

2. 140

b)

1. 35 1

2. E

18 Produzentenrente

Aufgabe D-69

a) **D**

b) **50.000,00 EUR** (5.000 x (500 – 490))

19 Geldschöpfung und Geldumlauf

Aufgabe D-70

a1) **4.500,00 EUR** (5.000 EUR minus 10 % von 5.000 EUR)

a2) **10** (1 : 10/100)

a3) **45.000,00 EUR** (4.500 x 10)

b) **3,6 Mrd. EUR** (6 Mrd. Handelsvolumen x 1,5 : 2,5 Umlaufgeschwindigkeit)

20 Preiselastizität

Aufgabe D-71

a)

Die Preiselastizität der Nachfrage = prozentuale Mengenänderung : prozentuale Preisänderung

Preiselastizität = 30 : 150 x 100 : - 25 : 250 x 100 = 20 % : -10 % = **-2**

Es handelt sich auf dem Markt für Flachbildschirme um ein elastisches Nachfrageverhalten.

b1) **20 %** (1/3 x 6/10 x 100)

b2) **30.000** (20 x 1.500)

21 Zahlungsbilanz

Aufgabe D-72

a) + **13,1** (73,1 - 60,0)

b)

Saldo der Handelsbilanz	+ 13,1
+ Saldo der Dienstleistungsbilanz	- 2,5
+ Saldo der Erwerbs- und Vermögenseinkommen	+ 1,1
+ Saldo der laufenden Übertragungen	- 2,6
= Saldo der Leistungsbilanz	**+ 9,1**

Aufgabe D-73

45,9 %

14,6 = 100 %

6,7 = ? %

6,7 : 14,6 x 100 = 45,89041

Aufgabe D-74

a) **8.116 Mio. EUR** (12.129 – 1.934 + 741 – 2.820)

b) **- 1.059 Mio. EUR** (8.116 – 105 – 10.683 + 1.613)

Die Währungsreserven haben sich verringert, da der Kapitalexport in der Kapitalbilanz größer ist als der positive Saldo aus Leistungsbilanz, Vermögensübertragungen und Restposten.

22   Volkswirtschaftliche Gesamtrechnung

Aufgabe D-75

a) **968.000 TEUR**

Löhne und Gehälter	1.450.000 TEUR
+ Renten	105.000 TEUR
+ Zinseinkünfte	6.0000 TEUR
+ Kindergeld	12.000 TEUR
+ Sozialhilfeleistungen	45.000 TEUR
Zwischensumme	1.618.000 TEUR
- Einkommensteuer, Soli und Kirchensteuer	350.000 TEUR
- Sozialversicherungsbeiträge	300.000 TEUR
= verfügbares Einkommen	968.000 TEUR

b)

Verfügbares Einkommen	968.000 TEUR
- Ausgaben für täglichen Bedarf	860.000TEUR
- Urlaubsausgaben	18.000 TEUR
= Ersparnisbildung	90.000 TEUR

Sparquote = 90.000 x 100 : 968.000 = **9,3 %**

Aufgabe D-76

a) **34,2 %**

(Bruttolöhne – Nettolöhne) : Bruttolöhne = 34,178 = 34,2 %

b) **12,1 %**

Sparquote = Private Ersparnis : Verfügbares Einkommen x 100 = 287,6 : 2382,7 x 100 = 12,0703

Aufgabe D-77

a) **70,21 %**

Arbeitsentgelte : Volkseinkommen x 100 = 1999,8 : 2848,3 x 100

b) **71,23 %**

Die Lohnquote hat sich 2009 im Vergleich zu 2008 um 1,02 % verschlechtert.

Aufgabe D-78

a) **2,6 %**

Wachstumsrate des BIP = (BIP zu jeweiligen Preisen 2009 – BIP zu jeweiligen Preisen 2008) : BIP zu jeweiligen Preisen 2008 = 51 : 1974 x 100 = 2,58358

b) **36 Mrd. EUR**

Realer Außenbeitrag = BIP – Inl. Verwendung

Der Außenbeitrag ist die Differenz zwischen Exporten und Importen von Waren und Dienstleistungen. Der Außenbeitrag kann aber auch aus der Differenz zwischen Bruttoinlandsprodukt und inländischer Verwendung berechnet werden bzw. die Summe von inländischer Verwendung und dem Außenbeitrag ergibt das BIP.

23   Geldpolitische Instrumente der Europäischen Zentralbank

a) Tenderverfahren

Aufgabe D-79

a) **3,28 %**

b)

Bank A	Bank B	Bank C
24 Mio. EUR	46 Mio. EUR	43 Mio. EUR

Erläuterung zu a) und b):

Bietungssatz	Menge in Mio. EUR	Bank A	Bank B	Bank C
3,32	20	10	10	-
3,31	20	-	10	10
3,30	20	-	10	10
3,29	35	10	10	15
marginaler Zinssatz = 3,28	18	4	6	8
Summe	113	24	46	43

Aufgabe D-80

a) Kreditinstitut **D**: **260 Mio. EUR** zu 3,026 %

b) Kreditinstitut **E**: **810 Mio. EUR** zu 3,027 %

Lösungserläuterung zu a) und b):

Kreditinstitute	Zinsgebote	Zugeteilte EUR-Menge
B	3,029 %	680
G	3,029 %	350
C	3,028 %	850
E	3,027 %	810
F	3,027 %	250
Zwischensumme		2.940
D	3,026 %	260
A	3,025 %	-
Summe		3.200
Marginaler Zinssatz	3,026 %	

Aufgabe D-81

a)

A	B
1	3

Mengentender: Tenderverfahren einer Zentralbank, bei dem diese im Voraus den Zinssatz festlegt und die teilnehmenden Geschäftspartner den Geldbetrag bieten, für den sie zum vorgegebenen Zinssatz abschließen wollen.

Zuteilungsverfahren: Die Bundesbank teilt den Kreditinstituten einen Zinssatz mit, zu dem sie flüssige Mittel zu verleihen bereit ist. Die Gesamtsumme dieses Offenmarktgeschäftes wird nicht bekannt gegeben. Die interessierten Kreditinstitute melden nun der Bundesbank zurück, welche Beträge sie zu der genannten Konditionen aufnehmen wollen. Wird der Angebotsrahmen der Bundesbank durch die Kreditsumme der Interessenten gesprengt, erfolgt eine anteilsmäßige Zuteilung.

Zinstender (amerikanisches Verfahren): Seit 1999 von der EZB angewandte Art der Liquiditätszuteilung bei Zinstendern. Beginnend mit den höchsten Gebotssätzen teilt die Zentralbank den Kreditinstituten beim amerikanischen Verfahren Zentralbankguthaben zu ihren individuellen Bietungssätzen zu, und zwar solange, bis das von ihr vorgesehene Gesamtvolumen an Liquidität erreicht ist. Da die Banken aufgrund ihrer Geldmarktkenntnisse im Aallgemeinen eng beieinander liegende Sätze bieten, sind beim marginalen Zuteilungssatz oft Repartierungen notwendig.

b1) **16 %** (48 x 100 : 300)

b2) **4,0 Mio. EUR** (16 % von 25 Mio. EUR)

b3) **44 Mrd. EUR** (92 – 48)

b) Mindestreserveberechnung

Aufgabe D-82

a) **3,6 Mio. EUR Sollreserve**

185 x 2 % = 3,7 Mio. EUR

3,7 Mio. EUR - Freibetrag von 100.000 EUR = 3,6 Mio. EUR

b) **4 Tage**

c) **4,5 Mio. EUR**

((3,6 x 35) – (3,6 x 30)) : 4

Aufgabe D-83

3,6 Mio. x 35 Tage x 1,0 : (100 x 360) = **3.500,00 EUR**

24 Berechnung von Sozialversicherungsbeiträgen

Aufgabe D-84

a1)	RV: 19,9 % von 4.650 EUR : 2	**462,68 EUR**
a2)	AV: 3,0 % von 4.650 EUR : 2	**69,75 EUR**
a3)	GKV: 7,9 % von 3.750 EUR	296,25 EUR
	PV: 1,95 % von 3.750 EUR : 2	36,56 EUR
	Summe	**332,81 EUR**

b) **A**

Die Erhöhung der Beitragsbemessungsgrenzen in den 4 Sozialversicherungszweigen für 2010 führen zu einer Erhöhung aller Sozialversicherungsaufwendungen für den Leiter der Kreditabteilung. Zusätzlich steigen die Aufwendungen für die Arbeitslosenversicherung durch die Erhöhung des Beitragssatzes in der Arbeitslosenversicherung von 2,8 % auf 3,0 % für den Arbeitnehmer.

Aufgabe D-85

a) 7,9 % von 3.200 EUR = **252,80 EUR**

b) 7,9 % von 3.750 EUR = 296,25 EUR   296,25 : 4.400 x 100 = **6,73 %**

c) **A und F**

25 Einkommensteuer

Aufgabe D-86

a) **1.035,00 EUR**

b) Gewerkschaftsbeiträge **400,00 EUR**

Werbungskosten sind Aufwendungen, Ausgaben und Kosten, die durch die berufliche Tätigkeit entstehen. Das EStG spricht von „Aufwendungen zur Erwerbung, Sicherung und Erhaltung der Einnahmen" (§ 9 EStG). Zu den Werbungskosten gehören z.B. Aufwendungen für die tägliche Fahrt zur Arbeit, für berufliche Fachliteratur, für Büromaterialien, für Mitgliedsbeiträge an den Berufsverband usw.